港口物流：理论与实务

Port Logistics: Theory and Practice

高 玲 编著

北京大学出版社
PEKING UNIVERSITY PRESS

图书在版编目(CIP)数据

港口物流：理论与实务/高玲编著．—北京：北京大学出版社，2017.10
（21世纪经济与管理规划教材·物流管理系列）
ISBN 978-7-301-28858-0

Ⅰ．①港…　Ⅱ．①高…　Ⅲ．①港口—物流—高等学校—教材　Ⅳ．①U695.2

中国版本图书馆CIP数据核字（2017）第244151号

书　　　名	港口物流：理论与实务 GANGKOU WULIU：LILUN YU SHIWU
著作责任者	高　玲　编著
责任编辑	赵学秀
标准书号	ISBN 978-7-301-28858-0
出版发行	北京大学出版社
地　　　址	北京市海淀区成府路205号　100871
网　　　址	http://www.pup.cn
微信公众号	北京大学经管书苑（pupembook）
电子信箱	编辑部：em@pup.cn　总编室：zpup@pup.cn
电　　　话	邮购部 010-62752015　发行部 010-62750672　编辑部 010-62752926
印 刷 者	三河市博文印刷有限公司
经 销 者	新华书店
	787毫米×1092毫米　16开本　16.75印张　387千字 2017年10月第1版　2023年7月第3次印刷
印　　　数	4001—5000册
定　　　价	42.00元

未经许可，不得以任何方式复制或抄袭本书之部分或全部内容。
版权所有，侵权必究
举报电话：010-62752024　电子信箱：fd@pup.cn
图书如有印装质量问题，请与出版部联系，电话：010-62756370

前　言

港口是综合交通运输枢纽,也是经济社会发展的战略资源和重要支撑。党的十八大以来,我国沿海和内河港口发展取得了瞩目成就,发生了历史性变革,总体规模居世界前列,枢纽功能和服务能力不断提升,为我国经济社会发展提供了坚实有力的服务保障。

为深入贯彻习近平新时代中国特色社会主义思想和习近平总书记关于港口发展的重要指示精神,贯彻落实《交通强国建设纲要》,实现建设交通强国、海洋强国的宏伟目标,港口不仅要着力促进绿色、智慧、安全发展,还要着力推进陆海联动、江河海互动、港产城融合,强化港口的综合枢纽作用,提升港口产业链、供应链的系统性、安全性、集约性,实现港口高质量发展,为实现中华民族伟大复兴的中国梦提供坚强支撑。

立足于此,本书梳理了港口管理理论,厘清了国内外港口发展的脉络体系,修正了现有教材中部分概念的混乱,从港口、海陆集运、港口布局、管理政策与管理体制、保税区、临港工业、港城关系等方面系统地阐述了港口物流的管理理论和方法,逻辑清晰,角度全面,内容详实,注重理论和实践紧密结合,既可作为高等院校物流管理、物流工程、交通运输、国际运输以及其他相关专业本科生、研究生的教材,也可以用于相关专业教师的参考书和咨询方面的培训用书。

在本书的撰写过程中,参考了王爱虎、孙家庆、武良成、唐丽敏、张旖、张丽君、汪长江等专家学者的著作,得到了大量的帮助和指点,在此表示诚挚的谢意。由于编者水平有限,书中不妥之处在所难免,敬请同行专家和广大读者批评指正。

目 录

第一章　现代港口的基础知识 … 1
- 第一节　港口的内涵 … 2
- 第二节　港口代别划分 … 9
- 第三节　港口重心转移 … 11
- 第四节　港口在物流发展中的定位和意义 … 15

第二章　港口物流管理概述 … 21
- 第一节　港口物流的特点及功能 … 22
- 第二节　港口物流与经济 … 27
- 第三节　港口物流系统 … 31
- 第四节　港口物流企业 … 38

第三章　港口腹地及陆向集疏运 … 45
- 第一节　港口腹地 … 46
- 第二节　港口陆向运输 … 49
- 第三节　港口陆向集疏运系统 … 54
- 第四节　港口陆向集疏运业务 … 57

第四章　港口海向集疏运 … 65
- 第一节　海运航线 … 66
- 第二节　影响航线选择的因素 … 71
- 第三节　集装箱船舶的大型化 … 78
- 第四节　国际航运中心 … 83

第五章　海运组织及海上运费 … 91
- 第一节　全球主要海运企业 … 92
- 第二节　全球主要海运组织 … 99
- 第三节　海上运价及运费 … 105

第六章　港口物流生产运作 … 115
- 第一节　港口生产活动 … 116
- 第二节　港口生产统计指标 … 121

  第三节 港口能力 …………………………………………………… 127

第七章 中国主要集装箱港口发展 ………………………………………… 135
  第一节 中国集装箱港的发展阶段及特点 ……………………………… 136
  第二节 中国集装箱港口布局及竞争 …………………………………… 143
  第三节 中国集装箱港口的问题及发展趋势 …………………………… 147

第八章 中国港口物流政策及管理体制 ……………………………………… 153
  第一节 港口发展的政策环境 …………………………………………… 154
  第二节 港口管理体制的变迁 …………………………………………… 162
  第三节 政策环境及体制改革对港口物流的影响 ……………………… 168

第九章 世界主要港口物流管理模式 ……………………………………… 175
  第一节 世界主要集装箱港 ……………………………………………… 176
  第二节 世界集装箱港管理模式 ………………………………………… 185
  第三节 世界集装箱港管理模式的启示 ………………………………… 188

第十章 港口保税物流及保税物流园区 …………………………………… 191
  第一节 保税区与保税物流 ……………………………………………… 192
  第二节 保税区和港口 …………………………………………………… 197
  第三节 自由贸易区 ……………………………………………………… 204
  第四节 进出口货物通关的程序 ………………………………………… 209

第十一章 港城关系及临港工业 …………………………………………… 221
  第一节 港口与城市 ……………………………………………………… 222
  第二节 港口产业集群 …………………………………………………… 227
  第三节 港口城市的临港工业 …………………………………………… 236

第十二章 港口物流系统综合评价 ………………………………………… 243
  第一节 港口物流系统综合评价的要素和指标 ……………………… 244
  第二节 因子分析法 ……………………………………………………… 248
  第三节 灰色关联度分析 ……………………………………………… 255

参考文献 ………………………………………………………………………… 259

第一章

现代港口的基础知识

知识要求

- 掌握海岸港在现代港口体系中的主要作用
- 掌握干线港的判断标准
- 掌握港口陆域和港口水域的组成
- 掌握港口重心转移的意义
- 理解天然港口、人工港口和现代港口的异同
- 理解腹地型港口和中转型港口的基本内涵
- 了解港口发展物流的意义和方向

第一节 港口的内涵

一、港口的概念

港口是具有一定的设备条件,供船舶安全进出、停泊和避风,进行货物或旅客转载作业的场所,是海上运输和陆上运输的联系枢纽,可以由一个或多个港区组成,每个港区又由一个或多个泊位组成。

天然港口是具有天然掩护的自然港口,可供船只停泊、旅客上下、装卸货物或临时避风的地方,较少辅以人工设施,随着商业的发展,渐渐不能满足客货运量和船舶吨位不断增长的要求,则需扩建码头、泊位,修建防波堤,配置装卸工具和机械。现代港口是由各种水陆建筑、设施,各种机械、输变电、导航和通信设备等所组成的综合体,各个部分互相联系,互相依存,协调一致,共同满足港口作业需要。

现代港口不仅是水陆交通的枢纽和货物集散地,而且是一个巨大的经济单位,世界上沿海国家都以港口作为国家经济的牵引机,例如,荷兰、新加坡等国的国民收入绝大部分直接或间接与港口业务有关;许多国家都在港口设置"自由贸易区",以低税率或免税吸引外商来自己的港口进行货物存储、中转、加工、包装等,以增加外汇收入。

中国拥有1.84万千米海岸线,11万千米内河航道,承担着9%的国内贸易运输和85%以上的外贸货物运输。经过几十年的不懈发展,中国已建成了布局合理、层次分明、功能齐全、内外开放的港口体系。

二、港口的分类

根据划分标准的不同,港口可以分为以下几种类型(见表1-1)。

表 1-1 港口分类

分类依据	港口类型
用途	商港、军港、渔港、工业港、避风港、旅游港
位置	内河港、湖港、海岸港、河口港
集装箱运输中的作用	干线港、支线港、地区性港
装卸货物的品种	综合性港口、专业性港口
港口所承担的货物流向	腹地型港口、中转型港口

(一) 按用途分类

1. 工业港

工业港是指吞吐的货物中绝大多数货物是工业用货物、能源、粮食、煤炭、矿石、木材或者是机械、配件等。例如秦皇岛港、连云港煤炭码头、大连原油码头、马尼拉木材输出港(菲律宾)、哈尔克岛港(伊朗)等。

2. 商港

商港是供客货运输用的港口,也称贸易港,例如香港港、新加坡港(新加坡)等。目前,随着港口工业功能的不断强化,商港的部分功能和工业港的部分功能混合,根据功能混合的程度分为纯工业港和工商混合港。[①]

3. 渔港

渔港是供渔船停泊、卸下捕获物和进行补给修理的港口。例如沈家门渔港、北海渔港、圣约翰斯港(加拿大)。

4. 军港

军港是专供海军舰艇使用的港口,例如旅顺港、海参崴港(俄罗斯)、珍珠港(美国)、横须贺军港(日本)等。

5. 避风港

避风港是供船舶躲避风浪使用,也可以补给淡水、食物等或进行小规模修理。

6. 旅游港

旅游港是为游艇停泊和上岸保管使用,例如丹江口旅游港、维多利亚内港等。

(二) 按所在位置分类

1. 内河港

内河港设置在天然河流、人工运河的两侧,是内河船舶停靠、装卸、编解队、补给及修理的场所,简称河港,例如,九江港、南京港等。

2. 湖港(包括水库港)

湖港是建筑在大湖泊(或水库)的港口,水深一般较浅,水位落差不大,只能停泊小型船舶,规模也较小,例如鄱阳港、大津港(日本)、多伦多港(加拿大)等。

3. 海岸港

海岸港位置在海岸、海湾或沿岸泻湖之内,主要为海船服务,例如青岛港、上海洋山港区、宁波北仑港区、釜山港(韩国)、神户港(日本)等。

4. 河口港

河口港位于河口或受潮汐影响的入海河段,可兼为河船、海船服务,与内地联系方便,天然掩护较好。历史悠久的大港多属此类,例如上海外高桥港区、鹿特丹港(荷兰)、纽约港(美国)、伦敦港(英国)、汉堡港(德国)等。

(三) 按在国际集装箱运输中的作用分类

1. 干线港

干线港(Hub Port)是指世界性的大型枢纽港,整个集装箱运输以跨洋基干航线为主,港口的集装箱不需要或仅有少量集装箱需要到其他港口中转,干线班轮多在这类港口挂靠,一次装卸较大数量的集装箱货物,周围中、小港口的集装箱通过支线运输的方式向这些港口集中或疏运。

这类港口的国际集装箱航线、航班数多,设备先进,泊位数量多,装卸效率高,同临近港口相比,有巨大的竞争优势,对集装箱的吸引力强。这类港口吞吐的货物,有相当比例

---

① 高玲.グローバル・コンテナ・ターミナル・オペレーターの事业展开及びアジア港湾管理民営化の実態[J].立命館経営学,2008,47(1).

(甚至占大部分)不是本港经济腹地所产生和消费的,而是属于转运性质的。

2. 支线港

相对于干线港而言,国际集装箱的干线班轮挂靠频度较低,大多由近洋航线和支线航班船舶在此挂靠作业,所吞吐的货物中,通常是本港经济腹地生产和消费,转运量很少。这类港口与干线港口之间有定期的支线航班运输。

3. 地区性港

地区性港或称为喂给港,主要指更小区域的船舶运输服务的港口。一般规模较小,经济影响和辐射面有限,吞吐量也较小。集装箱班轮挂靠很少,通常集中周边地区的集装箱量,以频繁的、少量的喂给方式向干线港或支线港提供箱源。

(四)按装卸货物的品种分类

1. 综合性港口

综合性港口指港口有多种专业码头,可装卸多种货物。

2. 专业性港口

专业性港口指主要装卸某单一货物的港口,如专一吞吐煤炭、原油、粮食、木材等。一般说来,由于专业性港口采用专门设备,其装卸效率和能力比综合性港口高。

(五)按港口所承担的货物流向分类

1. 腹地型港口

(1) 内需型港口。内需型港口指城市的消费、生产和建设都需要大量货物的进口来保证,这些城市往往是工业生产中心,需要大量的原材料、能源物资进口(如日本港口);或是大陆型国家和地区,其经济腹地很大,需要大量的生产性和消费性的产品(如中国港口)。这类港口往往是货物航运的终点。

(2) 外需型港口。它往往是矿产、农产品或能源产地的中心,或是大型工业中心,其加工的产品需通过港口大量外销,作为货物海运的起点。但一般而言,仅依靠原材料、矿产出口,尽管输出的货运量可能巨大,该港口也不会成为经济和贸易中心,而纯粹的加工产品出口在价值上可能较高,在数量上不会很大。

2. 中转型港口

(1) 枢纽港,吞吐货物以集装箱为主,港口规模大、航线密集、干线班轮挂靠频度高、吞吐量巨大。这类港口大多在国际基干航线的交汇点,具有优秀的区位优势。它们把周围国家和地区的港口作为其支线港,除了通过海运向周围港口集散外,还通过内河、公路或铁路向沿河港口或内陆集疏运,如香港港、汉堡港、釜山港等。

(2) 中转加工型港口。中转型港口存在着向中转加工型港口发展的趋势,即充分利用其自由港政策,在港区内开辟各种加工产业,促使大量的中转加工件和商品的增值。从发展经济学角度,一个国家或地区不论是采用"进口替代战略"还是采用"出口导向战略",这都是发展当地经济的重要手段。从进口的替代商品来看,在本国国土上参与了其中的部分价值创造,这就相当于本国的劳务出口和技术、土地资源的利用。从出口导向的产品来看,这又意味着本国资源禀赋所创造的价值(依附于商品之中)参与了国际经贸循环。

图 1-1 至图 1-6 为各类港口代表。

图 1-1 连云港煤炭码头

图 1-2 沈家门渔港

图 1-3 日本横须贺军港

图 1-4 大连原油码头

图 1-5 香港启德邮轮码头

图 1-6 漳州木材码头

知识卡片　　　　　人工智能加速港口智慧升级

2013 年我国成为世界第一货物贸易大国,海运货物贸易额占我国对外贸易总额的 65% 左右,且 90% 以上的外贸货物通过海运完成。作为交通和物流枢纽,港口正在"一带一路"战略中扮演着重要角色,加快港口转型升级与协调发展势在必行,中国港口正掀起人工智能码头改造的热潮。2017 年 2 月初,交通部发布《关于开展智慧港口示范工程的通知》,而一批中国科技创新企业正以人工智能为切入点参与其中。

那么,港口如何变得智能?

上海西井科技(以下简称"西井科技")作为上海本土的科技型创新企业,也是目前国内唯一运用神经形态工程学(Neuromorphic Engineering)研制类脑智能专用硬件、芯片以及相关落地应用的人工智能公司。所谓神经形态是利用具有模拟电路的超大规模集成电

路来模仿人脑的神经系统,最终目标是制造一个仿真人脑的芯片或是电路。而公司产品未来将应用于物联网、智慧城市及港口、精准医疗、大数据分析、工业4.0等领域。

西井科技完成的全球首套类脑智慧港口系统"WellOcean",是全球首套在集成电路领域基于类脑神经形态专用硬件,并配合独有的神经形态人工智能算法的软硬件一体化服务体系,可以帮助港区分阶段实现无人化物流运作,最终达成港口360度全方位智能化。2016年12月,专注于智慧理货的WellOcean一期在宁波—舟山港旗下的大榭招商国际码头全面投入使用,首次实现了集装箱码头的无人智慧理货。

识别集装箱号的难度在于箱号并非标注在平面而是在曲面上,字符区域附近有非常复杂的纹理与噪声,加上海运露天腐蚀出现油漆脱落等情况,也极大地增加了箱号的辨识难度。

西井科技运用了全球领先的神经形态学技术原理,自主研发出的硬件和算法相结合,通过机器学习得以实现。由于集装箱的作业通常在露天环境,易受到港口所在地气候、光线条件等影响,而WellOcean则不惧风雨、光线强弱等自然条件限制。

西井科技首席产品官赵桢介绍:"根据港口统计,港口理货人员记录集装箱号的平均准确率为92%,而我们接近了100%,已经超越了人类的平均准确率。形象的比喻是阿尔法狗学习了围棋棋谱战胜了人类,我们的系统学习了识别集装箱号后超越了理货人员,并且已经可以适应各种极端情况和复杂环境。"

识别集装箱号为何如此重要?记者从港口管理人员处了解到,集装箱号是集装箱在整个港区进行装卸船、堆放、验残、出关等作业时流转的依据,整个港口大数据系统正是围绕集装箱号展开的。但集装箱号运用现行技术手段识别准确率仅为80%—85%,还必须提前接入港口数据库,且难以识别有瑕疵的集装箱标记,因此各港口还要配备大量的理货人员专门记录集装箱号再人工录入系统。这不仅导致人力成本上升,而且会为理货人员带来安全隐患。

据介绍,WellOcean一期除了识别集装箱号外,还可以自主识别装卸船状态、港区内卡车顶号、作业车道等,而在双集装箱作业时要同步识别两个不同的集装箱号、识别集装箱靠近车头或车尾等。通过使用这套系统,试点码头已将原装卸船时间大幅缩减,码头效率大幅度提升,未来码头实现突破原有设计吞吐量成为可能。同时,大幅度降低人力成本,人员投入仅需原来的七分之一,剩下的理货员主要处理港口临时计划改变,不负责集装箱号录入工作,并且已不需要在作业现场工作。

谈及未来,赵桢表示目前的智慧港口系统只是智慧理货,紧接着公司将围绕港口内部作业生态,开发无人智慧闸口、无人吊装、港区360度智能无人化值守等子系统,不断丰富类脑智慧港口系统,大幅度降低港口运营和管理成本产生更大的间接经济效益,推动集装箱贸易物流链各环节成本逐渐下降,打造真正意义上的无人化港口。不仅是港口,随着WellOcean的功能不断充实,未来它将不仅应用于沿海港口,中国内陆的众多集装箱转运中心、物流保税区、海铁联运等都可以运用该系统的智慧理货、无人吊装、智慧闸口、区内无人车驾驶等子系统,实现集装箱大物流领域的提效降本,为公司带来可观的直接经济效益,更可以通过降低大物流体系的成本,降低产品制造、贸易等环节成本。(节选)

资料来源:宋杰,"全球10大港口中国占7个人工智能加速港口智慧升级",《中国经济周刊》,2017年第11期。

三、港口的功能

1. 货物装卸和转运功能

此功能是港口最基本的功能,即货物通过各种运输工具转运到船舶或从船舶转运到其他运输工具,实现货物在空间位置的有效转移,开始或完成水路运输的全过程。

2. 贸易功能

港口历来是境内外贸易的重要中转站,港口的出现大大便利了各种贸易的运输时间和缩短了运输的路程,带动了国家经济贸易往来的开展,成为国际经济贸易的重要窗口。随着国与国之间的经济交往日益密切,现代化的港口便利了国家之间、区域之间贸易的开展,利用港口作为开展贸易的平台,大大提高了国家之间、区域之间的贸易往来,促进了商业繁荣,进而带动了物流业的发展,形成良性循环,商贸进一步发展。

3. 流通功能

现代化的港口更多地利用信息技术开展高效率的运输和配送,将仓储、包装、保税、加工、销售、批发、展览、航运交易以及信息管理等涉及多种环节的功能集成化,用供应链综合系统的功能整合从发货人到收货人的整个物流服务过程,使物流的"门—门"服务得到优化。现代化信息流必然带动港口资金流,也必然带来配套的金融服务要求的提升进而带动金融业的发展。

4. 工业功能

经济全球化和区域化进程的加速,使现代港口在规划、建设和布局上逐渐与城市产业发展融为一体,临港产业成为城市产业的主体。生产企业将港口作为生产基地,利用港口运进矿石、原油、原煤、原盐、纸浆、木材等原料,并带动一批协作配套工业,促进了港口所在的城市工业的迅速发展。

四、港口的组成

港口包括陆域和水域两部分。

(一)港口陆域

港口陆域用于旅客上下船、货物装卸、货物堆存和转载之用,要求有适当的面积、岸线长度和纵深,并有仓库、堆场、前沿作业区、港内道路和铁路线以及其他必要的附属设施。

1. 码头

码头(pier)用于船舶靠泊作业,供货物装卸和旅客上下,是港口的主要组成部分。每艘船的靠泊码头长度为一个泊位,可由数个泊位构成一座码头。码头面的高程要高出最高水面,以保证港口按规定标准进行作业。码头前的港池水深由船舶吃水及深度决定。

2. 港口仓库

港口仓库(warehouse)是供货物在装船前与卸船后临时或短期存放的仓库和堆场。其主要作用是便利货物贮存、集运,或临时进行货物分类、检查,以加速车船周转,提高港口通过能力和保证货运质量。港口仓库按存放货物的种类可分为件货仓库、散货仓库、危险品仓库及冷藏库等;按其特点分为专用仓库、通用仓库、单层仓库与多层仓库等;按其位置分为前方仓库和后方仓库。前方仓库是建在码头前方第一线与船舶装卸作业直接相关的供货物暂时存放的建筑物,其容量一般要与泊位通过能力相适应。后方仓库是与前方仓库相对而言的,位于港区的后方,距离码头泊位比较远的、供货物集中和周转用的建筑物。后方仓库的容量,要根据货物集散的速度和港口所在地区的要求而定。堆存时间较长的货物通常保管在后方仓库。为加速车船周转,避免港口堵塞,卸在前方仓库的货物,如超过堆存期限,货主仍未提货,港口即将其转到后方仓库堆存保管。

3. 堆场

堆场(yard)指在港内堆存货物用的露天场地,用于集装箱货物或者不需要进库,不怕日晒雨淋的货物。根据场地所在位置,堆场也有前方、后方之分,要留有通道,便于车辆和装卸机械通行和消防(见图1-7)。

4. 码头前沿作业区

码头前沿作业区(front)是指从码头线至第一排仓库(或货场)的前缘线之间的场地,是货物装卸、转运和临时堆存的场所。前沿作业区一般设有装卸、运输设备,同时有道路与港外连通,有的还铺设铁路线,火车、汽车能开到码头前沿,进行车船直接联运。不能直接联运的货物则进库场暂存(见图1-8)。

5. 港内道路及铁路线

港内道路及铁路线是供集卡车、运货汽车和流动装卸运输机械通行,并与城市道路和疏港道路相连接的港内通行道路。一般布置成环形,以便利运输,并尽可能不干扰装卸作业。可铺设铁路线通往港口,开展海铁联运(见图1-9)。

图1-7 连云港码头堆场

资料来源:作者调研。

图1-8 洋山港前沿作业区

资料来源:作者调研。

图1-9 连云港港区内铁路线

资料来源:作者调研。

6. 其他

港口陆域设施还包括为港口工程建筑物及设备维修所用的工程维修基地、燃料和淡水供应站、对船舶进行临时性修理的航修站、作业区办公室、消防站、输电系统、照明、通信和导航设备及港务管理办公建筑等辅助生产设备。

（二）港口水域

港口水域是供船舶航行、运转、锚泊和停泊装卸之用，要求有适当的深度和面积，水流平缓，水面稳静，包括船舶进出港航道、港池和港口锚地、回转水域、防波堤以及导航助航标志。

（1）进出港航道是自海、河主航道通向港口码头的航道。航道一般设在天然水深良好、泥沙回淤量少、不受横风、横流和冰凌等因素干扰的水域，要求航道有足够的水深和宽度，需满足设计标准船型的满载吃水要求，以便船舶进出港口和减少泥沙淤积。

（2）港池是供船舶停靠和装卸货物的毗邻码头水域。港池的面积和水深要满足船舶安全停靠和装卸以及船舶调头的需要，要求不受风浪和水流的影响。另外要有足够的水域面积使船舶能够方便地离岸和靠港。

（3）港口锚地是供船舶抛锚候潮、等候泊位、避风、办理进出口手续、接受船舶检查或过驳卸停的水域，分为港内锚地和港外锚地。港内锚地是供船舶避风停泊、等待靠岸及离港，进行水上由船转船的货物装卸；港外锚地供船舶抛锚停泊，等待检疫、引航和乘潮进港。锚地要满足船舶安全停泊、利于边防及海关检查与检疫、等候码头泊位、进行过驳作业和船舶编解队作业。

（4）回转水域是为船舶在靠离码头、进出港需要转头或改变方向时设置的水域，又称转头水域。其大小与船舶尺度、转头方向、水流和风速风向等因素有关。

（5）防波堤。船舶装卸作业需要水面稳静，避免船舶颠簸。在天然掩护不足的地点建港，需要建设防波堤，用以围护足够的水域防止波浪、海流等侵蚀，以保证港内船舶的安全作业。

（6）导航助航标志。例如灯塔等。

第二节　港口代别划分

一、各代港口的划分

对现代港口功能发展最早做出代别划分的是1992年联合国贸发会发布的《港口的发展和改善港口的现代化管理和组织原则》。该文件第一次对港口的功能代别、形成年代、主要货物、功能战略、活动范围、组织和生产特点等做出明确的阐述，把港口分为第一代、第二代、第三代港口。1999年，联合国贸发会议又提出第四代港口的概念。

（一）第一代港口

第一代港口是指在20世纪60年代以前的港口，港口的形成和发展是建立在第一次产业革命及第二次产业革命的基础上的。从整体上来讲，当时整个国民经济是建立在重化工业的基础上的，世界工业资源分布及生产在全球的不均衡，决定了港口的主要功能在于集散大宗的散货（金属矿石、煤炭）与液体货物（原油及相关产品），成品及半成品在整个

海运中的比重较小。散货及液体货在海陆间的运输已完全实现了机械化,港口的规模主要依赖于腹地的生产和消费能力。在这个时期,港口的功能定位为"运输中心",货物运输的特点是少品种、大运量,对货物运输及时性要求不高,依托于港口货物运输而产生的相关服务业的规模有限。

（二）第二代港口

第二代港口的兴起是在20世纪60年代以后,西方国家进入了经济快速发展时期,以微电子、生物工程、通信技术为标志的第三次产业技术革命对整个社会经济产生了深远影响。随着高新技术产业的崛起,传统的重化工业在国民经济中的地位日渐衰落。而与此同时,西方国家内部的产业分工体系正在初步形成,由于经济发展的地区差异及政治原因,全球性的经济一体化尚未全面开始。在这一时期,世界海运的一个基本特点是全球海运的三大货物中散货及液体货在经历了从50年代到70年代的较快增长后,出现了停滞,传统的重化工业的快速成长期已经结束。与此同时,"大量生产、大量消费"的生产消费模式,使成品及半成品的全球运输需求增加,集装箱运输作为对杂货运输的一场革命,它对于包括港口在内的全球集装箱运输体系的革新产生了深远影响。这个时期,港口功能定位为"运输中心＋服务中心",除了提供货物的装卸仓储等,还增加了工业和商业活动,使港口具有了货物的增值功能。集装箱吞吐量的世界排名成为港口国际竞争能力的主要标志。海上枢纽港与支线港日渐分离,港口的内陆运输体系也形成了枢纽节点与支线节点相互补充的运输网络体系,海陆联运在发达国家已初具规模。

（三）第三代港口

第三代港口是20世纪80—90年代出现的港口。这个时期,全球经济一体化步伐的加快、现代科学技术的发展及网络经济的崛起对运输提出了更高的要求。

这一代港口除具有第一代、第二代港口的功能以外,更加强与所在城市以及用户之间的联系,港口的服务超出以往的界限,增添运输、贸易的信息服务与货物的配送等综合服务,使港口成为"国际物流中心"。

第三代港口有以下几个基本功能和特点:

(1) 第三代港口是国际海陆间物流通道的重要枢纽和节点。第三代港口的功能已实现了从单一货运生产到综合物流汇集,从传统货流到货流、商流、金融流、技术流、信息流全面大流通,运输方式也从车船换装到联合运输、联合经营,从传统装卸工艺到以国际集装箱门到门多式联运为主要特征的现代运输方式的转变,从一般的水陆交通枢纽到现代综合物流运输网络体系中的重要节点,它成为国际跨国集团在一定地域内的物流配送、运输、存储、包装、装卸、流通加工、分拨、物流信息处理等全方位及综合物流服务中心,成为连接世界生产与消费的中心环节,成为网络经济时代虚拟经济中的信息流、资金流与现实中的物流的交汇点。

(2) 第三代港口作为高附加值物流的中转节点,以集装箱的多式联运为基础,日益成为区域乃至国际性的商务中心,为用户提供方便的运输、商务、保险、金融、信息服务。

(3) 第三代港口作为物流中心必然带来大量与物流有关的生产和消费的信息,包括商品的批发、零售商、货主、货运代理、船东、陆上运输公司、海关、商检等机构,同时港口以现代的电子数据交换(EDI)系统的增值服务网络为基础,能够发展成为区域性的信息中心。

(4) 综合物流体系是以集装箱运输为基础的,在其形成和发展的过程中形成了枢纽节点与支线节点相分离的运输空间网络体系。第三代港口不仅是一个交通中心,也是一个区域的经济、商业、金融、信息等中心,各个国家和地区都希望把自己的港口建设成为世界航运中心。

(四) 第四代港口

第四代港口在兼容第三代港口功能的基础上,作为供应链中的一个环节,强调港口之间互动以及港口与相关物流活动之间的互动,满足运输市场对港口差异化服务的需求,提供精细的作业和敏捷的服务,以形成柔性港口,促使与港口相关的供应链各环节之间的无缝链接。

第四代港口在功能上具有以下特征:

(1) 兼容第三代港口的功能。第四代港口功能的提升是在原有功能基础上的拓展,不是取消原有功能,而是在新的水平上重新整合这些功能。与第一、二、三代不同,第四代港口已从强调自己是一个"中心",转变为更强调是供应链中的一个环节。这种转变的本质之处在于,港口从"以我为中心"的角度转变,开始更关注自己在供应链中的角色。"中心"往往会造成物流在此集聚,并由此将物流在此暂时滞留看作一种合理现象;而视港口为供应链中的一个环节,则强调货物和信息必须在此快速通过。

(2) 港口服务差异化。港口的差异化服务对当今的港口发展提出了严峻的挑战。因为到目前为止,港口发展所走的道路是标准化和规模化服务。标准化和规模化对港口作业带来了很大的便利,降低了港口的生产成本;但同时也必然会增加整个物流的中间环节,以及延长货物的在途时间,减少了顾客的选择余地。而港口的差异化服务则要求港口能够满足客户提出的各种要求,以及应对市场需求的瞬息万变。

(3) 港口生产精细化。港口生产的精细化是反映港口作业质量的一个概念,与运输的精细化相一致。港口生产的精细化就是要通过流程优化来实现,即减少货物的在途时间,减少或消除不增值活动所消耗的成本,增加市场份额,缩短切换到新服务的时间,提高生产效率和增加港口收益等。

(4) 港口反应敏捷化。港口的敏捷化是反映港口对市场响应能力的一个概念,即提出港口应该能够对市场需求做出敏捷的快速反应,以满足客户提出的各种差异化需求,甚至这些需求可能是个性化的。敏捷化是第四代港口发展的高级阶段,它是在精细化的基础上逐步形成的港口运营模式,敏捷化要求对港口而言非常苛刻,但它又是非常具有竞争性的港口能力。

第三节 港口重心转移

经过20世纪70年代、80年代和90年代的发展,世界集装箱港口的格局发生极大的变化,港口重心渐渐地向东亚移动。其主要起因在于20世纪90年代中后期以降,世界经济发展的格局已从欧洲、北美、东亚三足鼎立演变成东亚与北美两分天下,伴随亚太地区经济的发展尤其是中国经济的持续高速增长,世界贸易重心向以中国为首的东亚转移,由此带来世界航运重心及世界港口重心逐步向东亚转移。

一、欧洲—北美—东亚的重心转移

这一阶段发生在 20 世纪 70 年代。1970 年世界集装箱港口前 30 位中,东亚港口只有日本的神户、东京和名古屋分别排名第 19、25、29 位,其余主要为欧美港口。以鹿特丹、安特卫普、贝尔法斯特、不来梅为代表的欧洲港口占绝对优势。北美港口在吞吐量规模上略低于欧洲,但是奥克兰、西雅图和洛杉矶三个美西港口,分别占据了排行榜的第 1、3、7 位(见表 1-2 和图 1-10)。

表 1-2　1970 年世界前 30 位集装箱港口分布情况

地区	港口个数
东亚	3
欧洲	15
北美西岸	5
北美东岸	4
澳纽及其他	3

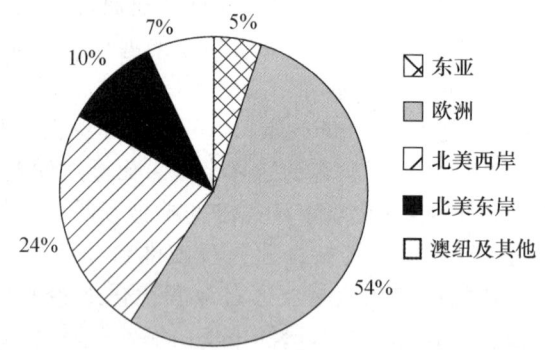

图 1-10　1970 年世界前 30 位港口集装箱吞吐量分布情况

资料来源:中国港口集装箱网。

1975 年世界集装箱港口体系已经开始出现了以下的显著变化:

(1) 美国取代欧洲成为集装箱吞吐量最大的地区,从美国港口内部来看,美东港口快速增长开始与西部港口平分秋色,美东港口纽约/新泽西港取代美西港口奥克兰港成为世界第二大港、美国第一大港,奥克兰港已降至世界第六位。

(2) 欧洲集装箱港口整体地位下降较大,无论是进入前 30 强的港口个数还是吞吐量都在降低,但是鹿特丹港取代奥克兰港成为世界第一大集装箱港。

1975 年之后,东亚集装箱港口地位迅速上升,吞吐量规模甚至略超过欧洲,已成为美、欧、东亚三足鼎立的格局。日本的神户、东京、横滨三港都进入前 15 位,前 5 强中神户、香港、基隆分列第 3、4、5 位(见表 1-3 和图 1-11)。

表 1-3 1975 年世界前 30 位集装箱港口分布情况

地区	港口个数
东亚	7
欧洲	10
北美西岸	5
北美东岸	4
澳纽及其他	4

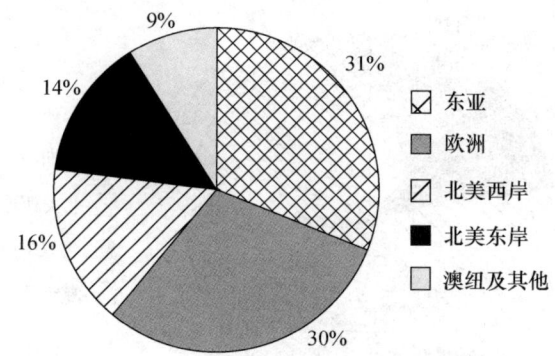

图 1-11 1975 年世界前 30 位港口集装箱吞吐量分布情况
资料来源：中国港口集装箱网。

二、日本—中国香港—新加坡的重心转移

这一阶段发生在 20 世纪 80 年代。这一阶段，东亚港口的地位进一步提高，香港港、新加坡港、高雄港成为东亚三强，这个格局持续了将近 20 年，日本的地位开始有所下降，神户港下降到世界第九位，但是神户、东京、横滨港仍处于世界前 20 位。釜山港开始出现在东亚强港的视野中。而欧洲港口的地位进一步下降，和东亚港口在规模上差距较大，鹿特丹港失去世界第一的位置。美国仍然维持集装箱吞吐量最大地区的地位，纽约/新泽西港成为世界最大的集装箱港（见表 1-4 和图 1-12）。

到 1985 年，欧美集装箱港口在世界前 30 强中的比例达到 60%，1986 年，香港港跃居世界第一位，标志着世界集装箱港口格局开始转向以东亚港口为主导。同年世界集装箱港口前五位中有四个港口都是东亚港口（香港、新加坡、釜山、神户），而且东亚集装箱港口在世界前 15 位中比例达到 68%，这个格局一直持续到 2001 年。2001 年上海港超越鹿特丹港成为世界第五大集装箱港，使得世界前五大集装箱港口均为东亚港口。

随着日本经济的转型，劳动密集型产业的转移，产业的空洞化，日本的港口如神户港、横滨港的地位急剧下降，被后来居上的韩国釜山港所取代。例如神户港，曾经被称为"东亚第一大港""东亚第一枢纽港"，1976 年在世界排名第二位，是神户港最辉煌的年份，其后几乎以每年 1.5 位的速度后退，于 1981 年退居到第十位。但是，1982—1994 年的 10 余年时间里，又维持在世界排名 4—6 位，与香港、高雄两港并称为"东亚三港"。

表 1-4　1980 年世界前 30 位集装箱港口分布情况

地区	港口个数
东亚	8
欧洲	7
北美西岸	5
北美东岸	4
澳纽及其他	6

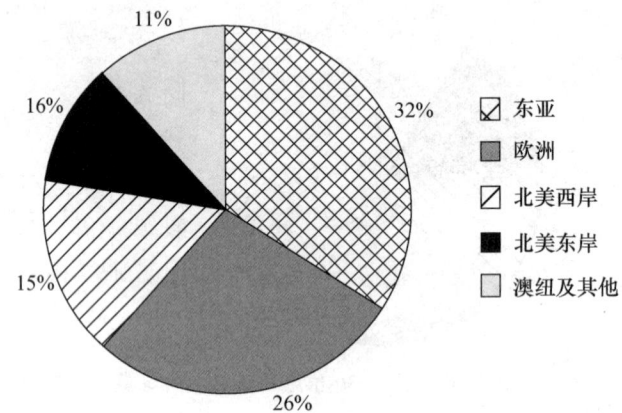

图 1-12　1980 年世界前 30 位港口集装箱吞吐量分布情况

资料来源：中国港口集装箱网。

三、日本—NIEs（特指中国香港、中国台湾、新加坡和韩国）—东盟—中国的重心转移

这一阶段发生在 20 世纪 90 年代，是中国集装箱港口飞跃发展的时期，也逐步改变了东亚集装箱港口体系的结构。从 20 世纪 90 年代开始，中国沿海地区纷纷兴建大型集装箱港口，上海和深圳两港分别于 1997 年和 1999 年进入世界集装箱港口吞吐量排名前 15 位。同时，东亚传统大港的地位在不断下降。例如香港港已无法独立承担南中国进出口门户的职能，而由香港、深圳、广州三港共同承担。1995 年"阪神·淡路大地震"后，神户港失去了亚洲枢纽港的地位，由釜山港取而代之，世界排名迅速下滑，自此消失在世界前 15 位排名的队伍里。

高雄港曾经排名世界第三，因为鹿特丹港与迪拜港的快速成长，2007 年世界排名滑落到第八位，之后甚至被挤出十名之外，日本的横滨、东京等传统中转大港也由于中国大陆货物与欧美的直航运输排名在不断下降。

到 2015 年，世界排名前 15 的港口中，13 个是亚洲的港口，其中，中国港口占据了 9 个席位，欧美港口中只有传统大港鹿特丹港和汉堡港进入排名（见表 1-5）。

表 1-5 国际集装箱港口吞吐量排名前 15 位的区域结构变化

年份		1990	1995	2000	2005	2010	2015
前 15 位集装箱吞吐总量(万 TEU)		3 845.41	6 243.16	8 918.03	16 411.11	22 233	27 398.13
美国	洛杉矶(万 TEU)	258.74	255.52	487.94	748.46	—	—
	纽约(万 TEU)	187.19	227.57	300.65	—	—	—
	长滩(万 TEU)	159.81	238.95	460.08	670.98	—	—
	小计(万 TEU)	605.74	722.04	1 248.67	1 419.44	0	0
	比重(%)	15.75	11.57	14.00	8.65	0	0
欧洲	鹿特丹(万 TEU)	366.67	478.66	627.50	928.70	1 110	1 220*
	汉堡(万 TEU)	196.90	289.02	424.82	808.75	790	921
	安特卫普(万 TEU)	154.91	232.91	408.23	648.20	848	—
	菲利克斯托(万 TEU)	141.77	189.82	—	—	—	—
	小计(万 TEU)	860.25	1 190.41	1 460.55	2 385.65	2 748	2 141
	比重(%)	22.37	19.06	16.38	14.54	12.36	7.81
亚洲	新加坡(万 TEU)	522.35	1 184.56	1 704.00	2 319.00	2 843	3 092.23
	香港(万 TEU)	510.06	1 254.97	1 810.00	2 260.20	2 370	2 011.4
	高雄(万 TEU)	349.46	523.20	742.58	947.11	918	1 059*
	神户(万 TEU)	259.59	—	—	—	—	—
	釜山(万 TEU)	234.85	450.26	754.04	1 184.04	1 416	2 562.6
	基隆(万 TEU)	182.81	216.99	—	—	—	—
	横滨(万 TEU)	164.79	275.68	—	—	—	—
	东京(万 TEU)	155.51	217.74	289.95	—	—	—
	迪拜(万 TEU)	—	207.31	305.89	761.92	1 160	1 559
	深圳(万 TEU)	—	—	399.37	1 619.70	2 251	2 420.4
	巴生(万 TEU)	—	—	320.68	554.35	840	1 100*
	上海(万 TEU)	—	—	561.30	1 808.40	2 907	3 653.7
	青岛(万 TEU)	—	—	—	630.70	1 201	1 734
	宁波—舟山(万 TEU)	—	—	—	520.80	1 315	2 062.7
	广州(万 TEU)	—	—	—	—	1 255	1 661*
	天津(万 TEU)	—	—	—	—	1 009	1 411
	大连(万 TEU)	—	—	—	—	—	930.1
	小计(万 TEU)	2 379.42	4 330.71	6 208.81	12 606.02	19 485	25 257.13
	比重(%)	61.88	69.37	69.62	76.81	87.64	92.19

注：表格中"—"表示该年度该港口未进入前 15 位；* 为 2014 年数据。
资料来源：中国港口网。

第四节 港口在物流发展中的定位和意义

一、港口在物流中的作用

在国际经济、贸易和运输尚未一体化的时代，生产、贸易、运输和装卸是相互脱离的系统，传统的港口仅承担货物装卸、中转、换装的任务，而游离于生产、商贸、信息和运输等领

域之外。随着国际经济贸易全球一体化的发展和物流技术水平的提高,货主对货物流通和资源配置提出了高效率、低成本的要求,于是游离于生产、运输领域之外的第三方物流服务业得到了迅速发展,成为所在地区和城市经济发展的新的增长点。作为物流活动的基础设施和服务主体的港口,在现代物流活动中的地位和作用正在日益提升。

1. 港口是海陆间国际物流通道的枢纽和节点

港口是海洋运输的起点与终点。在整个运输链中,港口总是以其最大的集散功能解决地区之间、国家之间大批量货物交易流通,从而在进行货物仓储、加工或其他商业活动中取得规模效益。现代港口为了适应现代物流服务的需求,拓展了服务功能,已实现从传统货物转运场所到物流、商流、资金流、技术流、信息流全面大流通的汇集点的转变;从港口车船换装点到以港口为中心,以公路、铁路、水路与航空综合运输为特征的现代港口集疏运方式的转变;港口已经成为国际现代物流供应链的重要节点和物流流通通道的枢纽。

2. 港口是提供社会生产、流通领域的物流和商务综合服务的中心

在生产领域,物流的重点之一是要保证再生产过程中即时需要的原材料和零部件在需要地点的可得性,其中主要涉及原材料的获取、分拣、包装等。在流通领域,物流的重点是为批发业服务,保证储存环节的货物存量最小,甚至是"零库存",最大限度地加速商品流通和降低库存成本。向零售商提供物流服务的重点则是配送,以最优的路径、最快的速度、最好的质量,根据需求将货物从生产地送达销售地,甚至送达顾客手中。在这些物流活动中,港口以其独特的地域、设备、装卸、仓储、信息和运输集聚的优势,为各种用户提供方便的运输、商务、保险、金融和信息服务;而各地的生产资源和商品通过港口的集散,加速了流通速度,发挥了物流流通的时效、成本和空间协同效应;港口也因此成为区域乃至国际性的商务和物流综合服务中心。

3. 港口是物流信息中心

现代港口在提供服务时,要即时与船东、货主、各种航运代理机构以及与港口航运相关的金融、保险、海关、检验等部门联系。所有的商流、物流、资金流和信息流将在港口流通,所以港口必须应用现代信息技术与自动化技术及时处理各种信息,对港口物流过程进行良好的控制与管理,使港口成为现代物流信息中心。

4. 港口因从事物流服务而成为所在城市经济发展的新的增长点

由于世界贸易的 90%以上是通过海运方式实现,所以,港口在国际物流服务链中具有重要地位,它不仅是海陆货物运输的重要节点,也是国际贸易的服务基地和货物物流分拨配送中心。这种特殊地位也为港口提供物流增值服务创造了得天独厚的条件。

就区域性地理优势而言,港口有自备铁路线与铁路干线连线,又有公路和公路运输网相衔接,它是铁路、公路、水路立体交通中最适宜的物资集散地,是为运输业中各项运输方式提供服务的综合节点。随着综合物流的发展,港口企业已由"运输业中的一个节点"向"综合运输服务业"发展,由运输链中的一个节点扩展至整个运输链。港口由单一港口模式转变为综合港口模式,由单一为水路货物运输服务转向为各种运输方式服务,由特种服务扩展至综合服务,由货物承运人转向物流经营人。港口能有效组织各种运输、配送活动,高效率地连接各种运输方式,港口在综合物流供应链中起到牵线搭桥的龙头作用,并处于交通运输的中心地位。

具体来说,港口发展现代物流业具有无法比拟的优势:

(1) 港口具有独特的地理优势。它连接铁路、公路和水路,是本地区的交通枢纽,选择在这一货物集结点进行物流服务最能取得规模经济效益。

(2) 港口具有独特的中心区位优势,是联系陆向腹地和海向腹地的中枢,是国际物流顺畅进行的保证。

(3) 港口具有整合生产要素的功能,是货物、资金、技术、人才、信息的聚集点,并具备堆场、仓储、装卸和技术优势,可以发展为物流生产要素整合平台。

二、港口发展物流的意义及方向

(一) 发展现代港口物流的意义

1. 提高港口的国际竞争力

国际物流型港口的运输组织方式是在集装箱的多式联运和门到门的运输基础上形成点到点的网络化物流运输,中国港口能否成为国际网络化物流运输中的一个节点,很大程度上取决于港口是否具备完善的物流服务功能。目前,中国港口在区域和国际上的竞争力还较弱,能否抓住国际物流网络形成的有利契机,促使中国一些主要港口成为国际物流网络中的重要节点,是决定中国港口的国际竞争力能否提高的关键因素。

2. 推动集装箱枢纽港的建设和发展

集装箱枢纽港是现代国际物流的中心环节。集装箱港口建设国际物流中心不仅可以利用现有集装箱吞吐量和航线航班的优势,而且国际物流中心的建设可以吸引更多的集装箱货源和航线航班。集装箱货源和航线航班的增多反过来吸引物流企业、船东与货主来港投资,进一步扩大物流中心的规模,促进港口及港口城市的经济发展。

3. 加强港口与腹地的联系

港口是国际物流与国内物流的交汇点,随着港口交叉腹地范围的扩大,港口吸引腹地的重点已经从地理位置、集疏运条件、传统的装卸和储存服务水平扩大到为产品提供增值服务的水平。港口以现代物流为纽带加强与腹地的联系,可以推动综合运输的发展,加强现代物流网络化场站的建设,为西部大开发提供有力保障,推动内河运输及亚欧大陆桥运输的发展,同时也促进现代物流在更广的范围和更高的层次上发展。

4. 为国际物流经营者的投资创造良好条件

按照中国加入WTO时的承诺,2005年中国的物流业已经全面开放,包括在公路货运、货物租赁、一般货物的批发、零售及其物流配送、出入境汽车运输等物流领域取消在地域、股比等对外资的限制。在中国物流市场,不仅快递、零售领域一下子出现了诸如UPS、FedEx、沃尔玛、家乐福等国际巨头,在传统的码头和航运领域,马士基、新加坡港务、和记黄埔等重量级国际企业也加快进入中国物流市场的步伐。国际物流企业的进入,可以带来先进的物流经营理念和物流管理经验,促进国内"准物流企业"观念的改变,促进所在城市的物流相关行业的发展,并为航运公司带来稳定的货源,使航运企业和物流企业形成伙伴关系,达到良性循环互动,港口及港口城市也可从中获益。

5. 完善港口及港口城市的信息服务功能

港口建立物流中心,有利于推动以港口为中心的信息交流从目前的分散状态转变为集中、增值的状态。现代化的信息服务系统是港口现代化发展的重要组成部分,能否为客户提供实时追踪查询的有统一标准数据接口的电子信息平台,实现信息即时交换,将成为未来港口的竞争焦点。借助建设国际化、网络化、信息化物流中心的有利时机,提高港口及港口城市的信息化水平,能使港口在未来竞争中占据有利地位。

(二)港口发展物流的方向

当前,国内港口拓展物流服务的主要方式是在码头建设物流园区或物流中心,港口物流提供装卸、仓储及物流加工等服务,如上海港、大连港、深圳港、天津港等都已建设港口物流园区。然而以港口物流园区为表现形式的港口物流应根据实际情况不断发展,逐步完善。根据港口泊位建设现状与需求、物流园区建设状况、物流园区的实际功能、物流管理水平、物流设施、信息化水平、集疏运条件、港口物流对城市经济的贡献等可将港口物流发展分成三个阶段。

1. 以港建区

这是港口物流的起步阶段,主要是依托于现有港口发展状况,在加快建设和调整万吨级港口泊位为重点的基础上,在港口的后方或临近港口交通便捷的区域划出一定的区域,构建港口物流园区;在现有港口业务的基础上,物流园区将从事传统港口业务的部分延伸,如堆存、仓储、分拨和贴标签,刷条形码等业务,此时业务量较少,物流功能并不完善;同时物流园区设施较单一,物流信息系统有待完善;另外,在这一时期,力争完成为进入大规模开发阶段所需要的供电、供水、供气和陆域交通等设施建设。

2. 以区促港

这是港口物流园区快速发展的阶段。港口物流功能得以完善,港口物流管理水平提高,物流信息系统得到很好的利用,集疏运系统改善;并可以考虑依托港口布局能源、化工、机械电子、食品加工等工业企业,以及发展基本满足港口和临港工业发展需求的现代物流业;与此同时,以一定规模的临港经济为重点,开发客户,增加货源,促进港口物流业进入效益回收阶段。并使港口及物流逐步成为供应链管理中的重要环节。

3. 形成港口产业集群

这是港口物流与城市经济联动发展的阶段。港口物流进一步发展,成为城市或地区供应链管理中的重要环节,港口产业集群逐步形成,进入港口物流与城市经济相互促进、共同发展的阶段。这一阶段港口物流信息系统得到充分利用,物流管理水平日益完善;港口物流的范围不断扩大,传统港区、临港工业区、物流园区不断成熟;港口物流提供全方位、高效率的全程物流服务,港口向现代综合物流中心方向发展,港口物流企业成为现代第三方物流的承担者;港口、船舶、代理临港工业、商业、贸易、金融、保险及其他服务行业在此聚集,共同全方位地参与企业供应链管理,形成与船舶到港和港口货物作业有关的所有经济活动和公共(私人)组织构成的,以货物装卸、运输、物流、制造和贸易活动为核心的港口产业集群。一个成长的港口产业集群导致更多的货流通过这个港口,使港口连接沿海,辐射内地,面向世界。

课后阅读

瓜达尔港的战略意义

2013年1月30日,巴基斯坦内阁批准将瓜达尔港的经营权从新加坡国际港务局移交给中国海外集团有限公司,相关协议于2月18日在巴基斯坦总统府签署。巴基斯坦《黎明报》和《特快论坛报》网站17日也报道了18日将签署瓜达尔港经营权转交协议的消息。消息称,巴方对此高度重视,扎尔达里总统可能亲自出席签约仪式。报道还称经营权移交工作将在一周内完成,协议条款同之前一致,没有改动。

中国接手巴基斯坦瓜达尔港的经营权,经济意义和军事意义极其重大,可谓一箭双雕、一石二鸟,这一举措不仅使得中国同巴基斯坦加强了经济合作,还使得中国多了一扇直通印度洋的门户,使得被一些人热炒的所谓美国围堵中国的"岛链封锁"也就形同虚设,失去了应有的意义。

瓜达尔在巴基斯坦长约700千米的海岸线上,曾经只是一个名不见经传的小码头。然而,这个毫不起眼的小地方却紧扼从非洲、欧洲经红海、霍尔木兹海峡、波斯湾通往亚太地区数条海上重要航线的咽喉;是距离全球石油供应的最主要通道之一、霍尔木兹海峡仅400千米,具有独特而极富战略意义的地理位置。

瓜达尔深水港是巴基斯坦第三大港口,可以作为东亚国家转口贸易及中亚内陆国家的出海口。利用中亚与该港口相连的公路与铁路,中国有望开辟一条往新疆等西部地区输送能源的通道。因为中国60%的能源补给来自中东,80%的石油进口经过马六甲海峡。

复习思考题

1. 什么是河口港?什么是海岸港?请举例说明河口港和海岸港各自的优势。
2. 港口的功能有哪些?为什么说装卸和转运是港口的本质功能?
3. 世界集装箱港口的重心转移的主要影响因素是什么?请从产业的角度分析中国集装箱港口发展的驱动因素。
4. 港口类别划分的依据是什么?为什么说第三代港口发展的终极状态是国际航运中心?请分析第四代港口在经济全球化进展中将发挥怎样的作用?
5. 列举自己身边的或者自己熟悉的港口,探讨其港口类型和特点。
6. 为什么说港口会成为所在城市经济发展的新的增长点?请举例说明。为什么说港口发展物流业具有得天独厚的优势。
7. 如何理解发展港口物流能提高港口的国际竞争力?

21世纪经济与管理规划教材

物流管理系列

第二章

港口物流管理概述

知识要求

- 掌握港口物流的特点
- 掌握影响港口物流发展的主要因素
- 掌握港口物流企业的分类依据
- 理解港口物流对区域经济的作用
- 理解物流系统的基础知识
- 理解港口物流信息系统的构成
- 了解港口物流企业的主要业务

第一节 港口物流的特点及功能

一、港口物流的概念

港口物流（Port Logistics）是近年才出现的新名词，从严格意义上说，它并不是现代物流活动的一个基本类型，但是在现代物流体系中，港口作为物流体系中的一个无可替代的重要节点，其功能在不断拓宽，并朝着提供全方位增值服务方向的现代物流发展，形成了完整的供应链，完成了整个物流体系中的许多基本服务和衍生的增值服务，能为用户提供多功能、一体化的综合物流服务。由于港口独特的地理位置以及在整个物流体系中的重要地位，港口物流作为一个独立的概念被提出。因此，"港口物流"是一个实际意义大于理论意义的定义，要完整准确地阐述其内涵，必须从以下几方面进行全面的诠释。

（一）基于港口发展历史对港口物流的诠释

第一章阐述了联合国贸发会对港口的代别划分，港口从第一代到现在的国际航运中心以及探讨中的第四代港口，可以看出随着经济的发展，多国企业的跨国投资，港口的功能从单一货运生产到综合物流汇集，从传统货流到货流、商流、金融流、技术流、信息流全面大流通，运输方式也从车船换装到联合运输、联合经营，从传统装卸工艺到以国际集装箱门到门多式联运为主要特征的现代运输方式的转变。现代物流中心成为港口新的发展目标。现代港口除具有国际多式联运的枢纽功能外，还扮演着区域或国际性的商贸中心、金融中心、信息中心的角色。因此，从港口发展历史来看，港口物流应该诠释为是以港口为中心的货流、信息流、资金流、各种物流作业和多种物流设施和服务功能的集合。

（二）基于物流活动内容对港口物流的诠释

港口物流活动具体包括装卸、运输、仓储、流通加工、信息处理活动和各种辅助活动。因此，从港口物流活动内容来看，港口物流应该是以港口为中心的将运输、仓储、装卸搬运、代理、包装加工、配送、信息处理等物流环节有机结合，形成完整的供应链，能为用户提供多功能和一体化的综合物流服务体系。

（三）基于物流基本要素对港口物流的诠释

港口物流活动具备三个最基本的要素，即流体、载体和流向。流体是指经过港口的货物，载体是指流体借以流动的设施和设备，流向是指流体从起点到止点的流动方向。因此，从港口物流基本要素来看，港口物流应该是以港口为中心的提供优质载体，合理安排流体流动顺序，以使流体按科学的流向流动的全过程。

（四）基于港口物流特点对港口物流的诠释

港口物流是特殊形态的物流，与传统的港口生产和服务及其他类型的物流相比具有国际化、多功能化、信息化、标准化、独特化、聚散效应、整合效应等特点。全球经济一体化的趋势，使得港口也凸显"一体化"。因此，从这些特点来看，港口物流则是港口为适应现代物流发展的需要而形成的新型产业系统。

(五)基于港口物流服务平台对港口物流的诠释

港口物流平台结构包含环境层、供给层和需求层三个层次。由港口所在地区及其腹地的经济结构、政府职能部门(如港务管理局、海关等)的政策和法规以及港口的物流设施(如码头、仓库、道路、机械等)构成了港口物流的服务环境层。供给层和需求层则分别由物流服务提供方和物流服务需求方组成。在港口区域落户的有货主、船东、货运代理商、船舶代理商、零售商、商品批发商、包装公司、陆上运输公司、海关、商检机构及其他有关机构。港区建有分拨中心、配送中心、流通加工中心等,提供仓储、装卸、包装、运输、加工、配送、拆装箱和信息处理等系列增值服务。因此,从港口物流服务平台来看,港口物流是指以依托港口这个节点形成的服务平台上所进行的物流活动。

(六)基于港口在整个物流链中的独特地位对港口物流的诠释

港口在整个物流链中的独特地位体现在:

(1) 港口是整个水陆运输的枢纽(国际贸易货运量90%以上经海运完成),是整个运输链中最大量货物的集结点,地位十分重要。

(2) 港口拥有先进的设备、码头岸线资源、后方陆域面积较大的堆场或仓库和良好的集疏运系统,这些硬件设施为港口从事现代物流服务奠定了比一般物流业更加良好的基础。

(3) 现代物流需要具有整合生产要素功能的平台。港口一般拥有向周边腹地延伸的公路、铁路、水路等比较发达的交通基础设施,是不同运输方式汇集的重要节点,港口以其无可比拟的优势成为人流、货流、商流、资金流、技术流、信息流的聚集点,具有物流生产要素整合平台的资源优势,能够发挥 $1+1>2$ 的效果。可以说,港口是现代物流网络链中最为高效的整合生产要素功能的大平台。因此,从港口在整个物流链中的独特地位来看,港口现代物流是指依托港口这个在整个物流链中具有独特地位的平台上所形成的现代物流系统。

综上所述,港口物流是指中心港口城市利用其自身的口岸优势,以先进的软硬件环境为依托,强化其对港口周边物流活动的辐射能力,突出港口集货、存货、配货特长,以临港产业为基础,以信息技术为支撑,以优化港口资源整合为目标,发展具有涵盖物流产业链所有环节特点的港口综合服务体系。

港口物流是特殊形态下的综合物流体系,是作为物流过程中的一个无可替代的重要节点,完成整个供应链物流系统中基本的物流服务和衍生的增值服务。

二、港口物流的特点

(一)港口物流的发展与腹地经济发展密切相关

现代物流是一种综合物流体系,港口作为水陆运输的连接点,是国际物流链上的一个环节,依赖于整个现代物流发展的综合环境。对于港口物流而言,腹地经济的发展水平、规模、产业结构以及该地区的人口密度都会直接地影响进出港口的货运量。另外腹地的交通运输体系是影响港口物流的另一重要因素。目前,世界上大多数的港口城市都十分重视港口经济的发展,并制定以港兴城的发展战略,鼓励和扶持港口发展,促使港城关系

更加密切,期待港口的发展能够带动区域经济的发展,使港口成为城市经济体系的重要组成部分和新的经济增长点。

(二)港口物流发展受国家政策和国际环境影响

港口物流服务除一般意义上的物流服务,还会包括关检、海上救助和海事法庭等特殊服务。国家政策往往在很大程度上决定了港口物流的发展水平,港口的经济同周边国家有不可分割的关系,周边国家的经济发展水平、经济体制、开放政策和外交政策等一系列因素都会影响到港口物流的规模。

(三)港口物流面临更加激烈的直接竞争

港口物流面临更为激烈的竞争环境。随着国际贸易的迅速发展,航运竞争日趋激烈,船舶的大型化、高速化和集装箱化成为不可改变的趋势,港口之间竞相发展物流中心,使得港口物流之间的竞争日益激烈。港口面临的竞争不仅来自临近港口,还来自港区和港区之间、同一竞争圈的国际港口之间。

当今港口的竞争已从传统的腹地货源的竞争,转向以现代物流为特征,以吸引船公司和发展多式联运为重点,以信息服务和全程服务为主要手段的综合竞争,其核心是从货源竞争转向综合服务竞争。由于腹地内高速公路、铁路和内河航道运输网络的建设,传统的腹地概念已经打破,物资的流动性、迁移性和蔓延性得到强化,同一区域内或邻近区域内的主要港口对货主和船公司来说已不存在距离上的优劣,而主要看各港的服务,尤其是港口物流的水平。

海运企业进入港口业,加剧了港口间的竞争。国际上著名的海运企业一般都是跨国公司的全球物流承运人和代理人,因此海运企业,尤其是海运联盟选择哪些港口作为其物流分拨基地,或作为其物流经过的口岸,对这些港口的兴衰至关重要。那些拥有优良的港口物流基础,凭借世界一流设施、物流服务运作的速度和效率高的港口将成为巨头海运企业靠港的首选。例如,大连港大窑湾一期工程由大连港集装箱股份有限公司(DPC)投资运营,投资比例分别是大连港务局为51%、PSAC 为42%、APMT 为7%;大窑湾二期工程投资40亿元,投资比例分别是大连港务集团为35%、PSAC 为25%、APMT 为20%、Cosco Pacific 为20%。上海港外高桥港区由上海沪东集装箱码头有限公司(SECT)投资运营,出资比例分别是上海港务局为51%、APMT 为49%。世界排名前十的港口经营管理人,有6名是海运企业或者是海运企业的子公司,它们分别是 APM Terminals、Cosco Pacific、Eurogate、Evergreen、Hanjin 和 MSC(见表2-1)。

表2-1 世界排名前十的港口经营人及全球货物量装卸比率

国别(地区)	港口经营人	港口系	船公司系 & 港船混合系	2005 年比率(%)	2015 年比率(%)
中国香港	HPH	○		13	14.2
丹麦	APM Terminals		○	10.1	12.8
新加坡	PSA	○		10.1	11.4
英国	P&O Ports	○		6.0	—
中国	Cosco Pacific		○	3.7	4.1

(续表)

国别(地区)	港口经营人	港口系	船公司系&港船混合系	2005年比率(%)	2015年比率(%)
阿拉伯联合酋长国	DPW	○		3.2	3.8
德国	Eurogate		○	3.0	2.9
中国台湾	Evergreen		○	2.2	2.7
韩国	Hanjin		○	—	2.3
瑞士	MSC		○	2.0	2.1
美国	SSA Marine	○		1.7	1.9

资料来源:作者根据资料整理而成。

(四)港口物流在国际物流链中居于中心地位

港口在现代物流发展中,有着诸多独特优势,在综合物流服务链中处于特殊的地位。港口是水陆运输的枢纽,又是水运货物的集散地、远洋运输的起点和终点,具有不可替代的经济运输功能。港口以其独特的"大进大出"的集疏运能力和较好的物流网络基础,成为现代物流业的主导,港口的建设和服务水平是整个物流链能否顺畅运转的关键。

经济一体化使得港口在所在地经济的重要性进一步得到加强,各地政府都重视对港口的投资,使得港口一般都拥有比较先进的装卸装备、面积相当的堆场与仓库、先进的生产组织系统以及良好的集疏运条件,这些优势的存在进一步为港口拓展物流服务奠定了良好的硬件基础。

(五)港口物流的发展体现了国家物流发展水平

港口由于其独特的地理优势以及比较完备的硬件设施,形成了既有的先天优势,汇集了大量的货主、航运企业、代理企业、零售商等,成为物流、人流、技术流、资金流的交汇中心,同腹地物流相比,港口物流的实践者比较容易接收到最先进的技术和管理理念。港口作为国际物流链的中心使这些先进的技术与管理通过物流链渗透到腹地,进而对腹地物流乃至整个国家物流的发展起到牵引的作用。

(六)港口物流具有集散效应

港口作为国际运输体系的节点,国际货物的装卸和转运产生了装卸公司、船运公司和陆地运输公司;船舶的停靠产生了船舶燃料给养供给、船舶修理和海运保险;在货主和船公司之间还形成了无船承运人、货物代理和报关代理等中介公司;随着现代物流的形成和发展,形成了以物流增值作业为特色的物流园区和保税物流中心。一个港口城市与国际物流相关的企业林林总总多达数千家,物流产值占全国比例远远大于该城市GDP占全国的比例。依托港口建立的发达物流体系,可以为区域经济的发展提供可靠的低成本的物流支持,增强城市的辐射能力和影响力。同时,港口物流的发展使港口周边地区聚集大量加工企业,进而成为临港加工区,成为区域经济的增长极。港口物流的发展给城市带来大量的资金流、人流和信息流,为形成地区性的金融中心以及旅游业、信息产业的发展创造了必不可少的条件。

(七)港口物流具有整合效应

全球经济一体化的趋势,促使港口物流国际化、规模化、系统化发展,港口物流产业内

部的整合,与陆上运输、航空物流等全方位的合作势在必行。"前港后工"的空间布局,使港口具有整合生产要素的功能。通过联合规划与作业,形成高度整合的供应链通道关系,进一步降低物流成本,提高物流效率,为客户提供更为满意的服务。同时,港口物流的服务功能方面也凸显"一体化"的特点,港口物流将充分依托港口腹地运输、拆装箱、包装、质量控制、库存管理、订货处理等增值服务,提供金融、保险等方面的服务以及货物在港口、海运及其他运输过程中的最佳物流解决方案等。

三、港口物流的基本功能

同传统港口物流功能相比,现代港口物流的基本功能正在从单一的装卸、仓储、运输等活动的基础上逐步地拓展和完善,向着效率更高、成本更低、服务更具人性化的目标发展,现代港口物流活动的功能主要包括以下几个方面。

(一)运输、中转功能

运输和中转是港口物流的首要功能。在现代港口物流活动中,运输是构成供应链服务的中心环节。运输功能主要体现在货物的集疏运上,包括公路运输、铁路运输、水路运输,以及不同运输方式之间的转运,是一种对港口内外腹地具有辐射服务的运输网络。

(二)装卸搬运功能

装卸搬运是港口物流实现运输、中转等功能的必需活动。装卸搬运是影响货物流转速度的基本要素,专业化的装载、卸载、提升、运送、码垛等装卸搬运机械,可以提高装卸作业效率,减少作业对商品造成的损毁。

港口物流应以装卸为基础,真正使装卸活动满足物流的要求,融入现代物流链中,只有首先将装卸活动并入物流链,才能够将更高级的、衍生的港口功能汇集成具有相当规模的物流链。

(三)加工、包装、分拣功能

加工一般分为流通加工和组装加工,前者指粘贴标签、销售包装作业等,后者是指产品零部件的组装和满足客户个性化需求;包装分商品包装和运输包装,以及商品包装和运输包装的快速转换;分拣在货物合理存放的基础上完成客户的需求,进行快速分类。这些功能既能有效地降低运输成本,也可以减少装卸和运输过程中的包装损坏,还可以保证上市商品的完整性和合格度。

(四)仓储、配送功能

港口物流中心的仓储设施应齐全才能满足不同货物的要求。货物在物流过程中移动的次数越少,其完好率越高,损耗量越小,操作成本也越低。港口位于大船作业的最前沿,无疑给货物的收发、存放、保管、分流带来最直观的效益,一般港口均有与其货种相配套的专业仓储设施和管理,达到物流运动的合理化和专业化,这样促使用户从"自有型仓库"向"合作型仓库"转变,从满足于"自我服务"向社会化分工的专业服务方向转变。

配送功能在库存仓储、存货管理的基础上为企业生产提供后勤服务。港口物流服务中应有功能较强的配送系统,同时,由于港口物流的配送覆盖面广,运输线路长,业务复杂,因此需要配有相应的管理、调度系统。配送功能发生于运输和消费的交汇处,是港口物流体系末端的延伸。

货物配送不是一项简单的物资流通活动,而是与信息流通紧密结合在一起。货物和信息虽然是两个相互独立的因素,但通过配送使两者联系在一起。而且,一些港口的配送中心开始越来越多地提供诸如再包装、定价、贴标签、产品组装、修理、退货处理等典型服务,而不再是单纯的配送过程。

(五)信息处理功能

港口不仅是货物流通的中间环节,而且是信息流通的中间环节。以港口为基础的电子信息交流已从分散的、局限的流通发展成为高密度的信息流通方式,与其相关的是运输链上各程序的流水线处理。运输商、顾客、关税管理及其他有关方面通过电子数据转换(EDI),或者以互联网为基础的系统(开放的或者区域的)紧密联系在一起。这些系统提供有关货物运输状况、管理要求、收费等必要信息。目前港口的信息中心侧重点由内部局域网转向物流电子商务网,并与专门从事 EDI 服务的企业寻求在物流信息管理方面的合作,整合港口物流中心货物的信息流,为客户提供及时、便捷的信息服务。

信息处理已经成为港口进行物流运作必不可少的功能之一。港口物流要对大量的、不同品类、不同客户、不同流向的货物进行管理、仓储、加工、配送,需要有很强的信息处理能力。通过利用港口的信息资源和通信设施以及 EDI 网络,为用户提供市场与决策信息,其中主要包括物流信息处理、贸易信息处理、金融信息处理和政务信息处理等。港口信息化程度越好,港口物流的效率越高。

(六)保税性质的口岸功能

即港口在区域或部分区域实现保税(海关监管)区的功能,并设有海关、检验检疫等监管机构,为客户提供方便的通关验放服务。

(七)其他功能

港口物流还应具备其他一些辅助功能,如接待船舶,船舶技术供应,燃料、淡水、一切船用必需品、船员的食品供应,集装箱的冲洗,引航,航次修理,天气恶劣时船舶的隐蔽、海难的救助等。

总而言之,在现代物流体系下发展起来的港口物流,已经成为一种重要的物流形态,港口物流功能的实现不仅使现代港口起到简化贸易和物流过程的作用,而且也巩固和提高了港口在国际多式联运和全球综合物流链中的地位和作用,进而为国民经济和世界经济的发展发挥更大的作用。

第二节 港口物流与经济

一、影响港口物流发展的经济因素

(一)世界经济和国际贸易

世界经济的发展是国际海运和港口物流业发展的基础。世界经济发展的周期性变化必然对世界贸易产生影响,世界贸易的波动又会影响到各国的进出口业务,进而影响其港口经营状况。

一般来讲,世界经济发展与港口物流经营的变化方向是相同的。如21世纪初世界主要经济体经济陷入衰退,世界贸易增长出现下滑,中国的进出口业务受此影响增速明显放慢,对中国港口物流业的发展产生了一定的影响。但由于国内经济的快速发展,在一定程度上抵消了世界经济衰退的不利影响。从世界地区经济的发展趋势看,地区经济发展导致地区对外贸易增长,必然带来地区间港口航运需求的上升。近年来,亚太地区经济保持了快速发展的态势,世界经济重心已经向亚太地区转移,导致亚太地区对外贸易的繁荣。这是中国港口物流业发展的一个重要国际经济环境。世界经济的发展变化趋势还对港口物流业的发展趋势与特点产生重要影响。世界经济一体化导致了国家经济发展日益依赖于对外贸易和交流。根据联合国有关组织统计,目前全世界跨国公司的投资、生产和经营活动已遍及全球160多个国家和地区。世界经济一体化带来了世界贸易和海上运输需求的增长,跨国公司的发展直接推动了集装箱运输与全球综合物流服务方式的发展。同时,世界贸易的区域化和集团化趋势也很明显。现在世界上已建立了三十多个区域性的贸易集团,这些集团的建立促进了各个区域内部国际贸易的增长,进而对航运和港口物流业务产生了较大的影响,集装箱支线运输和近洋运输将成为全球集装箱运输发展的主要增长点。

(二) 国内经济

国内经济因素对港口物流业发展的影响主要表现在以下几个方面。

1. 国内宏观经济对港口物流业的影响

港口是国民经济运行的晴雨表,国民经济的发展速度与港口物流生产的增长息息相关。国民经济发展速度将直接促进港口物流业的增长。从中国目前经济仍将保持较快增速的发展势头看,港口物流业的发展仍有比较大的空间。

2. 产业结构的调整对港口物流的影响

中国现在正处于工业化过程当中,第二产业即加工制造业将是经济增长的主要产业和经济发展的支柱产业,必将导致以制成品为主的集装箱运输需求的迅速稳定增长。国家产业结构调整可直接对运输市场的货源结构和数量及运输方式产生影响。

3. 国民经济区域布局的调整对港口物流的影响

中国从"九五"开始,根据东、中、西部经济布局调整的原则提出西部大开发战略,沿海、沿江三大经济圈的划分,振兴东北老工业基地等国家经济总体布局的调整,推动了各个经济区域的经济发展和对港口及航运业的需求。

4. 投资结构和消费战略的调整对港口物流的影响

国家投资结构和消费战略的调整变化直接影响市场对港口物流的需求。从"九五"开始到2015年,水运、能源、交通已列入国家投资重点,与之相关的重点水利工程、能源基地建设工程和港口、公路、铁路建设工程将直接促进港口进出口物资的增长。

5. 对外贸易的发展对港口物流的影响

资料显示,中国外贸货运量与港口吞吐量之间存在着正比的关系,两者的变化几乎是同步的。改革开放以来,中国对外贸易取得了飞速发展,自加入WTO后,随着大经贸格局的形成,加工贸易的增加、保税区的发展、进出口贸易的增长都会对港口物流业提出新的需求。

二、港口物流对区域经济的作用

港口作为发展物流的突破口,通过物流核心业务向周边地区辐射,带动进出口贸易,进而促进港口物流的发展。而物流发展能带动相关产业如货运、仓储、集疏运的发展,促进金融、通信、保险、维修、旅游、服务等第三产业的发展,使产业重心转移,加速产业结构的升级。同时,由于现代物流极强的产业联动效应,使得传统工业也焕发出蓬勃生机,从而推动了经济产业结构的演进,因此,港口的发展带动了相关产业的发展,成为促进地区经济发展的重要促进力。

(一) 港口物流对相关产业的带动作用

1. 对仓储业的带动作用

世界贸易的 90% 由海运完成,绝大部分的进出口货物通过港口中转集散。由于港口是货物、船舶密集的地方,各种运输方式不可能直接完成协调衔接,仓储必不可少,同时仓储也是港口的重要功能,是现代物流的重要组成部分,港口物流的发展必然会带动仓储业的发展。

2. 对配送、陆上运输业的带动作用

由于港口功能向物流体系的转变,为了更好地完成货物的集散、配送,必须拥有一流的装卸和搬运机械,必须拥有一支训练有素的专业陆上运输队伍,这样,港口就为陆上运输、配送业的发展提供了巨大的发展空间。

3. 对包装、流通加工的带动作用

流通加工主要是指货物在工厂外进行的装配、组合和其他附加工作。集装箱运输对包装尤其讲究,在设计包装时必须考虑运输方式的适应性、运输装卸的方便性;在产品销售时,还必须考虑包装对市场的适应性。因此为了促进商业销售和方便运输流通,提高货物和商品的附加值,从事流通加工和包装是完全必要的,港口业的发展必然带动包装、流通加工业的发展。

4. 对信息服务产业的带动作用

现代物流是信息时代的产物。港口城市建立物流中心,有利于推动以港口为中心的信息交流。现代化的信息服务系统,将成为未来港口城市的竞争焦点。港口物流中心往往汇集了船东、货主、货运代理、船舶代理、商品批发零售、包装公司、内陆运输、海运、政府机构和配套服务机构,各类信息集中而全面。为使有关信息在各个环节准确、快速地传递,网络技术和信息系统建设就必不可少。这样无疑有力地带动了信息服务业的发展。

5. 对商贸的带动作用

港口货物的集散、仓储配送、陆上运输、流通加工和信息服务的发展,聚集了人气,带动了当地贸易的发展,尤其是加工贸易的发展,成为港口城市的又一经济增长点。

6. 带动地区金融、保险业的发展

港口所在的城市不但要有相应的供电、供水、供油和交通、电信等基础设施,而且要有发达的金融、保险业务,提供融资、离岸金融服务、船舶保险、财产保险等服务。随着海上国际航运业的发展和海上航运中心逐步形成,与之相应的海上保险和海事仲裁需求将与日俱增,因而必须形成发达而完善的海上保险市场与海事仲裁中心以及按照国际惯例办事的海外服务机构,如一关三检等口岸监管部门。

7. 带动旅游、宾馆餐饮业、房地产业的发展

根据规划,未来的港口城市是按"百年大计、世纪精品"要求,高标准、高水平实施城市的规划与开发,使它成为城市规则、城市建筑、城市功能和旅游风景的杰作,创造具有强烈海派风情的水岸景观,吸引海内外航运企业及相关企业入住城市水景生态园工作、生活。这样就为港口城市发展一系列的旅游、娱乐、宾馆餐饮等创造了机遇,一来可以满足船员、公司业务人员休闲娱乐的需要,二来可以成为市民、游客海上度假旅游的场所。同时,还需发展滨海城市的房地产业,以满足有识之士、大专院校毕业生落户之需。

8. 带动修船、备件服务行业的发展

在港口汇集了来自世界各地的船舶,必然会产生对船舶修理、船舶备件的需求,这将带动港口所在区域的修船、备件服务行业的发展。

9. 提供就业机会,带动教育培训事业的发展

港口物流的发展建设,将促进城市产业结构的调整,生产力水平的提高,带动各项产业的发展,从而为城市提供更多的就业机会,促进人民生活水平和生活质量的提高。同时吸引更多的有识之士及各种人才汇聚港口城市,投身城市的建设事业,并促使人们在工作中不断吸收新知识。

(二) 港口物流对区域经济的贡献

港口物流对区域经济的贡献可以分为直接经济贡献、间接经济贡献和社会效益。港口是一个生产部门,有其自身的生产效益,但它又是一个特殊形态的生产部门,与社会经济各个部门有着极其密切的联系,它的社会经济效益大大超过了它自身的生产效益。因此,在考察港口对于区域经济的贡献时,不仅要考虑其直接经济效益,更要考虑其服务于其他部门而产生的间接经济效益及其社会效益,只有这样才算得上是港口对于区域经济的完全贡献。

1. 港口物流对区域经济的直接贡献

港口物流对经济的直接贡献主要是指港口生产所直接获得的经济效益。港口是国民经济和地区经济的一部分,与其他行业一样,港口同样产生国内生产总值、国民收入、就业机会以及上缴国家税收。因此,可以用货运与客运周转量以及国民生产总值的增加值等指标来衡量直接贡献。

2. 港口物流对区域经济的间接贡献

港口的间接经济贡献是指为直接经济活动提供劳务与产品的组织与公司所产生的效益,也是指由于港口的生产和发展促进或带动了其他部门的发展而产生的那部分效益。

港口物流的间接经济效用包括:

(1) 促进了以港口生产为中间产品的其他部门的发展而带来的经济效益;

(2) 带动了港口生产所需产品的生产部门的发展而带来的经济效益;

(3) 由于港口发展使得货物得以及时运送而获得的生产效益与市场效益以及由于港口发展减少了客运时间而创造的时间价值;

(4) 增加就业人员及就业人员工资带来的消费增长,从而促进了经济的增长,等等。

也就是说,港口除了核心活动以外,还有部分扩展经济活动,正是这部分活动产生了港口的间接经济影响。这部分活动中的典型活动就是贸易活动、临港工业活动以及基于港口的物流活动。

3. 社会效益

港口物流社会效益是指港口物流发展对促进地区繁荣的巨大的推动作用。它包括:

(1) 由于港口物流的发展提高了当地的运送能力、资源开发能力、商品交流能力而带来的经济结构的变化和经济的迅速发展;

(2) 由于港口物流发展吸引投资,带来的地区经济的繁荣;

(3) 由于港口物流发展吸引了投资带来的当地税收的增加;

(4) 由于港口物流发展吸引了投资而使腹地或使港口周围地价的大幅度上升;

(5) 由于港口物流发展增加了就业,增加的社会稳定与吸引外来人口而带来的文化、习俗、观念等方面的变化,这部分效益一般是难以量化的,但却对地区的发展具有其他部门不可替代的深远影响。

港口物流对经济发展起到了较大的推动作用,但是也带来了一定的负面效应。例如运输体系的发展,加重了环境污染。在评价港口物流对经济的贡献时,还应考虑与环境保护有关的指标,如能源、污染、拥挤、噪声和社会福利等。

第三节 港口物流系统

一、港口物流系统的基本内涵

(一) 港口物流系统的概念

随着经济全球化的发展和国际贸易的增加,港口作为多种运输方式的交汇点,凭借其独特的区位优势和多年来基础设施建设方面的优势,在综合运输体系中发挥着越来越重要的作用。现代物流理念的普及以及现代物流实践的要求,已促使港口抛弃以往单一的运输中转节点的定位,转而向集运输、工贸、金融、信息和多式联运为一体的综合物流中心的方向发展。港口这种由运输中转节点到综合物流服务链中重要环节的定位转变不仅使港口功能发生了极大变化,而且也使港口在服务范围延伸、服务功能扩展的过程中,逐渐形成自身特有的物流系统。

港口物流系统是港口为适应现代物流发展的需要而形成的新型产业形态。根据港口物流的发展现状并结合港口物流未来的发展趋势,将港口物流系统定义为:港口物流系统是国际和地区综合物流服务链中的重要环节,它以满足客户需求为最终目的,以对港口相关的物流活动和物流信息进行有效的计划、实施与控制为手段,从而实现货物在港的高效率、高效益的装卸、集疏和物流服务增值。

从港口物流系统定义可以看出:

(1) 作为国际和地区综合物流服务链中的重要环节,港口物流系统是港口所在地区经济系统的重要组成部分,它通过与地区和城市经济之间的互动,可以提高港口的综合实力,增加地区和城市经济的竞争优势。

(2) 港口物流系统的最终目的是满足客户对港口物流服务的需求。客户需求的多样化要求港口物流系统不仅要完成基本的货物装卸和集疏,而且还要根据客户的多样化需求提供个性化的增值服务,以不断提高港口物流系统的货源吸引力。

(3) 港口物流系统的基本功能是实现货物在港的高效率装卸、集疏和物流服务增值;其主要职能是对综合物流服务链中与港口密切相关的物流活动和物流信息进行有效的计划、实施与控制。

(4) 港口物流系统不仅是港口装卸系统的延伸,而且是装卸、搬运、仓储、运输、流通加工和信息处理等各项物流活动的集成,是物流、商流、信息流、资金流和人才流的集成。

(二) 港口物流系统的基本构成

根据港口物流系统的定义及内涵,在充分体现港口物流系统的技术性、经济性、安全性、时间性和可持续发展性原则指导下,港口物流系统被分为自然地理条件、基础设施、物流运营、相关产业、协调支持五个基本子系统,这五个子系统都需要物流信息系统进行信息传递、处理、存储、加工、统计、分析等,用于保证港口物流系统整体的良好运作。

1. 自然地理条件子系统

自然地理条件子系统由港口自然地理因素决定的港口区位条件和自然条件组成,它主要包括港口区位条件、港区陆域面积及岸线条件、港口锚地条件、气象水文地质泥沙潮汐等综合天然条件。它是港口物流系统运作的前提条件,不仅为港口物流系统运作提供了基本的作业环境,而且在增强港口物流系统双向辐射能力、保证船舶顺利进出港等方面的作用也较为显著。

2. 基础设施子系统

基础设施子系统由港口物流运作所必需的设施、装备组成,主要包括港口航道设施、码头及库场生产设施、辅助库场设施以及港口集疏运设施等。基础设施子系统是港口物流系统运作的物质基础,它通过为港口物流运作提供所必需的航道设施、泊位库场生产设施以及集疏运设施等,从而保证了港口物流系统的成功运作。

3. 物流运营子系统

物流运营子系统主要用于完成港口物流活动的计划、控制与实施,主要由港口的码头装卸、集疏港运输以及港口生产监控与调度等涉及港口物流运作的企业或部门组成。物流运营子系统作为港口物流系统的核心,是物流系统运作的中心环节,在很大程度上决定了港口物流运作的能力及效率,是提高港口物流服务质量和增强港口竞争力的核心资源。

4. 相关产业子系统

相关产业子系统主要由港口附近的物流增值服务企业、中介及配套服务企业、生产性服务企业以及临港加工贸易企业等组成。该子系统是在港口由传统运输中转节点到综合物流服务链中重要环节的定位转变中出现的,是港口物流系统向集运输、工贸和多式联运等为一体的综合物流中心发展的体现。

5. 协调支持子系统

协调支持子系统主要负责对港口物流系统运作的管理、监督与协调以及人才的培养,它主要由政府监督协调部门、港口行政管理部门、海关联检部门和行业协会等组成。该子系统不仅为港口未来的发展积极创造良好的政策环境、市场环境,并从港口管理体制以及人力资源等方面为港口物流系统提供制度的保证和人才的支持。

(1) 物流运营子系统是保证港口物流系统高效率、高效益运作的关键因素。

(2) 自然地理条件子系统是物流运营子系统的前提条件,制约着港口物流系统的运营;反过来,物流运营子系统能力的扩大和科学技术的发展,也会要求港口逐渐改善其自然地理条件。

(3) 基础设施子系统是物流运营子系统的物质基础,是港口物流运营子系统的硬件环境。

(4) 相关产业子系统是物流运营子系统运用现代物流理念实现的服务功能扩展、服务范围延伸的结果,是在港口由传统运输中转节点到综合物流服务链中重要环节转变的体现。

(5) 协调支持子系统是物流运营子系统的软环境,它通过对港口物流系统的政策引导、管理监督和人才支持保证港口物流系统的高效运行;物流运营子系统也反作用于协调支持子系统。

港口物流子系统间的关系如图 2-1 所示。

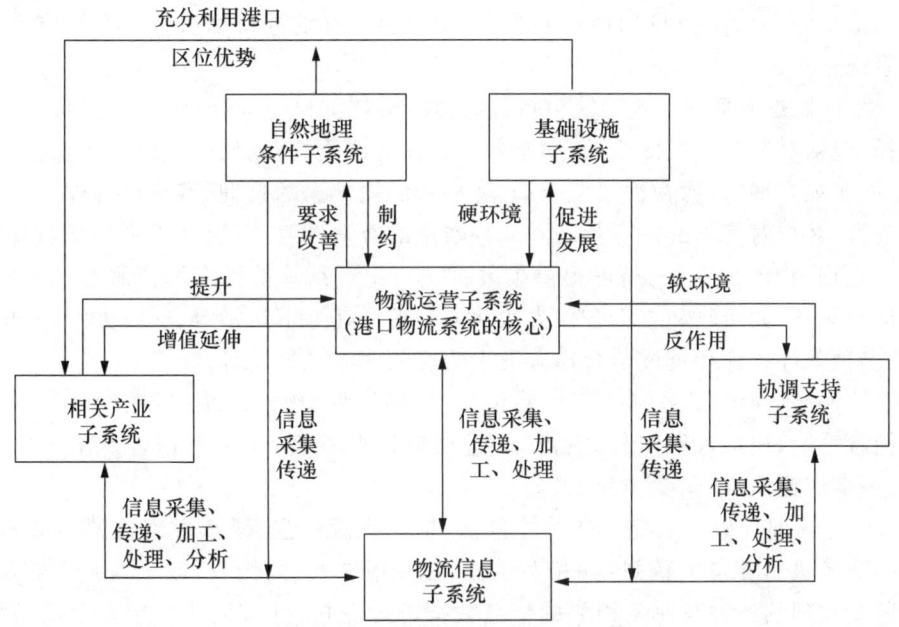

图 2-1　港口物流子系统间关系示意图

资料来源:张旖,《港口物流》,上海交通大学出版社,2012。

二、港口物流信息系统

物流信息系统是指覆盖或辐射港口物流系统以及与港口物流系统运作相关部门或机构的信息支持系统,对港口物流系统效率的提高、港口物流管理协调手段现代化的促进以及物流管理协调能力的增强等都起到了十分重要的作用。

(一)港口物流信息系统的基本组成

对于港口企业而言,货物实际流动过程较为简单(见图 2-2),但随货物而流动的信息却十分复杂。事实上,港口物流信息管理水平已成为港口物流系统效率的关键。一个合适的港口物流信息系统可以使港口的货物流动更加流畅、简捷,最大限度地减少货物的冗余移动,最终提高港口企业的核心竞争力。

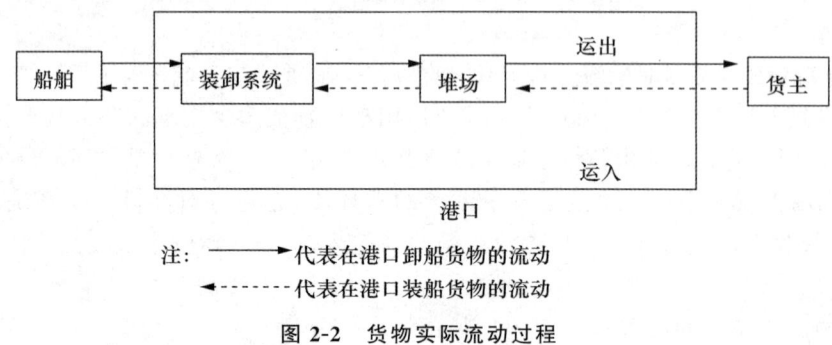

图 2-2 货物实际流动过程

根据港口企业对于信息的特殊要求,一个功能良好的港口物流信息系统应包括以下三个子系统。

(1) 客户服务子系统。其功能包括:信息发布,如港口企业新闻通告、报价;用户综合物流委托,包括对客户委托的审核、实施各种运输方式委托、仓储委托的具体操作流程;响应查询,如账单查询、货物在途状态查询、客户对历史单据的查询、客户对意外事故报告和处理的查询、客户对货物的库存状态和库存数量的查询、客户对统计历史和当前发生的财务数据的查询;物流配套服务,可提供报关、保险、银行结算等配套增值服务;提供对联盟的特殊信息服务,如接收和查询合作方的业务需求或任务下达指令、联盟方的账单查询指令、可按多种条件统计和查询与合作方发生的应收明细及账单等。

(2) 码头操作管理子系统。其功能包括:堆场计划、操作系统;船舶计划、操作系统;货运站箱管系统,包括入库、出库盘点等;进出口作业管理,包括根据客户不同的委托情况,进行内部作业计划、调度和分工。

(3) 信息管理分析子系统。其功能包括:接收跟踪信息、录入并对之进行管理;对自己承接的业务进行相应的信息(如相关单据、EDI 报文等)的接收(或录入)、存储和管理;对系统所接收到的各种与业务相关的信息数据进行分析,并有向决策层提供决策依据的出口;对客户基本资料信息的收集和管理,包括对客户、联盟伙伴的各种档案资料的录入和管理;结合决策准则,并能识别需要做出决策的"异常情况",提醒相关计划或是管理人员。

(二)港口物流信息系统的结构

从港口企业微观角度分析,一般情况下港口物流信息系统的内容应该与物流管理相对应,结构上分为四个层次(见图 2-3)。

(1) 基层作业层。将收集、加工的信息以数据库的形式加以存储。

(2) 数据处理层。对合同、报表、票据等业务表现方式进行处理。

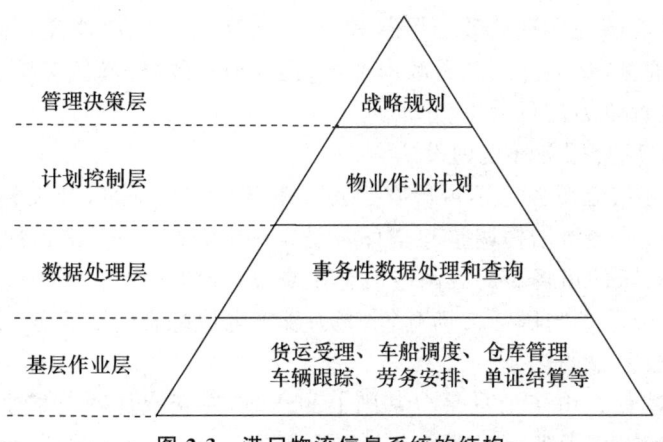

图 2-3 港口物流信息系统的结构

(3) 计划控制层。建立作业计划、路线选择、控制评价等模型,检测系统运行状况。

(4) 管理决策层。建立物流系统决策模型,辅助管理人员制定物流规划。

与此相对应,完善的港口物流信息系统应为港口提供物流运作协同平台、信息共享平台和决策支持平台,港口物流信息系统的功能结构如图 2-4 所示。

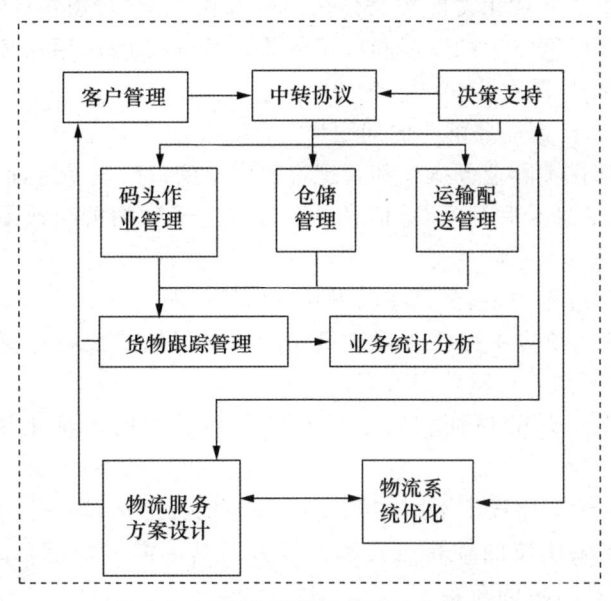

图 2-4 港口物流信息系统的功能结构

(三) 港口物流信息平台

1. 构建信息平台的必要性

(1) 巩固区域性国际集装箱枢纽港的地位。

信息共享平台是连接与国际贸易有关的政府部门(如交通、海关、外经贸、检验检疫等)、社会服务机构(如银行、保险、运输、仓储、港口、机场等)和各类贸易、生产、运输企业的内部管理信息系统并集成它们的数据,开展电子数据交换和电子商务服务的信息网络系统。作为口岸物流监管部门、企业间的信息中介,平台提供信息转换、传递、存证等增值

服务,帮助相关政府部门实现高效的服务和监管,各类企业方便地开展标准化、电子化的国际贸易和电子商务,从而达到改善政府形象、提高通关效率、降低交易成本、增加贸易机会、增强城市综合竞争力的目的。

(2) 加强港口综合服务环境建设。

现代港口综合物流服务已不再局限于码头本身和周围地带,其服务内容可延伸到整个供应链。根据世界经济结构调整和全球贸易发展的要求,现代港口应该成为实现资源重新配置的最为活跃的市场。对我国港口企业来说,特别是沿海大型深水码头,不仅仅满足于在国内发展,还应参与国际市场竞争,大力发展港口综合物流服务,努力向现代化、大型化的全球物流服务企业转变。

现代物流是建立在电子信息平台基础上的产业,发展现代物流是建设现代化国际港口城市的需要。面对国内外主要港口日益激烈的竞争态势,港口必须加快利用现代信息技术的步伐。口岸城市物流信息共享平台作为一种公用系统,是与口岸物流硬件设备条件相并重的基础设施,其整体水平通常被当作港口物流运作先进性的重要标志。

(3) 信息技术发展的必然趋势。

EDI 是以计算机应用、网络应用和标准化三大要素为基础,通过现代通信网络,将业务单证或行政事务中的格式化文件按照公认的标准化报文,实现在计算机之间传输数据的自动处理技术。互联网技术的发展和应用的普及给 EDI 的应用从环境、技术和市场上创造了良好的外部条件。

2. 构建物流信息平台需要解决的问题

口岸相关单位都在实际业务操作和管理过程中感到口岸贸易过程中供应链网络存在的信息传递环节多、信息滞后等问题,信息共享性和电子数据的交换量不高,获取和采集信息不方便。

港口在信息化的进程中,主要存在以下几方面的问题:

(1) 口岸贸易相关单位中存在着计算机应用水平很低或没有计算机应用的单位,因此,信息电子化程度不高并且覆盖率不高。

(2) 目前实现电子化的单证相对于集装箱贸易过程的单证来说,数量少,覆盖面不广。

(3) 电子数据的标准化程度不高,电子单证报文的标准化、统一性差距很大。

(4) 口岸贸易相关单位的计算机技术支持方面基本需要聘请总部或外单位人员承担,在技术保证上存在一定的差距。

(5) 在信息服务功能和服务范围上集成度不够,运作环节多,效率低。对港口信息数据缺乏集成,难以为港内外用户提供全面、详细、快速、准确的信息。

针对上述存在的问题,以具备良好运转条件的港口信息平台为核心和基础,进一步拓展覆盖范围、扩大应用功能,建设一个为口岸现代物流服务的信息共享平台,提供更多的信息采集、加工、利用的手段,集口岸物流业务节点信息发布、查询平台(Web、语音、传真、短消息等)、全透明的单证传输和货物跟踪平台,统一的传输数据标准,全面的物流信息技术提供平台于一体,为口岸物流相关单位的贸易电子化,降低物流成本,全面提速口岸物流,实现口岸物流信息的统筹管理、信息共享及商务过程电子化已迫在眉睫。

3. 港口物流信息平台的形态

现代物流信息平台作为一个口岸物流平台主要包含以下几个部分(见图2-5)。

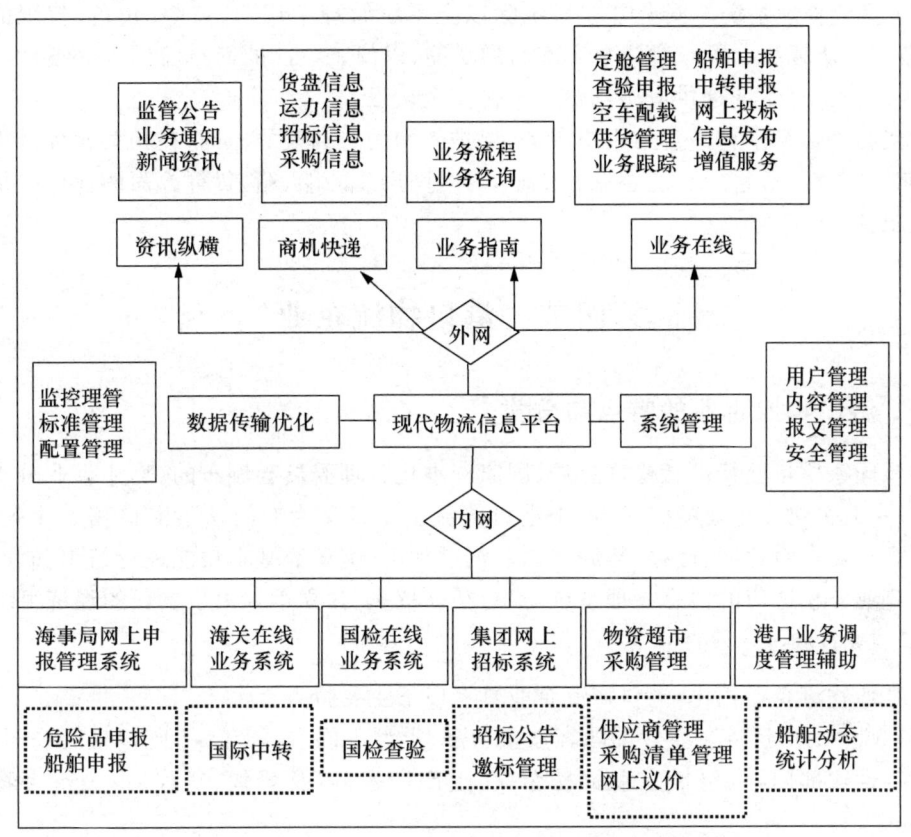

图 2-5　口岸物流平台内容

(1) 数据传输系统。电子单证的发送、数据转换、数据传输、数据接收下载复制与跟踪信息。支持多种通信和数据接入、采集、交互方式,将结构化数据转发、转换给目标用户,并转入中心数据库,经系统自动处理或汇总,再以多种格式提供给用户查询、下载复制、打印或直接传送至目标用户。电子报文符合相应的各种电子报文标准。

(2) 信息增值服务系统。利用数据仓库技术,从运力、运价、货种、货运量、市场占有率、货源预测、货主信息等方面提供分析数据,为物流业务伙伴和广大客户提供有效的增值信息服务。采用统一消息方式实现信息的Web查询、语音服务、传真服务、短消息服务等。具体信息包括新闻公告,政务指南及相关政策法规,作业信息和业务信息跟踪和查询,水路、公路、铁路运输价格,船期表,公路、铁路时刻表,货源和运力,统计信息的发布,会员信息及推荐,业务培训,广告服务,会员服务等。

(3) 电子商务应用系统。包括船舶引航、码头作业、货物订舱、货物监管放行、船舶进出港管理和危险品货物管理、物流配送管理、集疏运管理、货物交易等。

(4) 辅助决策系统。在信息传输和信息增值服务的基础上,提供运力分析系统、箱量分析系统、单证流转效率分析系统和货主行为分析系统等。

（5）后台管理系统。包含角色定义、权限管理、动态信息流程管理、信息管理、栏目管理、主页风格管理、用户管理、日志管理、报文传输的存证管理、计费、统计、备份管理等。

（6）安全管理系统。安全管理系统除以上系统管理中用户、口令、角色、权限的管理外，具备CA认证和电子印章与数字签名的功能，以便于单证的简单流转和必要的安全保护，并为服务信息系统提供应用用户的身份安全认证。

现代物流信息平台本着为用户服务、保护入网用户利益的原则，在相关业务数据的采集、存储、加工时，尊重用户的意见和要求，为入网用户的船、箱、货等方面的业务提供个性化增值服务。

第四节 港口物流企业

一、港口物流企业的特点与分类

参照国家质量监督检验检疫总局、国家标准化管理委员会颁布的《物流企业分类与评估标准》中有关物流企业的定义，可将港口物流企业定义为专门从事港口相关业务，并能够按照客户需求对运输、储存、装卸、包装、流通加工、配送等基本功能进行组织和管理，具有与自身业务相适应的信息管理系统，实行独立核算、独立承担民事责任的经济组织。

（一）港口物流企业的特点

与其他物流企业相比，港口物流企业具有以下主要特点：

（1）顾客的广泛性。企业的顾客数量众多、类型不同、规模不一，既包括船公司、铁路和公路等运输部门，也包括众多贸易企业、生产厂家，以及船代、货代、报关行等物流中间商。

（2）业务的依附性。港口物流企业依托于港口及相关设施从事相关的物流活动，因此属于典型的仓储型物流企业，只有少数物流企业能成为综合型的物流企业。

（3）业务的多样性。除了提供水运货物的装卸、搬运、仓储、简单加工和货运等物流基本业务和功能性服务外，一些大的港口物流企业还提供进出口报关、货运交易服务、信息服务、物流咨询、金融保险代理等物流延伸业务和增值服务。

除此之外，港口物流企业在技术装备、人才需求和管理上还有鲜明的复杂性、多样性和适应性等特点。

（二）港口物流企业的分类

基于不同的角度，港口物流企业的有以下常见的三种分类（见表2-2）。

表2-2 港口物流企业的分类

分类	提供运输、仓储或综合服务	运输型物流企业
		仓储型物流企业
		综合服务型物流企业

(续表)

分类	以装卸搬运服务为主	以港口装卸搬运功能为主
		以提供物流服务为主
	按合作方式不同	独立型港口物流企业
		合资型港口物流企业
		合作型港口物流企业

1. 按是否提供运输、仓储或综合服务为主分类

根据物流企业以某项服务功能为主要特征,并向物流服务其他功能延伸的不同状况分类,可分为以下三种类型:

(1) 运输型物流企业。运输型物流企业应同时符合以下要求:以从事货物运输业务为主,包括货物快递服务或运输代理服务,具备一定规模;可以提供门到门运输、门到站运输、站到门运输、站到站运输服务和其他物流服务;企业自有一定数量的运输设备;具备网络化信息服务功能,应用信息系统可对运输货场进行状态查询、监控。

(2) 仓储型物流企业。仓储型物流企业应同时符合以下要求:以从事仓储业务为主,为客户提供货物储存、保管、中转等仓储服务,具备一定规模;企业能为客户提供配送服务以及商品经销、流通加工等其他服务;企业自有一定规模的仓储设施、设备,自有或租用必要的货运车辆;具备网络化信息服务功能,应用信息系统可对货物进行状态查询、监控。

(3) 综合服务型物流企业。综合服务型物流企业应同时符合以下要求:从事多种物流服务业务,可以为客户提供运输、货运代理、仓储、配送等多种物流服务,具备一定规模;根据客户的需求,为客户制订整合物流资源的运作方案,为客户提供契约性的综合物流服务;按照业务要求,企业自有或租用必要的运输设备、仓储设施及设备;企业具有一定运营范围的货物集散、分拨网络;企业配置专门的机构和人员,建立完备的客户服务体系,能及时、有效地提供客户服务;具备网络化信息服务功能,应用信息系统可对物流服务全过程进行状态查询和监控。

显然,除了以从事中转运输、陆路运输为主的港口企业可以成为运输型物流企业外,大多数港口企业可以发展成为仓储型物流企业,少数港口企业可以成为综合服务型物流企业。

2. 按是否以装卸搬运服务为主分类

(1) 以港口装卸搬运功能为主的港口装卸业,目前大多数港口装卸企业均属于此种类型。

(2) 与港口装卸主业有着紧密联系的、在港口区域内从事运输、仓储、装卸搬运、代理、包装加工、配送、信息处理等物流服务的企业。此类物流企业既包括各类港口物流中心、配送中心、货运站、物流信息中心等企业,也包括货代、船代、拖车公司、理货、拖轮、燃料供应与维修、船员劳务等其他各类企业。

值得注意的是,以上分类只是为便于理解港口物流企业的特点。实际上,根据前述有关港口物流企业的定义,严格上讲,单纯提供某一项或几项物流功能的企业并不能称为港口物流企业。

3. 按合作方式不同分类

根据合作方式的不同，港口物流企业可分为独立型港口物流企业、合资型港口物流企业、合作型港口物流企业等。

二、港口物流企业的业务内容

在实际业务中，港口物流企业的业务内容与企业资产实力、资金实力、资源整合能力、信息技术能力等有关。但从现阶段中国港口物流企业提供的业务模式分析，港口物流企业可分为三种不同层次或类型的物流服务。

（一）以货物装卸为主业

在这一层次，港口物流企业主要在港口从事码头和其他港口设施经营，货物的装卸、驳运、仓储经营，港口拖轮经营，港口理货经营，船舶港口服务业务经营，港口机械、设施、设备租赁、维修经营等单一或少数物流功能的组合服务项目。

（1）码头和其他港口设施经营，即为船舶提供码头、过驳锚地、浮筒等设施。

（2）在港区内从事货物装卸、驳运、仓储经营，即为委托人提供货物装卸（含过驳）、仓储、港内驳运、集装箱堆放、拆拼箱以及货物及其包装进行简单加工处理等。

（3）港口拖轮经营，即为船舶进出港、靠离码头、移泊提供顶推、拖带等服务。

（4）港口理货经营，即委托人提供货物交接过程中的点数和检查货物表面状况的理货服务。

（5）港口物品供应及船员接送等服务，即为船舶提供岸电、燃物料、生活品供应、船员接送及提供垃圾接收、压舱水（含残油、污水收集）处理、围油栏供应服务等船舶港口服务。

（6）港口机械、设施、设备租赁经营，仅限从事港口设施、设备和港口机械的租赁、维修业务。

这一服务层次以一次性服务为特点，不一定建立在长期物流合同基础上，一般不要求提供很多的协调服务。目前，国内大部分港口物流企业基本上都属于这一服务层次，可以看作港口物流服务的初级形式。

（二）以提供配套服务及物流增值服务为主业

在这一层次，港口物流企业延伸了传统在港货物的装卸搬运业务，不仅大力扩展诸如集装箱场站服务、空箱分拨及存储服务、集装箱维修服务、冷藏箱发电机租赁业务、集装箱拼箱服务、集装箱进口拆提服务、危险品储存和监管服务等场站业务，以及报关报验服务、国际货代、海上过驳服务、集装箱内支线服务、多式联运服务等集疏运服务，而且也力图提供诸如流通加工、货运交易服务、信息服务、物流咨询、保税物流、物流金融、保险代理等增值物流服务。

这一服务层次强调建立在长期物流合同基础上，双方合作期限一般在一年以上，多至3—5年或更长时间。处于这一服务层次的港口物流企业一般不具备提供全程物流服务的能力。

（三）以港口物流业务为主业

处于这一层次的港口物流企业已从单一的运营商向综合物流服务商转换，直接开展第三方物流服务。考虑到港口以外物流资源的丰富性,港口物流企业并非一定需要在港口投资构建自己的运输和仓储资源。由于很多仓储、运输公司都是以港口业务为核心来开展自己的业务的,因此港口完全可以利用自己的特殊地位来约束外包者。正是港口在一个地区的稀缺性和港口以外的物流企业的利益相关性,使得港口企业在中国组建第三方物流企业时具有得天独厚的优势。此层次的港口物流企业将围绕港口物流核心,进一步优化资源配置,提升资产竞争能力,以铁路、公路物流为延伸,以内陆无水港为节点,以信息网络为纽带,构建全程物流实体网络,实现服务功能的"连点成线,对接成链",可以为货主全程办理包括换单、报关、检验检疫、代交费用、提箱、拆箱、入库存栈以及多站点分拨等项业务,真正实现"门到门"服务。

课后阅读

上港集团振东分公司

上海国际港务(集团)股份有限公司振东集装箱码头分公司(简称"上港集团振东分公司"),成立于2000年9月,经营管理外高桥港区二期、三期码头。

上港集团振东分公司是上海港开埠以来建成的第一个全集装箱装卸码头。年集装箱装卸吞吐量从2000年最初63万TEU,2005年突破400万TEU,2006年率先成为上海港首个突破500万TEU单体码头,2013年超过600万TEU。2015年,装卸吞吐量再创新高,达到627.07万TEU。

1. 设施

振东分公司拥有全集装箱码头泊位5个,岸线长度1 565米,码头前沿水深—13.7米;内支线泊位码头3个,岸线长度420米,码头前沿水深—8.5—9米,陆域面积165.26万平方米,堆场面积108.02平方米,总平面箱位31 729TEU。

2. 设备

振东分公司拥有全集装箱码头岸壁式装卸桥22台,内支线码头桥吊5台,轮胎吊71台,集卡车131辆,堆高车17台,正面吊6台,大铲车3台,小铲车28台(见表2-3)。

表2-3 振东分公司码头参数表

设施		设备	
集装箱码头泊位(个)	5	集装箱码头装卸桥(台)	22
内支线码头泊位(个)	3	内支线码头装卸桥(台)	5
集装箱码头岸线(米)	1 565	轮胎吊(台)	69
内支线码头岸线(米)	420	轨道吊(台)	5
集装箱码头前沿水深(米)	15.3	集卡车(辆)	184
内支线码头前沿水深(米)	7.8	堆高车(台)	21
陆域面积(万平方米)	165.26	正面吊(台)	5
堆场面积(万平方米)	108	铲车(台)	29
总平面箱位(TEU)	33 245		

资料来源:上海集团振东分公司官网。

> 课后阅读

一切从实战出发
——"浦东"开展系列安全应急处置预案演练纪实

"从演练入手,确保人人警觉、防范到位;从实战出发,确保未雨绸缪、应急自如。"2016年以来,浦东公司在细化安全防范预案的基础上,认真组织各项应急演练,检验处置能力,把预控落实到重点部位,防范延伸到各个环节,着力提升公司安全生产水平。

1. 危险货物发生侧漏

6月6日下午,在例行检查时,危险管理员发现2B35位一只20英尺9类危险货物集装箱正在泄露,随即拉响了危机警报。在模拟演练中,危堆管理员通过对讲机和电话向安保监控室、中控室报警,同时,立即穿戴好防护用品和呼吸器,返回现场关注泄露情况,并采取临时应对措施。安全监控室接报后,分别向欧高派出所、安监部经理、现场安监员报警,一场事关危险货物泄露的应急处置战斗打响。

在警笛声中,安监等职能部门领导、欧高派出所、消防员、危险品应急分队等人员,分分赶赴危险品堆场。在危险品泄漏点和堆场周围,民警迅速拉起警戒线,疏散和阻止无关人员和集卡车进入;消防队员训练有素地边奔跑边接水龙头带,在泄露箱上风处手持水龙头、干粉灭火器等投入战斗。一场不打招呼的危险货物泄露应急演练,不但检验各方人员反应速度和处置能力,而且,进一步提升各相关方协同处置的实战能力。

2. 高空危急救助

6月23日上午,一名轮胎吊司机在驾驶室突发"疾病",无法自行从驾驶室下来。操作部中控室接报后,迅速向安监部经理、现场安监员报告突发情况。随即,高空解救患病司机的应急处置预案启动。

安监员到达现场后,一边在轮胎吊四周拉起警戒线,一边指令位置最近的堆高机及司机赶来援助。在小心翼翼、万无一失的情况下,安监员和现场管理人员小心抬护"患病"司机,并以最快的速度转移到地面。此次演练,检验了现场管理人员在高空及时解救患病或受伤人员的处理方法。

3. 可疑人员强行离港

7月27日下午,两名自称船员又未携带任何证件的人要从3号门走出港区,在查证未果的情况下,门卫未准许并向安保监控室、外高桥边检站报警。安保监控室接报后,立即将监控屏幕切换至3号门区域跟踪查看,并按照《公司防恐应急预案》启动报警处置程序,分别向安监部经理、现场安监员和中控室报告情况。安监部、操作部现场管理人员立即驱车赶到3号门,在将道路实行临时封闭的同时,对可疑人员进行严格查询。外高桥边检站两辆警车也迅速赶到,公司现场管理人员将可疑对象交边检民警询问及搜查,未发现违禁物品,也确认了其真实身份,于是,边检民警对他们进行严格教育后放行。

"安全重于效益"。公司通过系列安全演练活动,既检验安全预案的严密性和可操作性,又检验了应急处置的实战能力,为公司打造安全、平稳、有序的生活环境夯实了基础。

资料来源:《上海海港报》,2016年8月12日。

复习思考题

1. 港口物流的定义是什么？为什么说港口物流居于全球物流链的中心地位？结合第一章的内容，请分析柔性化港口在服务差异化、生产精细化、反应敏捷化的具体表现形式。

2. 请举出一个熟悉的港口，分析该港口的港口物流具有怎样的集散效应和整合效应。

3. 港口物流特点是什么？为什么说港口物流的发展与腹地经济密切相关？请举例说明。

4. 请阐述港口物流面临的直接竞争有哪些，引起这些竞争的动因是什么？

5. 港口物流企业有哪些分类？选择一个自己熟悉的港口物流企业，阐述该企业的业务范围和发展战略？

21世纪经济与管理规划教材

物流管理系列

第三章

港口腹地及陆向集疏运

知识要求

- 掌握影响腹地范围的因素
- 掌握港口腹地之间运输方式的特点
- 掌握港口陆向集疏运系统的构成
- 掌握五定班列的基础知识
- 理解腹地陆向运输的内涵
- 了解腹地划分的依据
- 了解公路集疏运的业务特点和流程
- 了解国际铁路运输的相关法律常识

第一节 港口腹地

港口具有鲜明的属地特色,一个港口在交通运输网络能扮演何种角色,最重要的因素就是它的地理位置。港口只有在其地理位置优越的情况下,才能成为运输链中有效的组成部分。港口的位置不仅决定了它的腹地,也决定了它在海运网络中的地位。

一、港口腹地的划分及其影响因素

(一)腹地划分的依据

所谓港口腹地,是指物资(或旅客)经过某港运输的区域,或者港口货物往返运输的地区。腹地范围是根据港口地理位置及其与腹地交通运输情况而划分的,其大小受自然、社会、经济因素的影响。利用有关交通运输资料和费率标准,根据最小费用原则(计算由起始点到目的地的最小费用路径),并参考港口及其周围地区的具体条件,可划分出港口腹地范围。对现有港口,还可通过对其客货流集散的实际数量,确定其实际腹地范围。港口腹地的划分有助于了解腹地内的资源状况和经济潜力,是确定港口合理分工、进行港口布局和规划的基本依据。

(1)按港口间的腹地关系,腹地可以分为单纯腹地和混合腹地。单纯腹地是指一港独有的腹地,该区域内所需水运的货物都经由本港。混合腹地是指两个或两个以上的港口共同拥有的腹地,即数个港口吸引范围相互重叠的部分。

(2)按运输到达性质可分为直接腹地、中转腹地和通过腹地三类。直接腹地是指运输工具可以直达的地区范围,直接为港口所在地区的生产、消费服务;中转腹地指经过港口中转的货物所达到的地区范围;通过腹地指由甲地运往丙地的货物通过乙港而不在乙港进行装卸作业,只在港内进行编组的通过运量,甲地为乙港的通过腹地。港口腹地的分类如表 3-1 所示。

表 3-1 港口腹地的分类

分类依据	腹地类型	腹地特点
港口之间腹地关系	单纯腹地	一港独有
	混合腹地	多个港口共有
运输到达性质	直接腹地	运输工具可以直达地
	中转腹地	经港口中转货物所到达地
	通过腹地	不在本港口作业的货物到达地

(二)影响腹地范围的因素

因港口经济腹地的大小不仅受其区位条件、交通条件等多种因素的影响,而且,港口对外的贸易和运输联系也会决定港口物流的流量和流向,从而在很大程度上决定了港口规模和地位。但一个港口的腹地范围不是静止的,而是随着社会经济和物流的发展而不断变化的。通常来说,影响港口腹地范围的主要因素如表 3-2 所示。

表 3-2　影响港口腹地范围的主要因素

因素	内容
港口的硬件条件	基础设施、港口布局、特殊设备、仓储条件、信息平台等
港口的软环境	装卸质量、口岸环境、港口服务范围、船舶等候时间等
内陆集疏运条件	内陆运输距离、运输道路条件、陆路运输设备情况等
外部经济规模及结构	港口潜在服务区的经济发展、对外经贸情况、产业结构等
货物类型	不同货物类型的特性、包装、适宜的运输工具、运输距离等

港口腹地与港口之间存在着相互依存、相互作用的关系(见图 3-1)。腹地经济越发达,对外经济联系越频繁,对港口的运输需求也越大,由此推动港口规模扩大和结构演进;港口的发展又为腹地经济发展创造条件,可促进港口腹地范围的进一步扩展。港口和其腹地间的这种相互作用关系,对以港口为中心的区域经济发展具有重要意义。港口腹地对港口经济而言,其重要性毋庸置疑。无论是工业项目,还是港口物流,都需要产业链的延伸,都需要腹地广阔的市场和货源。

从空间上看港口或航运中心是一个点,它需要面(腹地)和线(集疏运体系和海上运输航线)的支持。现代物流条件下,港口与港口之间的竞争,早已脱离了点对点竞争的概念,而是点、线、面的综合实力的较量。

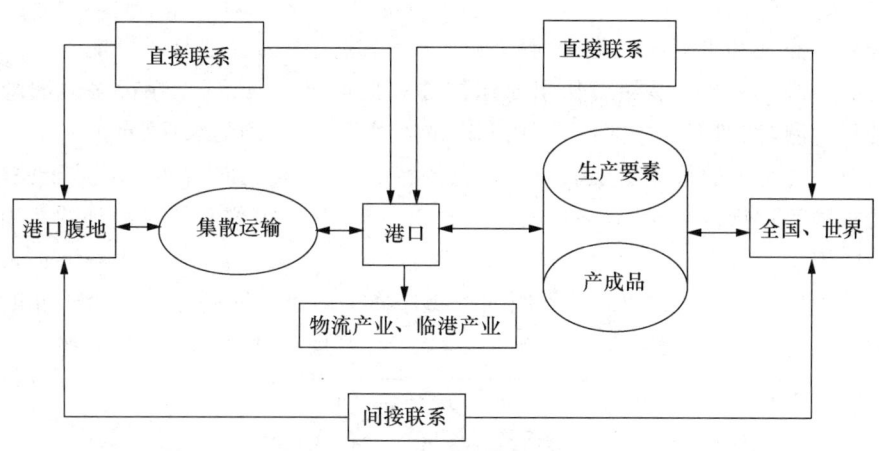

图 3-1　港口与港口腹地的关系

二、独占腹地和可竞争腹地

独占腹地(Captive Hinterland)和可竞争腹地(Contestable Hinterland)的区别跟 Morgan 对原始腹地(Primary Hinterlands)和第二腹地(Secondary Hinterlands)的区别较为类似。原始腹地是港口所处的区域,而第二腹地就是几个港口所要竞争的腹地。如果区域内某港口凭借其低廉的运输成本,拥有绝对的竞争优势的话,那么该港口就成为这区域的独占腹地,进出该区域的货物绝大多数通过这个港口。对于大多数港口而言,这样的独占腹地越来越少,如果区域内没有一个港口对其他港口具有明显的成本优势,那么这类区域就属于可竞争的腹地。图 3-2 显示了独占腹地和可竞争腹地的区别。

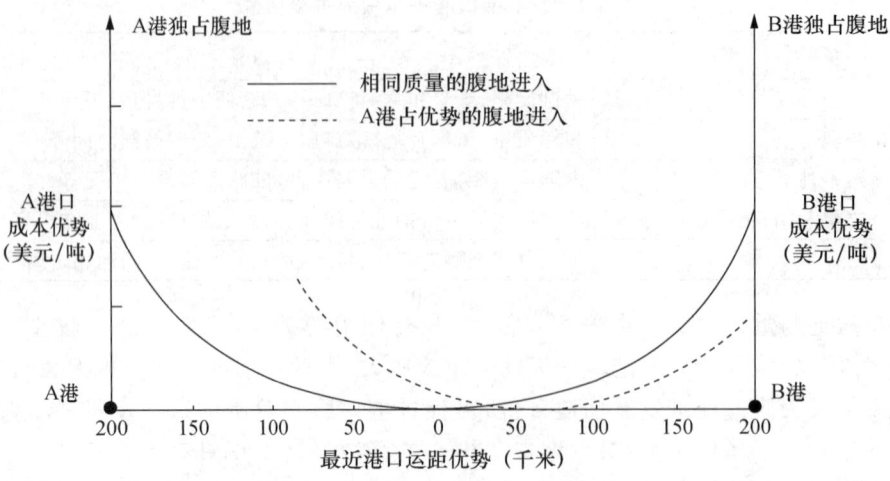

图 3-2　独占腹地和可竞争腹地

图 3-2 说明港口的成本优势与其竞争对手的距离优势有关。当两个港口的腹地通达性相同，单位运输成本忽略，那么腹地与相竞争的两港之间的距离相同。除了距离之外，其他因素比如基础设施的质量、服务的效率、自然瓶颈或政治障碍（例如边境）也都会影响腹地的"广义运输成本"。

区分独占腹地和可竞争腹地要考虑很多因素，这是因为腹地有时可能与另一大陆的目的地有关。假如一个集装箱要从东亚运往德国慕尼黑市，这可以在很多欧洲港口中选择合适的目的港，例如荷兰的鹿特丹、比利时的安特卫普、德国的汉堡、意大利的里雅斯特或者热内亚。对港口的选择主要取决于货物的特点，其中货物对时间要求是至关重要的。对时间要求高的货物（High Time-Preference Goods），托运人愿意支付额外的费用以取得快速运输。

图 3-3 说明了两种对时间要求不同的货物选择了两条不同的路线。由于北欧地区的内陆运输系统的规模经济性，运输货物的成本较低，但是对时间要求高的货物往往会通过

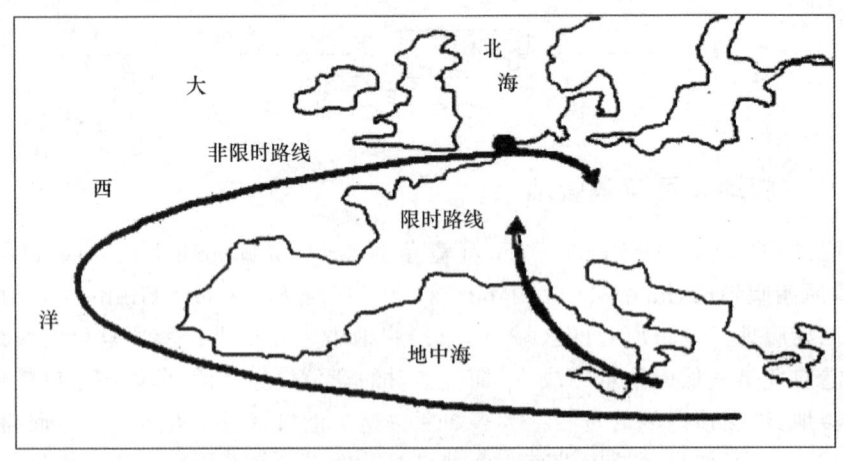

图 3-3　限时货物和非限时货物的路线

南部港口来运输。腹地是相对的,这要取决于是目的地还是始发地。德国和美国之间的货物不会通过欧洲南部的港口,因为这会增加运输成本和运输时间。

第二节 港口陆向运输

一、陆向水运

陆向水运也称为内河水运,只有通过内河到达腹地的港口才能运用。欧洲的莱茵河,中国的长江、珠江以及美国的密西西比河都是内河水运系统很好的例子。内河特别适合于非限时的大宗货物、干散货和液体散货的运输。同样,内河也适用于集装箱货物的运输。然而,与散货相比,集装箱货物往往对时间的要求更高,因此,内河集装箱水运面临着来自铁路和公路的激烈竞争。决定内河货运竞争力强弱的因素包括:

(1) 内河水运系统的全年可靠性。内河水深和水流速度都会随着季节的不同而大相径庭。当托运人需要驳船运输服务时,内河的水深或水流速度都会带来不同程度的风险。

(2) 内河水运系统的地理位置。不像公路或管道,内河水运并不是直接从 A 地到 B 地,而是有着许多曲线迂回。显然,这也使得总运距变得更长,造成运输总时间的增加使竞争力降低。

(3) 桥高和河流水深的限制。欧洲大陆绝大多数的桥梁是在 19 世纪建造的,其内河通航标准已经远远不能适应于现在船舶大型化的发展,这是内河水运的瓶颈所在。

(4) 内河码头的数量。如果没有足够的码头,再多的船舶也无济于事。对于绝大多数散货来说,这不是什么问题。因为散货客户少且大多数都是大型制造企业,所以为了降低运输成本他们大都愿意投资建造内河水运码头。然而,就集装箱运输而言,情况就复杂得多,大多数客户规模都比较小,需要由政府来主导实施。

> **港口新动态**
>
> **安徽马鞍山:综合保税区已获国务院批准港口将继续扩大开放**
>
> 2016 年 8 月末,国务院以国函〔2016〕149 号文件正式批准设立马鞍山综合保税区。这是安徽省继合肥、芜湖之后的第三个综合保税区。同样是在八月,交通部对全球正式公告,马鞍山成为安徽唯一一个一江两岸同时对外开放的国家一类水运口岸。至此,马鞍山市又迎来了扩大开放、加快发展的难得机遇。
>
> 据马鞍山市副市长王晓焱介绍,马鞍山市将加快落实综合保税区内土地指标、招投标、土地征迁等工作,尽快启动基础设施、房屋以及围网的建设,确保明年(2017 年)8 月使综合保税区具备验收条件。
>
> 王晓焱说,马鞍山综合保税区将以马鞍山口岸和水运航道的资源优势为依托。据王晓焱介绍,马鞍山沿长江而建,拥有长江及支流岸线 62.17 千米。马鞍山口岸是长江十大港口之一,国家首批对台直航的口岸之一。"全市口岸拥有生产性泊位 160 个,其中 5 000 吨级以上泊位 19 个,可兼靠万吨级海轮泊位 13 个。"

马鞍山口岸的南岸经国务院批准,于2009年10月实现对外开放,建有三个外贸公共码头,年通过能力为30万标箱、3 500万吨散杂货。北岸郑蒲港区于今年8月实现扩大开放,分三期建设,一期已建成并投入运营,年通过能力为15万标箱、220吨散杂货。

记者了解到,马鞍山口岸是安徽省外贸运量最大的口岸,占到全省总量的约70%。今年1—9月在经济下行、需求不足的情况下,马鞍山口岸累计完成进出口货物总量1 388万吨,同比仍增长了15.5%,到港外籍轮船49艘。

根据2015年9月《国务院关于同意安徽马鞍山港口岸扩大开放郑蒲港区的批复》文件,郑蒲港区一期岸线长度为430米,而二期岸线和石油码头岸线则分别长达1 400米和1 040米,所以郑蒲港区货物的年通过能力还将大大提高。

作为安徽省经济发展水平最高、对外开放最早的城市之一,马鞍山10月刚刚迎来它的60岁生日。王晓焱说:"马鞍山因钢设市,二产比重持续位于60%以上,产业转型升级已经到了非常关键的时期。设立综合保税区,有利于我们实施'开放带动'战略,把长江、港口资源优势转化为经济优势,更好地推动转型升级、加快发展。"

"可以说,马鞍山的未来发展在口岸、竞争优势在口岸、发展潜力也在口岸",王晓焱说。(节选)

资料来源:朱立新,"安徽马鞍山:综合保税区已获国务院批准港口将继续扩大开放",《中国日报》,2016年10月19日。

二、陆上运输

(一)公路运输

对众多港口而言,公路是通往腹地的最重要的运输方式。一般来说,在短途运输中,公路运输具有一定的经济优势,但这一优势会随着运输距离的增加而逐渐消失。根据实际的测算和世界大多数发达国家的经验,在不考虑交通拥挤和环保等影响因素的情况下,公路运输的经济距离大约为300千米,最大不宜超过500千米。公路在集装箱、散杂货等货类运输上发挥了主导地位,也在金属矿石、成品油等散货集疏运方面发挥了重要的补充作用。

公路运输的组织形式主要包括零担运输、整车运输、集装箱运输三种。

1. 公路零担运输与整车运输

在公路运输中,托运人一次托运货物3吨以上(含3吨),或不足3吨,但其性质、体积、形状需要一辆3吨以上的汽车运输均为整车运输;反之为零担运输。

公路零担货物运输是以零担货物受理、零担货运站经营和零担线路运输为主要内容,包括零担货物的受理、仓储、运输、中转、装卸和交付等业务的一种道路运输生产方式。公路整车运输无须进货运站作业,因而,可实现门到门运输。表3-3显示了公路整车运输与零担运输业务运作方面的差异。

表 3-3 公路整车运输与零担运输业务运作对比

对比项目	整车运输	零担运输
承运人责任期间	装车/卸车	货运站
是否进站仓储	否	是
货源与组织特点	货物品种单一、数量大、货价低,装卸地点一般比较固定,运输组织相对简单	货源不确定、货物批量小、品种繁多、站点分散,质高价贵,运输组织相对复杂
营运方式	直达的不定期运输形式	一般定线、定班期发运
运输时间长短	相对较短	相对较长
运输合同形式	预先签订书面运输合同	托运单或运单为合同的证明
运输费用的构成与高低	单位运费率一般较低,仓储、装卸等费用分担,需要在合同中约定	单位运费率一般较高,运费中往往包括仓储、装卸等费用

2. 公路集装箱运输

公路集装箱运输,是指企业运用自身拥有或者控制的集装箱专用运输车辆,完成码头与场站之间以及与货主之间的运输业务。

目前,港口公路集装箱运输企业主要承担如下业务:

(1) 海上国际集装箱由港口向内陆腹地的延伸运输、中转运输以及在内陆中转站进行的集装箱交接、堆存、拆装、清洗、维修等作业;

(2) 沿海、内河国内水运集装箱由港口向腹地的延伸运输、中转运输或者货主间短途运输,当然,也可以兼营港口铁路货运站到货主或者码头之间的公路运输业务。

(二) 铁路运输

大多数港口通过铁路通向腹地。当港口至腹地距离比较遥远时,铁路比公路更有竞争力(如距港口 300 千米以外)。图 3-4 显示了铁路和公路运输相对优势运距不同而变化的规律。

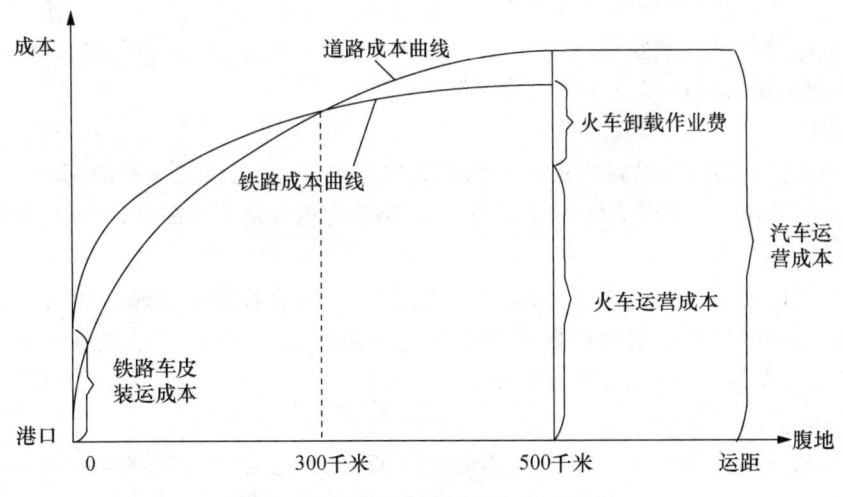

图 3-4 公路和铁路运输的成本变化

在图 3-4 中，两种运输方式的港口装载费用是一样的。随着距离的不断增加，铁路运输的平均成本也大大下降，而公路运输平均成本减少幅度较为有限。这是因为铁路运输成本属于递减成本，随着运距的增加，端点成本和其他固定成本开支被分摊到更多里程上，也就是说，随着运距的增加，增加成本呈递减趋势。成本增加量递减的程度取决于承运人的固定成本水平和线路营运中规模经济的大小；公路运输成本属于比例成本，运距越长，对托运人成本的负担越重。

近年来，随着中国经济社会持续快速发展，国民经济对快捷货物运输的需求不断增长。在各种交通方式快速发展，运输市场竞争日趋激烈的环境下，铁路运力供不应求，高附加值货运市场丢失严重，市场份额逐年下降，因此中国提出适应市场需求、开展高铁快运的技术方案和配套措施，实现高铁运营经济效益。目前客运高铁列车制造技术已经比较成熟，制造标准更低的货运动车组在技术上没有障碍。目前中铁总公司启动的货运动车组项目将时速定在 200—250 千米/小时，稍低于客运动车组最高时速。

三、航空、管道运输

（一）航空运输

航空运输是一种便捷、运输质量很高的现代货物运输方式。随着航空运输事业的不断发展，航空运输的货运量不断增加。

航空运输具有运行速度快、机动等优点，但其运载量小、运输成本较高。因此，航空运输适宜运输一些较特殊商品。例如，对保鲜要求较高的食品、鲜花、水果；对运价承受力较好的价值高的首饰、电子产品、家用电器等。

航空运输的技术设施主要包括航空港、航路、航线、航班等。

1. 航空港

航空港是指位于航线上的、为保证航空运输和专业飞行作业用的机场及其有关建筑物和设施的总称，是空中交通网的基地。航空港由飞行区、客货运服务区和机务维修区三部分组成。其中，飞行区是航空港面积最大的区域，设有指挥台、跑道、滑行道、停机坪、无线电导航系统等设施。航空港的主要任务是完成客货运输服务，保养与维修飞机，保证旅客、货物和邮件正常运送以及飞机安全起降。

2. 航路

航路是根据地面导航设施建立的走廊式保护空域，是飞机航线飞行的领域。其划定是以连接各个地面导航设施的直线为中心线，在航路范围内规定上限高度、下限高度和宽度。

3. 航线

飞机飞行的路线称为空中交通线，简称航线。飞机的航线不仅确定了飞机飞行的具体方向、起讫点和经停点，而且还根据空中交通管制的需要，规定了航线的宽度和飞行高度，以维护空中交通秩序，保证飞行安全。

4. 航班

航班是指飞机定期由始发站按规定的航线起飞，经过经停站至终点站或不经停站直达终点的运输飞行。

航空运输企业经营的形式主要有班期运输、包机运输和专机运输，通常以班期运输为主,后两种是按照需要临时安排的。班期运输是按照班期时刻表,以固定的机型、沿固定的航线、按固定时间执行运输任务。当待运货量较多时,还可组织沿班期运输航线的加班飞行。

(二)管道运输

管道运输是用管道作为运输工具的一种长距离输送液体和气体物资的运输方式,是一种专门由生产地向市场输送石油、煤和化学产品的运输方式,是统一运输网中干线运输的特殊组成部分。有时候,气动管(Pneumatic Tube)也可以做到类似工作,以压缩气体输送固体舱,而内里装着货物。管道运输石油产品比水运费用高,但仍然比铁路运输便宜。

管道运输不仅运输量大、连续、迅速、经济、安全、可靠、平稳以及投资少、占地少、费用低,并可实现自动控制。除广泛用于石油、天然气的长距离运输外,还可运输矿石、煤炭、建材、化学品和粮食等。管道运输可省去水运或陆运的中转坏节,缩短运输周期,降低运输成本,提高运输效率。当前管道运输的发展趋势是,管道的口径不断增大,运输能力大幅度提高;管道的运距迅速增加;运输物资由石油、天然气、化工产品等流体逐渐扩展到煤炭、矿石等非流体。中国已建成大庆至秦皇岛、胜利油田至南京等多条原油管道运输线。

港口腹地间货物运输方式的特点,具体如表 3-4 所示。

表 3-4 港口腹地之间运输方式的特点

腹地运输方式		大小	速度	市场定位
内河水运		取决于内河的和深浅;欧洲内河船舶的装载能力为 2 000 DWT 或 400 TEU	15—20 千米/小时	主要是非限时的大宗货物运输,前提条件是内河可直通目的港
公路		约 25 吨/辆或 2 TEU/辆	60—70 千米/小时	300 千米内"门到门"
铁路	普通货物运输			
		50 辆或 96 TEU	25—70 千米/小时	主要适用于远距离运输
	快速列车运输			
		100—150 辆	120—160 千米/小时	汽车、家用电器、零件、鲜活农产品等高附加值产品
管道		数百万吨/年	—	石油和化工产品
航空		1 200 万吨/年	700—900 千米/小时	主要是价值高的货物或者有特殊要求的货物

▶ 阅读思考

和美国相比中国物流成本是高还是低?

根据美国交通运输部(DOT)和中国国家统计局的公开数据计算,美国的物流成本、运输成本和公路运输成本分别是中国的 1.62 倍、1.95 倍和 1.79 倍(倍数按四舍五入前计算)。具体情况如下:

2011 年(美国 2011 年后的数据未公开),中国物流总费用为 8.4 万亿元,美国物流总费用为 8.1 万亿元,中国物流总量(货物周转量)为 15.9 万亿吨千米,美国物流总量为

9.4万亿吨千米,用物流总费用除以物流总量后得到的物流成本,中国是0.53元/吨千米,美国是0.86元/吨千米,美国是中国的1.62倍;在运输方面,2011年中国运输总费用为4.4万亿元,美国运输总费用为5.1万亿元,运输成本中国0.28元/吨千米、美国为0.54元/吨千米,美国是中国的1.95倍;如果只看公路运输的话,中国和美国的公路物流总量分别是5.1万亿吨千米和4.2万亿吨千米,公路运输总费用分别是2.7万亿元和4万亿元,公路运输成本分别是0.53元/吨千米和0.94元/吨千米,美国是中国的1.79倍。

要特别说明的是,2011年中国油价比美国还要高20%左右,这使得中国物流成本优势显得更加难能可贵。而中国物流成本远低于美国的原因,除了人工成本优势外,更多的是因为中国飞速发展的交通基础设施网络。对此,美国总统奥巴马在参加华盛顿商业圆桌会议时曾表示"中国通过APEC北京峰会展示了全新的基础设施,美国的基础设施与之相形见绌,而中国政府有很强的基础设施项目执行能力,随着时间的推移,美国的竞争优势将遭到蚕食"。换个角度讲,改革开放后中国政府大力发展交通基础设施的目的就是要提高物流运输效率和能力,并降低物流运输成本,目前也建成了世界一流的高速公路和铁路网络,这种情况下还说中国物流成本不断升高,甚至远高于其他国家是有违政策初衷和不符合逻辑的,对中国交通运输几十年的发展成就也是一种否定。有人说依靠收费公路政策建成的高速公路推高了物流成本,那是不是意味着要是不建这些高速公路,现在中国的物流成本就能更低,物流效率就能更高呢?

资料来源:美国数据来自美国交通运输部的《国家交通运输统计》(只到2011年)和美国供应链管理专业协会的 Annual State of Logistics Report;中国数据来自国家统计局的《年度数据》《2011年全国物流运行情况》;交通运输部,2016年2月。

第三节 港口陆向集疏运系统

一、港口集疏运的概念和构成

(一)港口集疏运的广义概念

广义上,"集"就是收集、聚集,通过各种各样的运输方式把货物聚集到港口待运;"疏"就是疏散、疏解,将货物通过各种运输工具疏散到目的地。以港口内码头前沿为界,内陆腹地的货物通过公路、铁路、水路等方式运至码头堆场待运,此为集运。从本质上来讲,外贸船舶从国外港口装运货物至本国港口与内贸船舶从本国其他港口装运货物来港并无区别,只不过外贸船是从海域腹地驶来,而内贸船从陆域腹地驶来。在对腹地划分时,不管海域陆域皆为本港的腹地,因此可以说外贸船进港卸货也是集运。而疏运部分,则是外贸船装运货物离港,把内陆集运的货物疏运出去。

所以,从广义上讲,集疏运其实就是整个港口的生产过程,包括内陆运输、港口装卸、海上运输,港口只是整个集疏运网络的一个节点。

(二)港口集疏运的狭义概念

一般所说的集疏运中,"集"是从发货人指定场所处将出口的货物运至港口,待装箱后集中堆放在码头的前沿或码头附近的堆场;"疏"是将进口货物从船上卸下,堆放在码头的前沿或码头附近的堆场,然后通过各种方式运至收货人指定的目的地。其实这一解释只是集疏运中陆域腹地运输的概念,但由于各种各样的原因,人们普遍也接受了这个观点。

狭义港口集疏运系统的具体特征,如集疏运线路数量、运输方式构成和地理分布等,主要取决于各港口与腹地运输联系的规模、方向、运距及货种结构。一般与腹地运输联系规模大、方向多、运距长或较长,以及货种复杂的港口,其集疏运系统的线路往往较多,运输方式结构与分布格局也较复杂;反之亦然。由于各港口的实际情况十分复杂,互不相同,故其集疏运系统的具体特征也不同。一般大型或较大型港口的集疏运系统,均应因地制宜地向多通路、多方向与多种运输方式方向发展。

（三）港口陆向集疏运系统的构成

港口集疏运系统主要包括港口码头、港口腹地、集疏运线路和集疏运节点等。

（1）港口码头。港口是货物由陆路进入水路运输系统或者由水路转向陆路运输系统的接口。根据港口营运组织特点,在一定程度上决定了港口设施设备规模、港口吞吐量和港口腹地范围,也反映了集疏运的规模。

（2）港口腹地。港口腹地决定了港口及其依托港口的城市的辐射范围和吸引范围;城市辐射能力和吸引能力,又影响着港口腹地范围的大小。港口腹地范围的大小及港口腹地经济技术发展水平,特别是外向型经济的发达程度,关系到港口货源、港口腹地货物的流向,并直接影响腹地集疏运量和港口吞吐量的规模。

（3）集疏运线路。连接港口与腹地的各运输方式以及与其相连接的内陆国际货运站、中转站。

（4）集疏运节点是集疏运网络中连接集疏运线路的交接之处。集疏运线路上的活动是靠节点来组织和联系的,如果离开了节点,集疏运线路上的运动必然陷入瘫痪。因此,集疏运节点是集疏运系统中非常重要的部分。

各种交通方式与港口相互衔接,形成集中与疏散港口吞吐货物服务的集疏运系统。集疏运系统是为旅客和货物完成全程运输提供重要基础设施和衔接场所,提供便捷的、实现物理和逻辑上的"零距离换乘"和"无缝连接",是交通运输对各类运输枢纽的发展要求,是港口与广大腹地相互联系的通道,为港口赖以存在与发展的主要外部条件。任何现代化港口都必须具有完善与畅通的集疏运系统,才能成为综合交通运输网中重要的水陆交通枢纽。

二、港口陆向集疏运系统的协调

港口对其周边的集疏运网络的畅通要求高,而港口附近的交通运输网又必须与城市交通乃至区域交通相互协调,集疏运环节的基础设施改建与完善,不断发展内陆集疏运网络,提高从港口向内陆疏运、从内陆向港口集运程度,有利于促进集疏运高效、高速、安全地开展,进而促进物流、信息流、资金流向港口集中,为建设现代物流产业基地的目标提供强有力的支持。

1. 码头后方堆场

在原有面积的基础之上,结合进出口、中转等货物类型、货流量、货物持有人等信息,改进现有堆存的方法,提高码头货物堆存的科学性,提升堆存能力,提高周转率。同时,与从事站场行业的其他单位和个人合资,组建码头以外的延伸堆场(后方堆场),以解决堆场高峰期时堆存能力不足的问题,同时,也履行站场的功能,为码头提供新的盈利方向。

2. 中转场站

目前中转场站存在数量多,布局分散,能力过剩,缺少经营规模,远离港口等问题。以上情况增加了短途运输,同时也带来交通问题,不利于港口内陆的集疏运,对港口物流的发展起不到支持的作用。因此,加速中转站建设,实现码头向内陆的延伸十分重要。内陆中转站作为港口腹地的集散点,不仅可以集中附近的出口货物装箱发往港口出口,而且也可以对进口货物在内地进行中转运输。

合理地规划站场布局应遵循以下原则。

(1) 调整码头操作业务与港口拆装箱业务的分离,以确保码头操作高效化;

(2) 调整港区内的场站布局,加强集疏运各种方式的衔接;

(3) 发展物流中心型综合站场,提高站场的经营档次,增强竞争力,吸引货源,推进综合物流服务业的快速发展。

3. 线路设施

鉴于港口集疏运通过铁路完成的比例较低,为充分发挥铁路运输的优势,港方应加强与铁路部门的联系,开拓内陆铁路中转场站,特别是集装箱中转站,建立以铁路为干线,辅以公路支线运输,实现"门到门"的运输服务。

4. 配套设施

机械化、智能化、自动化、大型化、环保化港口集疏运设施发展的趋势,完善港口腹地集疏运搬运设施、设备的配备,可为港口物流发展服务。

港口物流集疏运潜在优势的发挥在很大程度上取决于其管理水平,尤其是运输单证和信息的传递水平。实现运输信息、单证的电子化处理,对提高集疏运的效率有着十分重要的意义。

1. 单证标准化的推广

单证标准化的推广,基本上解决了集疏运过程中主要单证设置不配套、单证制作不规范、单证流转不及时及有关责任划分不清等问题,提高了港口物流集疏运的管理水平,加快了集疏运环节节奏。

2. 无纸贸易的开展

无纸贸易借助于电子手段,突破了传统贸易以单项物流为主的格局,实现"四流一体",即以物流为依托、资金流为形式、信息流为核心、商流为主体的全新战略,使生产者与用户及消费通过网络实现及时供货制度和生产零库存,商品的流动更加顺畅,进而能够迅速完成复杂的贸易流程,从而大大提高国际贸易活动效率,加快进出口货物通关进程,从而进一步提高货物的流通速度,促进资源和生产要素的最优配置,为社会创造更大的效益。

3. EDI 系统应用

EDI 系统可避免数据的重复录入,节约办公时间和费用,同时提高信息处理的准确性,降低差错率;确保有关票据单证处理的安全、迅速,从而加速资金周转;提高海关、商检、卫检、动植物检疫的口岸查验监管部门工作效率,加快货物的验放速度,节约大量人力、物力,利用 EDI 系统可以大大提高信息流通的效率,可以节省文件制作时间的 75%,缩短文件传递时间的 80%,减少文件差错损失的 40%,从而提高集疏运效率,减少港口运营成本。

4. 港口集疏运信息系统建设

EDI 只是信息化的基础,建设信息共享的集各种集疏运方式一体的港口集疏运信息平台将是中国港口物流的一项十分紧迫而且重点的工程。

第四节 港口陆向集疏运业务

一、公路集疏运业务

(一) 业务特点

港口公路集疏运业务包括港区拖车运输业务和公路运输业务。其中,港区拖车服务于港口各港区,车辆主要在港区内运行无须登记上牌,服务对象为码头公司;公路运输业务主要承接挂靠港口的各船公司及其代理公司、货主及其代理公司委托的公路集疏港运输业务,所有运输车辆均须登记上牌。

港口是公路集疏运的聚集点,公路集疏运业务是依托于港口而形成的。一方面,公路运输需求随港口吞吐量的变化而变化;另一方面,公路集疏运是海上运输的继续,应受制于港口的能力和海上运输的需要。因此,港口的公路集疏运业务有别于一般的公路运输业务,具有自己的特点。

一般而言,在港口经营的公路运输企业是独立的运输企业,不受港口的控制。货主或船公司通过其代理与公路运输企业签订运输合同。尽管如此,多数的港口当局还是与公路运输企业之间保持了良好的合作关系。有些通过长期运输合同的方式与运输企业进行合作,有些港口或者其装卸公司本身拥有公路运输公司。

(二) 业务流程

目前,港口公路集装箱运输企业主要承担两个方面的经营业务:

(1) 海上国际集装箱由港口向内陆腹地的延伸运输、中转运输以及在内陆中转站进行的集装箱交接、堆存、拆装、清洗、维修和集装箱货物的仓储、分发等作业;

(2) 沿海、内河国内水运集装箱由港口向腹地的延伸运输、中转运输或至货主间的短途门到门运输。当然,也可兼营铁路港口铁路站至货主或码头之间的公路运输任务。

公路集疏运的业务流程,基本有三种形式:

(1) 港口—货主,这种形式下往往采用整车运输/整箱运输,实行直达运输;

(2) 港口—公路场站—货主,这种形式下往往采用整车运输/整箱运输—零担运输/拼箱运输,以实现公路场站的集拼与分拨运输;

(3) 港口—公路场站,这种形式下也常用整车运输/整箱运输,实行直达运输。

值得注意的是,由于同一地点的货主可能不止一个,因而根据货主数量的多少,可以进一步形成不同的组织形式。

传统集装箱运输模式一般采用一车到底的方式,是点对点运输,集装箱车晚上到港区或堆场提取空箱(重箱),次日上班时间送达客户工厂仓库(装拆箱),下午将重箱(空箱)运回,晚上将集装箱运进港区(或堆场)。

传统集装箱运输模式导致以下问题:

(1) 效率低。由于要赶在白天上班时间装拆箱,因此集装箱车一般集中在晚上提箱、还箱,导致排队等候时间长,集装箱牵引车每天在提箱、还箱进场、装拆箱等作业环节浪费大量时间,效率低下。

(2) 效益差。由于一辆集装箱车(包括一个牵引车和一个挂车),要经过提、装(拆)、还三个过程,如果距离超过 100 千米,那么一天只有一次作业机会。企业车辆更新慢、投资效益差。

(3) 能耗高。进出口岸的集装箱每天每次只能做一次正向物流(重箱运输),没有逆向物流业务,不能做高效的循环,空车来(回),导致港区集疏运资源占用,且行业能耗高。

(4) 安全差。驾驶员非专线分段运输,每天跑不同的客户路线,路况线路不熟悉,给安全行驶带来了风险。

针对传统集装箱三点运输模式,可以按照专业化分工组织原则,将传统模式分三段多车实施,其主要方式为:在港区后方、高速公路出口附近、铁路集装箱中转站 5 千米范围内,建立港区集装箱物流运营中心;在集装箱进出口量大的地区建立客户区域集装箱运营物流中心;港区到港区集装箱物流运营中心为提还箱作业,可以使用性能较差的集装箱车全天候 24 小时甩挂作业;港区及客户区域两大集装箱物流运营中心间为高速干线连接,通过一个牵引车带多个挂车的汽车列车方式运输;客户区域集装箱物流运营中心到客户仓库的装拆箱作业通过性能较好的集装箱车甩挂作业。

港口新动态

交通部:加快构建内连外通的国际道路运输大通道

2016 年 10 月 21 日,交通运输部审议并原则通过《关于贯彻落实"一带一路"倡议加快推进国际道路运输便利化的意见(送审稿)》,强调要加快构建内连外通的国际道路运输大通道,强化国际道路运输便利化合作机制,促进国际道路运输提质增效,为推进"一带一路"建设、打造全方位对外开放新格局提供坚强运输保障。

会议指出,国际道路运输是中国与"一带一路"沿线国家,特别是与周边国家发展双边关系和增进友好往来的重要桥梁和纽带。当前,中国国际道路运输发展在口岸基础设施建设、通关便利化、协同机制、治理能力等方面仍存在薄弱环节,要坚持问题导向,破解制约国际道路运输便利发展的矛盾和问题,有效提升国际道路运输保障能力和服务水平。

会议强调,加快推进国际道路运输便利化,推动设施联通和口岸通关便利化,要与"一带一路"沿线主要国家建立健全国际道路运输合作关系和工作机制,打通与周边国家的经济走廊运输通道,提高运输效率和服务水平。要加快基础设施互联互通建设,完善法规标准化体系,提高口岸通关效率,改善便利运输环境,加快提高发展质量和竞争力,建设应急救援保障体系,到 2020 年,初步建成开放有序、现代高效的国际道路运输体系,国际道路运输水平显著提高。

资料来源:庄妍、步荟,《上海证券报》,2016 年 10 月 23 日。

二、铁路班列

(一) 五定班列的概念和优势

铁路五定班列,是指在铁路运量较大的车站间开行的发到站间直达、运行线全程贯通、车次全程不变、发到时间固定并公布、实行以车或以箱为单位的报价包干办法,即定点、定线、定车次、定时、定价的快运货物列车。

铁路五定班列在固定的车站之间定点、定线、定期运行,通过编组站不解体,准时发到,为货主提供了优质、快速、可靠的货运手段;对港口货物集疏运也能做到定时、定量、快速、便捷,从而使铁路与海运的优势都得到充分的发挥,因而成为国内目前最先进的铁路货运方式。

五定班列弥补了传统货物运输时间不固定、适运货物范围窄的不足,在运输组织上实行"五优先、五不准",即优先配车、优先装车、优先挂运、优先放行、优先卸车,确保班列开行;除特殊情况报部批准外,不准停限装、不准分界口拒接、不准保留、不准途中解体、不准变更到站。因而,与一般的整车运输相比,五定班列具有以下优势。

(1) 运行速度快,日行 600—800 千米;
(2) 办理手续简单,托运人可以在一个窗口一次性办理好托运手续;
(3) 按公布运价明码标价一次收费,不再加收其他费用;
(4) 价格优惠,价格合理,多运多优惠;
(5) 安全优质,货物运到时间有保证,逾期承担违约责任,安全系数高。

(二) 五定班列的种类

1. 按是否跨局划分,分为跨局五定班列和局管内五定班列。
2. 按运行方式划分,可分为直达、阶梯式和集散式班列等。班列运输尽可能组织装卸车站间直达;需要多站集结时,可采取阶梯式或集散式,阶梯式由同一径路上的几个相邻装车站共同组织集结成整列;集散式由发站附近多个装车站共同组织集结成整列。
3. 按货源种类划分,可分为集装箱、鲜活货物和普通货物班列三种。
4. 按区域划分,可分为过境(国际联运)五定班列、港站五定班列、城际五定班列等。过境(国际联运)五定班列主要是指大陆桥过境运输;港站五定班列是指沿海各大港口开往内陆主要城市及返回的五定班列;城际五定班列主要是指国内主要城市之间开行的五定班列。

港口新动态

中欧班列实现全程运邮 将开启"买卖全球"新格局

近日,来自重庆的26袋邮包完成了一次特殊的旅程。9月29日,它们搭乘"中欧·渝新欧"班列从重庆出发,15天后顺利抵达德国法兰克福邮件处理中心,截至10月21日已全部成功投递。这标志着中欧班列全程运邮测试成功,开创了中欧国际铁路运邮的先河。

业内人士认为,此次中欧班列全程运邮测试的成功,开辟了性价比更高的国际邮包运输新模式,将带动跨境电商迅速发展,开启"买卖全球"的贸易新格局,推动我国内陆地区与"一带一路"倡议的深度衔接。

近年来,跨境电商"全球购"热潮日益兴起,但传统的国际邮路主要集中在海运和空运,不但运力明显不足,且海运耗时过长,空运运量小、成本过高。若能通过中欧班列运输邮包,时间将比海运节约20多天,成本仅为空运的五分之一,无疑将开辟一条性价比更高的国际邮路。

然而,铁路合作组织(OSJD)1956年颁布的《国际铁路货物联运协定》规定,"在国际铁路直通货物联运中不准运送邮政专运物品"。经过重庆市和国家相关部委的共同努力,2014年6月初,铁路合作组织最终删除了协定中禁止运邮的相关描述。

此后,沿线各国邮政间推动中欧铁路常态运邮的协调工作逐步展开。2016年5月,海关总署正式批准重庆成为国内首个中欧班列运邮试点城市。7月,海关总署批复同意利用"中欧·渝新欧"班列开展运邮测试。

据介绍,此次运邮测试在通关模式方面实现了"三个首次":一是首次将安全智能关锁运用到渝新欧班列国内段监管,实现启运地、中转地、出境地海关通过安全智能锁统一实施监管;二是首次在中欧班列上实现了海关通关与邮政作业系统的数据共享;三是首次实现中欧国际铁路运邮电子化通关,实现出境地海关不掏箱、不改变运输方式监管邮件原箱原车出境。

跨境电商企业西港全球购总经理李文等业内人士认为,此前物流短板是制约跨境电商发展的最大障碍,中欧班列运邮具有时间固定、禁限寄种类少和不受天气限制等优势,将打破制约跨境电商发展的物流瓶颈,国内消费者动动手指即可"买遍全球",享用世界各国的名品优品,更多的中国制造也可借此走向世界,传统的国际贸易格局有望被改写。

"中欧班列运邮的实现,意味着中国与'一带一路'沿线国家的经贸、文化交流将从'大动脉'深入到'毛细血管'。"中国交通物流协会联运分会秘书长李牧原表示,中欧班列运邮的实现契合"一带一路"倡议,将推动我国内陆地区与"一带一路"的深度衔接,演绎出更为精彩的经济故事。

资料来源:赵宇飞,"中欧班列实现全程运邮 将开启"买卖全球"新格局",新华网,2016年10月23日。

（三）运营中存在的问题

中国铁路在运营集装箱班列中存在以下主要问题。

（1）箱源和车源难以保证。集装箱数量不足、箱况差，缺少专业集装箱车辆。由于货源不充足、地区经济形势、地区间物资交流量和运输市场竞争等因素的制约和影响，适合以班列形式运输的货源经常受到限制，导致班列难以按计划开行。货源不足是导致班列班次减少、开行间隔周期增长甚至终止的主要原因之一。

（2）营销体制不健全，经营模式单一，货源组织困难。目前中国铁路的集装箱运输营销工作尚处在起步阶段，还没有建立起一个真正适应班列开行和品牌维护的营销体系。营销理念陈旧，缺乏深入市场、发动客户的主动性，使集装箱铁路运输面对复杂的运输市场时只能被动适应。另外，中国集装箱班列的经营模式过于单一，除个别班列采用整列包租或车位包租方式外，基本上全部采用由铁路面向社会组织货源的经营模式。由于营销力量较弱，目前铁路组织集装箱班列运输时主要依靠组织大客户的货源，而在运输市场上更多的适箱货源恰恰掌握在小客户手中，这就使集装箱班列吸引的货源范围受到较大的限制。

（3）运输时效性较差。快捷是集装箱班列运输的优势之一。但在班列实际运行中，经常由于列车运行晚点而使铁路失去了时效性优势。与铁路相比，公路集装箱运输的时效性较高，因此，大量对时效性要求高的小批量高附加值适箱货物转向公路运输，这对集装箱班列的发展产生了极为不利的影响。

以北京到上海的双层集装箱班列运输为例，铁路双层集装箱运输本应在运输时效性上具有优势，但由于列车运行经常晚点，而且晚点有时达 10 小时以上；而汽车运输合同对时效性能够精确到两小时，这使得大量高附加值、时效性强的门到门适箱货物流失到公路运输，从而对铁路双层集装箱班列带来很大的压力。

（4）价格机制不够灵活。集装箱运输实行"一口价"收费政策后，一定程度上遏制了乱收费现象，也带来集装箱运量的增加。但目前集装箱铁路运输的运价过于僵硬，不能像公路、水运等运输方式一样能够根据市场变化及时调整运价，这使得铁路在变化的集装箱运输市场中处于劣势，大量的适箱货物流向公路和水运，难以保证集装箱班列开行所需的货源。

另外，集装箱运价与整车运价的比价关系仍不够合理，使许多适箱货物未能纳入集装箱运输，导致集装箱货源不稳定，也影响集装箱班列的开行。仍以北京到上海的双层集装箱班列运输为例，由于铁路双层集装箱"门到门"运输价格高于海运、铁路整车价格，与公路运费差别不大，这就为双层集装箱班列组织货源加大了难度，致使廊坊、承德、天津的部分货源改走水路。

（5）运输通道能力不足。由于货主对集装箱运输时效性的要求高，这对集装箱运输通道的能力保证也提出一定的要求。目前，中国货运市场上适箱货物主要分布在京沪、京广、京九、京哈、浙赣、陇海等主要繁忙干线上，而这些线路的运输能力普遍紧张，为了确保旅客运输和国家重点物资运输，有时会停开一些集装箱班列。因此，提高集装箱运输通道的通过能力是集装箱班列运输的重要技术保证措施。

(四)铁路班列经营的相关法律问题

1. 铁路班列的经营模式

在实践中,铁路班列既可以由铁路运输自己经营,也可以由班列经营人承包经营。

(1)铁路运输企业直接经营是指铁路面向社会组织货源并自行运营。在此种模式下,托运人要求使用班列运输货物时,应填写铁路货运运输服务单一式两份,车站按本站货物办理种类在货运营业窗口受理,不得指定托运人通过其他途径办理托运手续。

铁路货运运输服务订单是运输服务合同或运输合同的组成部分,铁路运输服务订单一经签订,承运人和托运人均应承担责任。除因不可抗力外,承运人不能按期提供运输或服务,或托运人未能按时将货物备妥于约定地点的,由责任方向对方支付违约金。

(2)铁路班列经营人承包经营。铁路班列经营人是指与铁路部门签订五定班列运输协议并实际经营的承包人。目前,班列经营人主要来自大型船公司、码头、物流公司或货主。

2. 铁路班列经营人的法律关系

铁路班列承包经营是通过班列经营人与铁路运输企业建立合同关系后,再由班列经营人与货主签订合同,履行合同来实现的。在班列承包经营的法律关系中,有三方法律主体,即托运人(收货人)、班列经营人和提供班列的铁路运输企业,较传统铁路运输法律关系多了一个主体,从而使该种法律关系显得复杂。

(1)在现有立法背景下,货主与班列经营人签订的是铁路运输合同;班列经营者与铁路运输企业签订的是企业内部承包经营合同。

(2)货主是发货人和收货人,班列经营人和铁路运输企业均是铁路运输合同的承运人。

(3)班列经营人与铁路运输企业既是内部承包关系,又是间接代理关系。一方面,班列经营人与铁路运输企业签订承包合同,取得并行使班列的经营权,因而形成内部承包关系;另一方面,班列经营人在行使班列经营权时,以自己的名义与托运人或代理人签订铁路运输合同,铁路运输企业即发包人并未提出反对意见,因而形成了间接代理关系。

3. 铁路班列经营人的法律责任

在实践中,铁路班列经营人的法律责任,应当根据不同情况确定诉讼主体地位和法律责任的承担。具体来说有以下几点:

(1)当货主直接起诉班列经营人的,依据运输合同当事人的相对性原理,法院可列班列经营人为被告,判其承担相应责任。这一观点的法律依据是合同的相对性原则。

(2)当货主直接起诉铁路运输企业时,在没有其他证据证明运输合同只约束班列经营人与货主的情况下,可列铁路运输企业为被告,判其承担相应责任;反之则告知货主直接起诉班列经营人。这一观点的法律依据是《中华人民共和国合同法》第四百零二条。

(3)当货主同时起诉铁路运输企业和班列经营人时,法院在立案阶段可同时列两人为被告,在审理中,在没有其他证据证明运输合同只约束班列经营人与货主的情况下,直接判令铁路运输企业承担责任,相反则由货主选择相对人,法院判令其选定的相对人承担相应责任。这一观点的依据是《中华人民共和国合同法》第四百零三条第二款。

值得注意的是,上述几类诉讼主体地位的确定和责任承担,不应影响班列经营人与铁路运输企业间的实际追偿权的行使。

4. 铁路班列承包双方权利与义务

（1）托运人在一个班列中的货物达到一定车数的，按不同比例给予优惠。托运人长期、固定使用同一班列的，可以租用班列车位或全列。

（2）包租形式可以包车位或包整列。包租期限为半年以上至一年，不少于1次/2天。

（3）对于整列包租的企业，铁路局与包租人必须签订整列包租协议，并规定包租人必须在开行前一日向铁路局提报车数、车种、发站、请求车计划等。铁路局运输部门在安排限制口、去向、车种等运力资源时，也对整列包租的班列给予优先保证，并在货票上加盖"包租班列"红色戳记。

（4）包租人应具备法律规定的运输代理经营资质，必须是货源的直接拥有者，严禁包租人以任何形式进行转包。

（5）包车位的包租辆数应不少于五辆；包整列的包租辆数应达到班列运行经路上最小牵引定数或换长所规定的车数。货物的装车站和卸车站应是货运五定班列的组织站。因包租人责任造成实际发运辆数少于包租辆数的，差数部分按开行日和班列车次使用专门分组的货物运费杂费收据核收落空运费。落空运费按每辆标记载重60吨和包租运价计算，在车种、车号栏填记"班列车次（开行日期）"，货物名称栏填记"包租落空运费"，件数栏填记落空车数，计费重量栏填记落空车数的标记载重总和，附记栏填记运价优惠批准号和优惠幅度。

（6）包租五定班列车位，且包租车位不少于五个时，分品类包租的，可在规定的下浮幅度基础上再增加不超过5%的优惠幅度；不分品类包租的，整车货物最低按4号运价计算，集装箱最低按每车2个20英尺箱运价优惠10%计算。包租五定班列整列，且双方向包租、每个方向每日不少于一列时，分品类包租的，其中5、6号运价轻浮货物最大可下浮45%，7、8号运价轻浮货物最大可下浮60%；不分品类包租的，最低可按整车6号运价下浮35%计算，但不得装运煤、石油、焦炭、矿石、钢铁、原木、粮食等重质大宗货物。

复习思考题

1. 腹地如何划分？影响腹地范围的因素有哪些？以中国沿海港口为例，请具体说明哪些类型的腹地是单独腹地，哪些是混合型腹地。为什么说随着集疏运体系的完善，一港独有的单纯腹地越来越少？

2. 区分独占腹地和可竞争腹地要考虑哪些因素？

3. 哪些要素构成港口集疏运系统？根据现有的知识，请探讨若要实现"零距离换乘"和"无缝衔接"，港口及相关系统应该怎样做？

4. 请阐述港口与腹地经济协同发展的理论基础是什么？港口发展对腹地经济发展有怎样的积极作用？

5. 请查找资料，掌握中国铁路货物运输的规则和基本情况，讨论为什么说五定班列是中国目前最先进的铁路货运方式？

21世纪经济与管理规划教材

物流管理系列

第四章

港口海向集疏运

知识要求

- 掌握海运航线的分类和各自特点
- 掌握出口限制与航线选择的关联性
- 掌握集装箱船大型化对港口经营管理的影响
- 理解航线的形成
- 理解"3+1"航线提出的意义
- 理解影响航线选择的因素
- 理解国际航运中心的基本知识
- 了解全球主要海运航线的线路
- 了解船公司因素对航线选择的影响
- 了解集装箱船大型化的发展历程

第一节 海运航线

一、海运航线的基础知识

(一) 海运航线的概念

海运航线是指船舶在两个或多个港口间,从事海上旅客和货物运输的线路。航线由天然航道、人工运河、进出港航道及航标和导航设备组成。海运航线是完成海上运输的通道,是千百年来航海家开辟勘查的成果,也是世界经济格局演变的结果,海运航线的形成不但受地域、水文条件的影响,同时也受政治经济的影响。

(二) 海运航线的形成

航线的形成主要取决于以下几方面的因素。

1. 安全因素

安全因素是指船舶航行的路线须考虑到自然界的种种现象,如风向、波浪、潮汐、水流、暗礁及流冰等,因为上述种种现象会影响到船舶航行的安全。

2. 货运因素

货运因素是指该航线沿途货运量的多寡。货运量多,航行的船舶多,则必定是繁忙的航线。

3. 港口因素

港口因素是指船舶途经和停靠的港口水深是否适宜,气候是否良好,航道是否宽阔,有无较好的存储装卸设备,内陆交通条件是否便利,港口使用费是否低廉,以及燃料供应是否充足。

4. 技术因素

技术因素是指船舶航行时从技术上考虑选择最经济且快速的航线航行。除上述因素外,国际政治形势的变化,有关国家的经济政策、航运政策等也会对航线的选择和形成产生一定的影响。航线选择的好坏,直接关系到航运业的经济效益,因此,航运公司都十分重视航线的选择。

(三) 海运航线的分类

1. 按船舶运营方式划分

(1) 定期航线又称班轮航线,是指使用固定的船舶,按固定的船期在固定的港口间航行,并以相对固定的运价经营客货运输业务的航线。定期航线的经营是以航线上各港口保有持续、稳定的往返客货源为先决条件。

(2) 不定期航线是与定期航线相对而言的,是指使用不定船舶,按不定船期,行驶不定港口和不定航线的营运方式,并使用租船市场运价,是以经营大宗、低价货物运输业务为主的航线。

2. 按航程的远近划分

(1) 远洋航线指航程距离较远,船舶航行跨越大洋的运输航线,如远东至欧洲航线、远东至美洲航线等。中国习惯上以亚丁港为界,把去往亚丁港以西,包括红海两岸和欧洲以及南北美洲广大地区的航线划分为远洋航线。

(2) 近洋航线指本国各港口至邻近国家港口间的海上运输航线。中国习惯上把航线在亚丁港以东地区的亚洲和大洋洲的航线称为近洋航线。

(3) 近海航线是指本国沿海各港口之间的海上运输航线,如大连—上海航线等。

3. 按货运量及货物流动的方向划分

按货运量及货物流动的方向划分有亚洲—北美航线、亚洲—欧洲航线、北美—欧洲航线,这三条航线占据了世界海上运输量的绝大份额,被称为"三大基干航线"。近年来,由于以中国为首的亚洲各国经济飞速发展,贸易量爆发性增长,致使亚洲区域内的货物流动也大幅度地增加,年均货物流动量已接近北美—欧洲航线,故此,与"三大基干航线"并成为"3+1"航线。

2013年全球集装箱运量为1.27亿TEU,比2012年增长2.4%,表4-1为主要航线运量情况。

表4-1 2013年全球主要航线集装箱运量情况

航线		2013年集装箱运量 (万TEU)	比2012年增幅 (%)
亚欧线	至北欧	910	2
	至西地中海和北非	240	4
	至东地中海和黑海	250	10.3
	小计	1 400	3.7
跨大西洋航线	欧洲至北美	360	3.9
	北美至欧洲	270	2

资料来源:Container Trades Statistics(CTS)统计。

二、主要海运航线

(一) 全球主要海运航线

1. 太平洋航线

太平洋航线是美加西海岸与远东之间的主要航线,该航线东端为北美西海岸,南自美国圣地亚哥,北至加拿大的鲁伯特太子港,西端为亚洲各国的港口,北至日本横滨和俄罗斯的海参崴,中经中国上海,南至菲律宾的马尼拉,西至印度、新加坡。该航线经由巴拿马运河,可与美国东海岸各大港口及西欧的北大西洋航线相连,在世界航运中占据重要地位。

(1) 远东—北美西海岸航线:由中国、朝鲜、日本等远东港口与加拿大、美国、墨西哥等北美西海岸各港口之间的航线组成。从中国沿海各港口出发,偏南的经大隅海峡出东海;偏北的经对马海峡经过日本海后,或经津轻海峡进入太平洋,或经宗谷海峡,经过鄂霍茨克海进入北太平洋。

(2) 远东—巴拿马运河—加勒比海、北美东海岸航线:从中国北方沿海港口出发的船只多半经大隅海峡或经琉球群岛出东海,中途常经夏威夷群岛及巴拿马运河,到达北美东海岸各地。

(3) 远东—南美西海岸航线:自远东各港出发经夏威夷群岛南部的莱恩群岛穿越赤道进入南太平洋至南美西海岸各港。

(4) 远东—东南亚及印度航线:是中国、东北亚国家至东南亚各港,以及西经马六甲海峡去印度洋、大西洋沿岸各港的主要航线。东海、台湾海峡、巴士海峡、南海是该航线船只的必经之路,是日本从中东和东南亚国家进口石油的运输线。

(5) 远东—澳新航线:远东至澳大利亚东西海岸的航线分为两条。中国北方和日本各港到澳大利亚东海岸和新西兰港口的船只,需走琉球的久米岛、加罗林群岛的雅浦岛,由新爱尔兰岛与布干维尔岛之间进入所罗门海和珊瑚海;中澳之间的集装箱船需在中国香港加载或经船后过南海、苏拉威西海、班达海、阿拉弗拉海,后经托雷斯海峡进入珊瑚海。中、日去澳大利亚西海岸航线需经菲律宾的民都洛海峡、望加锡海峡以及龙目海峡进入印度洋。

(6) 南太平洋航线:澳新—北美西海岸的航线多经苏瓦、火奴鲁鲁等太平洋上重要航站,至北美东海岸则需要经学会群岛中的帕皮提,过巴拿马运河。

(7) 北美—东南亚航线:该航线一般经夏威夷、关岛、菲律宾等地。

(8) 美洲西海岸近海航线:由北美或欧洲至南美太平洋沿海地区,以及北美、欧洲经巴拿马运河到南美太平洋沿岸各地。

2. 大西洋航线

(1) 西北欧—北美东海岸航线:该航线是西起北美的东海岸,北经纽芬兰岛跨越大西洋,入英吉利海峡至西欧和北欧,其支线分布于欧美西岸。

(2) 西北欧、北美东海岸—加勒比航线:该航线多半出英吉利海峡后横渡北大西洋。同北美东海岸各港出发的船舶一起,一般都经莫纳、向风海峡进入加勒比海,可达加勒比海沿岸各港外,还可经巴拿马运河到达美洲太平洋岸港口。

(3) 西北欧、北美东海岸—直布罗陀—地中海—苏伊士运河—亚太航线:该航线也称为苏伊士运河航线,属世界最繁忙的航段,是北美、西北欧与亚太海湾地区间贸易往来的捷径。

(4) 西北欧、地中海—南美东海岸航线:该航线一般经西非大西洋岛屿加纳利、佛得角群岛上的航站。

(5) 西北欧、北美东海—好望角、远东航线:该航线一般是巨型油轮从波斯湾通过西欧和北美的航线,佛得角群岛、加纳利群岛是过往船只停靠的主要航站。

(6) 南美东海—好望角—远东航线:该航线是南美东海岸去海湾运油或远东国家购买巴西矿石常走的航线,中国自南美东海岸运输矿石也选择该航线。

3. 印度洋航线

(1) 波斯湾—好望角—西欧、北美航线:该航线主要供超级油轮航行,是世界上最主要的海上石油运输线。

(2) 波斯湾—东南亚—日本航线:该航线东经马六甲海峡或经龙目海峡、望加锡海峡至日本。

(3) 波斯湾—苏伊士运河—地中海—西欧、北美航线：该航线目前可通过载重30万吨级的超级油轮。

4. 其他航线

除了以上三大洋主要航线外，还有以下航线：远东—东南亚—东非航线；远东—东南亚—地中海—西北欧航线；远东—东南亚—好望角—西非、南美航线；澳新—地中海—西北欧航线；印度洋北部地区—欧洲航线。各航线情况如图4-1所示。

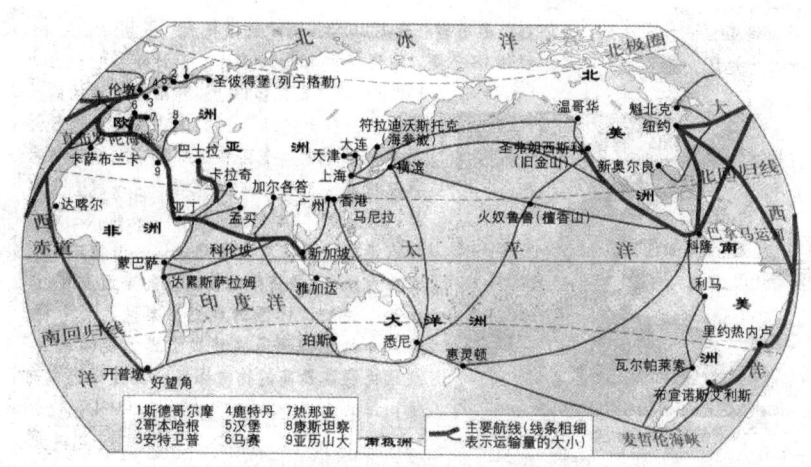

图4-1 世界主要海港和航线示意图

世界主要航线集装箱运力数据如表4-2所示。

表4-2 全球主要航线集装箱运力(截至2013年5月)

航线名称	船舶艘数	TEU	航线名称	船舶艘数	TEU
东亚—东北亚	382	688 162	地中海区内	180	168 304
欧洲—远东	349	2 774 807	东南亚区内	160	122 807
远东—北美西海岸	291	1 622 901	南非—远东	154	471 912
东亚—东南亚	280	543 565	欧洲—地中海	147	528 328
远东—中东	224	1 309 400	中美洲—北美东海岸	145	256 154
远东—印度次大陆	220	911 115	中美洲—远东	144	608 456
东北亚—东南亚	190	354 314	欧洲—波罗的海	143	121 217
远东—地中海	187	1 163 146	欧洲—印度次大陆	134	72 681
远东—北美东海岸	183	668 845	欧洲区内	132	72 681
印度次大陆—中东	180	668 845	印度次大陆—地中海	126	515 093

资料来源：Ci-online。

从表4-2的数据可以看出，由于近几年以中国为首的亚洲各国经济持续上涨，使得东亚与东北亚、东南亚之间，东亚和北美、东亚和欧洲之间贸易状况良好，进而派生出大量运输需求，从另一个侧面验证了"3+1"航线提起的意义。

(二)中国主要海运航线

1. 近洋航线

(1)港澳线,到中国香港、中国澳门地区。

(2)新马线,到新加坡、马来西亚的巴生港(Port Kelang)、槟城(Penang)和马六甲(Malacca)等港。

(3)暹罗湾线,又称为越南、柬埔寨、泰国线,到越南海防,柬埔寨的磅逊和泰国的曼谷等港。

(4)科伦坡、孟加拉湾线,到斯里兰卡的科伦坡、缅甸的仰光、孟加拉的吉大港和印度东海岸的加尔各答等港。

(5)菲律宾线,到菲律宾的马尼拉港。

(6)印度尼西亚线,到爪哇岛的雅加达、三宝垄等。

(7)澳大利亚新西兰线,到澳大利亚的悉尼、墨尔本、布里斯班和新西兰的奥克兰、惠灵顿。

(8)巴布亚新几内亚线,到巴布亚新几内亚的莱城、莫尔兹比港等。

(9)日本线,到日本九州岛的门司和本州岛神户、大阪、名古屋、横滨和川崎等港口。

(10)韩国线,到釜山、仁川等港口。

(11)波斯湾线,又称阿拉伯湾线,到巴基斯坦的卡拉奇、伊朗的阿巴斯、霍拉姆沙赫尔和伊拉克的巴士拉、科威特的科威特港、沙特阿拉伯的达曼。

2. 远洋航线

(1)地中海线,到地中海东部黎巴嫩的贝鲁特、的黎波里;以色列的海法、阿什杜德;叙利亚的拉塔基亚;地中海南部埃及的塞得港、亚历山大;突尼斯的突尼斯;阿尔及利亚的阿尔及尔、奥兰、地中海北部意大利的热那亚;法国的马赛;西班牙的巴赛罗那和塞浦路斯的利马索尔等港。

(2)西北欧线,到比利时的安特卫普;荷兰的鹿特丹;德国的汉堡、不来梅;法国的勒弗尔;英国的伦敦、利物浦;丹麦的哥本哈根;挪威的奥斯陆;瑞典的斯德哥尔摩和哥德堡;芬兰的赫尔辛基,等等。

(3)美国加拿大线,包括加拿大西海岸港口温哥华;美国西岸港口西雅图、波特兰、旧金山、洛杉矶;加拿大东岸港口蒙特利尔、多伦多;美国东岸港口纽约、波士顿、费城、巴尔的摩、波特兰和美国墨西哥湾港口的莫比尔、新奥尔良、休斯敦等港口。美国墨西哥湾各港也属美国东海岸航线。

(4)南美洲西岸线,到秘鲁的卡亚俄;智利的阿里卡;伊基克、瓦尔帕莱索、安托法加斯塔等港。

第二节　影响航线选择的因素

一、贸易需求因素

(一) 运输条款与航线选择

尽管贸易合同中有关价格的贸易术语涉及运输的内容,但并不能全面描述有关运输的事项,因此很多贸易合同都要专门列明运输条款。

合同中的运输条款主要规定以下内容:运输方式;装运时间与地点;目的地;转运与分批运输事项;运输中的通知、联络事项等。可见运输条款直接影响航线的选择。一方面,要根据运输条款中关于装运时间与地点、目的地、是否允许转运、是否规定转运地、是否允许分批运输等进行航线选择;另一方面,签订贸易合同前要了解有关运输及航线状况,便于制定有利于自己的贸易合同。

在合同采用贸易术语的条件下,运输条款的内容应与合同中所使用的贸易术语相协调,但允许通过合同条款修改贸易术语。当在合同中设立附加条款修改贸易术语时,要在合同正文中加入诸如此类的内容:"当本合同中的特别条款与贸易术语不一致时,适用本合同中的条款。"

(二) 货物运输需求特征与航线选择

货物的性质、数量的多少、运输距离的远近、贸易合同期限的缓急、货物负担运费的能力及风险的程度等因素,都影响航线或船公司的选择。

一般而言,鲜活商品、季节性商品,运输速度要求快、交货及时,以免延误销售时机;贵重物品因商品价值高,需要及时运输和较高的运输质量的保证;另外,要考虑运输成本的高低和运行速度的快慢,比如,货值较低的大宗商品则要求低廉的运输费用,以降低商品成本,增加竞争能力。

应正确选择运输路线和装卸、中转港口。一般说来,应尽量安排直达运输,以减少运输装卸、转运环节,缩短运输时间,节省运输费用。必须中转的进出口货物,也应选择适当的中转港、中转站。进出口货物的装卸港,一般应尽量选择班轮航线经常停靠的、自然条件和装卸设备较好、费用较低的港口。进口货物的卸港,还根据货物流向和大宗货物用货地来考虑,进口货物的装港,则还应考虑靠近出口货物产地或供货地点,以减少国内运输里程,节约运力。

(三) 出口退税政策与航线选择

对于需要中转的出口货物退税等相关政策使得境外中转港比本国中转港更有吸引力。目前,根据中国的相关规定,出口货物退税是以装上国际航班为准,这样,如果出口货物通过内支线在国内港口中转外运,那么只有在中转港装上国际航线船舶后才能退税。但如果在境外港口中转,只要装上支线船就可以办理出口退税。

(四) 规避出口限制与航线选择

1. 中国出口商品面临的出口限制

中国出口商品面临两种不同类型的出口限制：配额限制和国外反倾销税额限制。

中国加入WTO之后，许多出口产品取消了出口许可证管理，但纺织品、服装向欧美出口时仍有配额限制，即出口额度限制。而且，因大量物美价廉的中国出口产品出口到国外，对进口国的相关行业形成冲击。因此，不断有中国出口产品在国外遭到反倾销，这些遭到国外反倾销的产品在进口国的进口商申报进口时，要征收反倾销税，使得进口商进口关税额外税赋提高。

配额问题和国外反倾销问题成为中国出口贸易的两大拦路虎。它们的一个共同特征是，国外进口商在进口此类中国产品时，进口成本包括配额费或者反倾销税额，从而削弱了此类中国产品在国外市场与其他国家同类产品的价格竞争力。

2. 规避出口限制的手段之一——变"直航方式出口"为"转口方式出口"

在出口受限产品时，可以将原本直航出口的货物，改为经第三国转口的方式出口，以减少因配额限制、反倾销限制导致的成本增加。

具体做法是，货物仍然在中国口岸发运，但不以直航方式直达目的港，而是选择一个国际中转港口，将直航变成：一程由中国口岸发送集装箱到中转港，在中转港完成换箱重新发运，二程由中转港到最终目的港。在换箱的同时，完成第三国出口文件，用第三国原产地证书及相关配套出口文件，作为国外进口商的清关文件。

在这种物流方式下，全程费用项目为：一程海运费、中转港换箱转口费；二程海运费、文件费。运输成本会比直航方式高，但由此规避的高昂配额费或反倾销税则可以抵消转运成本。

3. 适合第三国转口的产品

(1) 配额价格高的产品；

(2) 货值较高的反倾销产品；

(3) 货值不高，但反倾销税率相当高的产品。

4. 第三国中转的必备文件

第三国中转，在物流程序上，将一个原本的直航方式分解为一程海运、中转港换箱和二程海运。这种物流方式的操作看似非常复杂，其实经过国际货代公司与中转港的货运代理从中操作，非常容易实施，但必须准备以下文件：

(1) 最重要的转口文件是第三国原产地证书，而且是第三国生产商申请的C/O或Form A，比第三国贸易商申请的文件更可靠。

(2) 文件出具国如果与中转港不属一个国家或地区，则必须提供支线航班的提单，从物流流向方面完备文件。

(3) 第三国生产商申请的出口证明等相关文件要配套，第三国出口商的出口发票、装箱单应与转口货物明细一致。如果是转口到一些特殊国家（如中南美洲、土耳其等国）的出口文件，还需要有大使馆加签原产地证书及相关文件。

5. 第三国转口的注意事项

第三国转口方式必须是在进口商与出口商充分沟通达成一致意见后才可使用，绝对不可能存在其中一方隐瞒另一方而独自使用第三国转口方式的情况。

对于出口商而言,必须在产品的包装方面着手准备转口货物。因此,产品的外包装只能采用中性包装或注明第三国产地,因为进口商在进口时申报的产品输出国为出具文件的第三国。

对于进口商而言,必须明知申报进口时清关文件是来自转口国或相邻国家和地区,但实际货品出产地是中国,如果以信用证方式结算,在信用证上须注明第三方文件可接受的文字表述。

在实际操作中,既有进口商主动要求出口商提供第三国原产地证供其清关的情况,也有进口商向出口商推荐利用第三国文件清关的情况,或进、出口双方均有意求助于第三国原产地的情况。

当然,这种转口方式并非主流的物流方式,只有出口受限产品中的一部分选择这种出口方式,在如何应对国外的反规避调查方面,出口商或进口商选择一个合适的中转国或中转地区,选择第三国生产商申报的出口文件,同时,考核第三国出口文件的真实性和完备性,都是有效规避风险的做法。

比较适合做转口的国家和地区有新加坡、中国香港、中国澳门等。除了这几个国家或地区的原产地证,东南亚的马来西亚、印度尼西亚和菲律宾等国家的第三国原产地证书都经常用来做转口文件。应该选择合适的转口港,配套相应国家和地区的原产地证书,对物流流程到出口文件的配套进行整合完善。

货主可以寻求与能够提供第三国转口贸易业务的货运代理合作,以减少操作难度并降低出口成本。

二、船公司服务因素

(一)航班密度

船公司根据航线的货源情况以及经营策略,在不同航线制定不同的航班密度,航班密度大意味着货主可以有更多的选择。对于高价值货物、鲜活货物等需要及时运输的货物,对时间的要求高于对运费的要求,在同等条件下优先选择航班密度大的船公司订舱。

一般说来,应尽量安排直达运输,以减少运输装卸、转运环节,缩短运输时间,节省运输费用。但有时采用转船运输可能更快,因为直达航线一般船舶较大,多提供周班服务,本周航次赶不上,就须等待下一个航次;而支线运输通常船舶较小,航班密度较大,其衔接的干线港口航班密度更大,干支衔接很可能比直达运输更便捷。

(二)航线网络覆盖面

运往基本港口的货物一般均为直达运输,无须中途转船,且很多基本港有多个船公司挂靠,易于选择。运往非基本港的货物,货主选择船公司时可参考以下方面:

1. 优先选择在始发港和目的港之间同时经营干支线的船公司

通常干线公司在选择某港作为中转枢纽后,其大部分此航向上的航线都将在这里交叉汇集,以便就优先靠泊、中转费率、免费堆存期以及作业效率保证等在码头签订优惠协议,还有一些船公司投资成立或者收购一家新公司专门经营支线,这样可以做到干支线班期紧密衔接。

2. 其次选择干、支线公司有合作协议的船公司

干、支线合作双方一方为干线公司或者有干线公司背景的公司,另一方是单纯性的支线公司。目前,最为普遍的合作方式是舱位互换和共同配船两种。舱位互换通常是基于航次互补,为了完善各自的服务网络;共同配船可以大大减少开辟航线的重负和巨大的初始投资带来的风险。干、支线船公司间这种紧密的合作方式也可间接给货主带来便利。

(三)准点率

准点率作为反映船公司服务质量的重要指标之一,受到广泛关注。英国专业海运咨询机构德鲁里(Drewry)发布的"集装箱班轮公司准点率"调查数据显示,2014年8月亚欧航线、太平洋航线、大西洋航线整体准点率为55%,9月为63%,10月提升至64%,整体到港准点率为60.6%,实际到港时间较预计到港时间晚1.1天。具体来说,8—10月亚欧航线准点率最低仅为58%,太平洋航线的准点率为62%,大西洋航线的准点率为77%。

世界集装箱班轮的准点率排名中,马士基和汉堡南美分别以80.4%和78.5%排第一名和第二名,第三名为COSCO,准点率为69.9%。

船期准点率低的原因主要有:

(1)港口压货。由于港口拥堵、基础设施原因或者是其他客观条件,到达的船舶不能及时装卸造成货物压港。例如,某船2014年12月从天津港出发,中转釜山港、赤湾港和马耳他港,预计2月上旬到达目的地Livorno,船公司的Tracking Details显示3月上旬达到,比预定到港时间晚一个月,到港延迟的主要原因是在三个中转港口分别压港10余天。

(2)船东鉴于油价昂贵,在其后挂港时不愿意加速或追回损失时间。海运咨询机构德鲁里认为,燃油价格下降可能会推动准点率提高。虽然,燃油成本降低不会立即改变集装箱船的航行速度,但是至少如果落后于计划到港时间,船公司会愿意提速。

(3)在环绕航线上船公司是用单一船舶挂多个港口,由于第一个挂港时间已延迟,其他港口皆受影响。

(4)其他原因,例如大风、起雾、船舶故障或者事故、装卸机械故障、罢工等原因造成的船期延误。

针对船期准点率低的现象,显示了集装箱船市场的可靠性正在走下坡路。在当前运价低迷的情况下,尽管班轮公司有十足的理由采取一切可能的措施压缩运营成本,但航线服务质量是货主需要的也是船公司应该重视的要素之一。同时,面对目前的状况,建议货主有必要在供应链管理上建立缓冲时间加以应对,特别是在一些重点贸易航线上。

(四)运价和运费

运价是货主在签订贸易合同前对运输成本做出合理判断的依据,也是选择航线的重要因素,因而备受货主关注。值得注意的是,集装箱班轮运价由多个部分组成,且受市场各种因素的影响时有变化,货主切不可仅仅依靠班轮公司对外公布的"本价"而做出贸易和运输决策。

集装箱班轮运价由几部分构成,以上海港为例,出口集装箱整箱运价包括海运基本运价(指船公司对外公布的运价)、BAF(燃油附加费)、SPS(上海港口附加费)、PSS(旺季附加费)、GRI(一般性涨价)。其中,船公司制定的海运基本运价各不相同,尤其是货运量大的货主,可与船公司签订数量折扣(或协议)运价,另外,运往基本港口的货物一般均为直达运输,非基本港口一般除按基本港口收费外,还须另外加收转船附加费。BAF、SPS一般差别不大,而PSS、GRI则跟整个货运量及市场环境有关,不确定因素很多,货量大也可与船公司签订特殊条款,享受优惠政策。

货主在咨询运价时应注意以下几点:

(1) 某一航线可能有几家船公司经营,各公司的基本港的划分可能存在差异,基本港和非基本港的运费差别起码也为100—200美元,货主应尽量为自己的货物争取基本港运价,即尽量选择将货物目的港设为基本港的船公司。

(2) 在进行运价比对时,要注意提供货运服务的货代企业是否与这家船公司签有协议运价,有可能会享受到比较低的运价。如果有较稳定的长期货量,可以直接与船公司签订一个协议运价,由船公司指定它的代理提供货运服务。

(3) PSS、GRI这两部分费用,如果制定的运输计划正确性比较高,可以通过与船公司或货代的协商,达成一定程度的减免。

(4) 美国航线的货物要特别注意基本运价部分有两种形式,一部分船东以采取FAK运价(所有货种同费率)方式,一部分船东则采取根据货物品名分级的费率方式,应搞清楚自己的货物被应用何种费率形式计算运费,否则货主询价的结果可能与实际运输的运价相差很大。

(5) 运往美国东海岸港口的运输方式有全水路和大陆桥两种方式,而两者之间价格差别有几百美元。如果不赶船期的话,可以向船公司要求全水路方式。

(6) 不合理收费。值得一提的是,在出口FOB和进口CIF、CFR条件下,一些船公司向收发货人收取诸如文件费、铅封费、设备交接单费、换单费、设备操作管理费、订舱费、THC、ORC等。尽管货主、货代协会等行业组织多次向船公司提出交涉,并倡导货主、货代要抵制不合理收费。但急着发货或提货的收、发货人,在无可奈何的情况下只好付费。

港口新动态

新苏伊士运河对接"一带一路"中企提四点期待

2015年8月12日埃及共和国驻华大使馆邀请中外媒体记者在大使馆官邸举行新闻茶话会,展望新苏伊士运河开通后的中埃合作前景。埃及驻华使馆新闻处参赞胡达、旅游处参赞阿布、商务部国际贸易经济合作研究院副院长邢厚媛出席了新闻茶话会并发言。

"苏伊士运河和巴拿马运河是全球最繁忙、最重要的两条运河,后者2007年开工至今尚未完工,而新苏伊士运河仅用了一年时间就能实现通航,着实令人惊喜。"邢厚媛表示,新苏伊士运河的开通不仅有助于埃及重塑国际形象、提振国内经济,而且是埃及献给世界的一个礼物,对中国、全球、以及"一带一路"倡议意义深远,主要体现在以下三方面:

(1) 中国是全球最大的贸易国,也是苏伊士运河最大的使用国。中国对欧贸易的60％要经过苏伊士运河运输,占运河通航船只的10％以上,每年有数以千计的船只要经过苏伊士运河。新运河的开通使世界最大商船队伍得以顺利通航,等待时间缩减至一半,且节省了大量的燃油成本,对中国海运企业而言无疑是重大利好。

(2) 2008年金融危机以来,世界经济呈非常缓慢的增长周期,特别是国际贸易比危机前的增长速度下降了一半还多。在这样的大背景下,新运河的开通不仅增强了自身的通航能力,更重要的是加快了国际物流的运转效率、繁荣沿线的国际贸易。尤其是埃方"苏伊士运河走廊经济带"的开发方案将吸引全球投资目光、带动区域经济发展。

(3) 新苏伊士运河贯通欧亚非三大洲,具有独特的地理位置,是"21世纪海上丝绸之路"的重要组成部分,与中国的"一带一路"倡议是相互呼应对接的。沿线各国各自发挥优势参与合作,"苏伊士运河走廊经济带"建设方案正是中方期待的结果之一。

邢厚媛指出,中国企业普遍对新运河的开通欢欣鼓舞,但同时寄予以下四点期待:

(1) 通航费不要应声而涨。新运河开通前每一次的通航费涨价,都加剧了航运企业和外贸出口企业的负担。特别是在全球经济不景气的环境下,新运河的开通应更加惠及上述企业,否则他们将会考虑绕行其他航线。

(2) 希望参与后续的相关工程建设。此前,两家中国企业仅以承包商的身份参与了一些新运河的建设工作。目前新运河虽已通航,但基础和配套设施仍有待完善。

(3) 希望参与"苏伊士运河走廊经济带"建设中的相关产业合作投资。天津泰达集团在运河附近投资建立了工业园区,吸引了很多中方企业,也希望埃方今后能够提供良好的投资环境。

(4) 希望埃方能采取有效措施保证中国商船和相关人员的生命财产安全。此前,苏伊士运河曾经陆续发生过一些治安事件。

"中国和埃及同为世界四大文明古国,中埃合作应该有更好的前景,我对此充满信心,"邢厚媛表示,未来在"一带一路"和"苏伊士运河走廊经济带"的共同作用下,双方在经贸领域、基础设施领域的合作必会进一步增强。(节选)

资料来源:吴菁,"新苏伊士运河对接'、'一带一路'中企提四点期待",中国经济网,2015年8月13日。

三、港口及内陆运输因素

(一) 港口条款

贸易合同中有关港口的条款主要是装运港、目的港及中转港,港口条款属于运输条款的一部分。

装运港(Port of Shipment)是指货物起始装运的港口,目的港(Port of Destination)是指最终卸货的港口。一笔交易达成必须确定装运港和目的港,主要是为了卖方安排装运,同时也为了买方接货。在进出口交易中,装运港和目的港不仅是价格术语不可缺少的组成部分,是构成商品价格的因素,同时也与买卖双方承担的运输责任有关,并且直接影响航线选择。因此在拟定贸易合同时就应注意以下几点：

（1）不能接受中国政府不允许进行贸易的国家和地区的港口为目的港。

（2）对目的港的规定必须明确具体，一般不要使用"欧洲主要港口""非洲主要港口"等笼统的字句。因为国际上对此并无统一的解释，而不同港口的装卸条件、运费和附加费，也可能有很大差别。

（3）货物运往没有直达船或虽有直达船而航次很少的港口，合同中应规定"允许转船"的条款，以利装运。

（4）目的港必须是船舶可以安全停泊的港口。

（5）对内陆国家的贸易，一般应选择距离该国最近的、能够安排船舶的港口为目的港。除非联运承运人能够接受全程运输，一般不可接受以内陆城市为目的地的安排。

（6）目的港港口名称重名问题。世界各国港口重名的很多，凡是重名的港口，应加注国名，在同一国家有同名港的，还须加注港口所在国的位置。

（7）目的港为"选择港"的情况。有的进口商在磋商交易时，还未找到他们准备接货的目的港。因此，有时可考虑采用规定"选择港"的做法。但核算售价须按运费最高的港口为基础，选择港必须以同一航线的班轮挂靠港为限，并应明确选择港附加费由买方负担或计入货价；"选择港"的数目一般不超过3个。采用选择港时，买方必须在轮船驶抵第一个"选择港"前，按船公司规定的时间，将最后确定的卸货目的港通知该港的船公司或其代理人，否则，船方有权在任何一个选择港卸货。

（二）港口拥堵

港口拥堵时，船舶在港口的等待时间变得更长，船公司往往据此向货主收取港口拥堵附加费；拥堵严重时还将导致货物被迫转港卸货或船舶更改航线甩掉某些挂靠港，为此货主需要增加库存、为避免延误改为空运，严重的话可能导致客户工厂因缺料而停工、签订的合同得而复失等严重后果。因此，货主选择航线时，应尽量避开拥堵严重的港口。

从表面上来看，当货主因货物遭遇不合理的过度延迟可要求赔偿，但实际情况并非如此简单，船公司的理由是，太多因素影响船期可靠性，尤其是港口拥堵；而港口也不买账，以鹿特丹港为例，40%的船舶不能在规定的泊位时间内抵达，究其原因，不单单是在之前的港口耽搁了，其他不利因素还有糟糕的天气、吊车事故、工人罢工等，导致后续港口吞吐能力紧张、影响装卸效率。因此，很难分清货主货物延误的责任究竟由谁承担。

另外，港口拥堵时，船公司的反应是加收货主的港口拥堵附加费。货主对此是持反对意见的，因为港口及码头是船公司的服务供应商，船公司有责任要求对方提供有效率及优质的服务。货主方面已因港口拥堵损失巨大：由于航班脱期，一部分船公司删减了靠泊亚洲的某些港口；有些发货人更要面对买方的索偿或改以空运形式托运，成本大增。以上问题完全是由于船公司及其服务供应商的计划失误造成的，他们并没有向收发货人提供所承担的服务。收发货人作为受害者，不但没有得到船公司的赔偿，反而需要交纳附加费，对此难以接受。但尽管反对，货主还是时时遭遇被迫交纳附加费的情况。

（三）港口收费

各国、各地区的港口收费有较大区别，有时也成为影响货主选择航线的因素之一。例如,香港码头处理费比邻近内地码头的收费高出一倍。另外,有些港口因经营成本上升、拥挤严重而调高港口费用;有些港口为提高价格竞争力、吸引更多货源而调低或减免某些收费。港口收费无论是针对货主的、还是针对船公司的,最终还是要由货主埋单。因此,货主有必要了解这方面的动态信息,以为选择航线决策提供参考。

(四) 内陆运输因素

对于位于内地的收、发货人而言,可能有一个以上起运港或一个以上目的港可供选择,在上述因素的基础上,要同时考虑内地运输便利性、运输成本及运输时间等因素,综合进行航线选择。例如,内蒙古东部的出口货物,可以经天津港、锦州港、营口港或大连港出运,不同的出运港具有不同的航班密度,不同的船公司开设的航线,不同的海运费用、港口费用、陆运费用以及不同的运输时间;到达内陆目的地的货物也存在相似的因素,支付运费的一方只有综合考虑上述因素,才能选出经济、安全、便利的综合运输方案。

第三节　集装箱船舶的大型化

一、集装箱船舶大型化的发展历程

1956年4月26日,世界上第一艘集装箱船"理想 X"号载着35 ft共58只集装箱起航。由于集装箱运输具有装卸效率高、停港时间短、货损较少、方便进行多式联运等优点,集装箱海上运输得到迅速发展。此后,随着技术革新和节约成本的考虑,各家船公司下单建造大型集装箱船的趋势越演越烈(见表4-3)。

表4-3　集装箱船大型化的演进

船型DWT (t)	运载能力 (TEU)	建造完成·就航年(艘)							总计 (艘)
		1962—1970	1971—1975	1976—1980	1981—1985	1986—1990	1991—1995	1996—2000	2000—2005	
5 000	368	21	27	24	34	32	58	64	7	267
10 000	736	1	21	57	70	29	93	161	70	508
15 000	1 104	2	7	21	51	32	78	117	60	368
20 000	1 472	2	3	40	17	21	36	96	67	282
25 000	1 840	14	7	30	21	24	105	145	50	396
30 000	2 208	4	8	25	38	20	18	44	17	174
35 000	2 576	0	2	23	41	22	22	98	101	309
40 000	2 944	0	8	20	25	12	16	27	39	147
45 000	3 312	0	2	8	22	60	36	32	25	185
50 000	3 608	0	1	11	4	16	52	31	10	125
55 000	4 048	0	0	2	9	16	12	17	64	120
60 000	4 416	0	0	0	9	13	29	19	27	97
65 000	4 784	0	0	0	0	9	28	47	20	104

(续表)

船型 DWT (t)	运载能力 (TEU)	建造完成·就航年(艘)								总计 (艘)
		1962—1970	1971—1975	1976—1980	1981—1985	1986—1990	1991—1995	1996—2000	2000—2005	
70 000	5 152	0	0	0	0	1	18	68	73	160
75 000	5 520	0	0	0	0	0	0	1	19	20
80 000	5 588	0	0	0	0	0	0	0	18	18
85 000	6 256	0	0	0	0	0	0	14	23	37
90 000	6 624	0	0	0	0	0	0	4	16	20
95 000	6 992	0	0	0	0	0	0	1	0	1
100 000	7 360	0	0	0	0	0	0	0	11	11
105 000	7 728	0	0	0	0	0	0	13	4	17
110 000	8 096	0	0	0	0	0	0	1	12	13
115 000	8 496	0	0	0	0	0	0	0	1	1
总计		44	86	261	341	307	601	1 000	734	3 374

资料来源:*Replay World Shipping Encyclopaedia*;国际临海开发研究中心(日本),国际港湾政策研究所(日本),変化する世界の港湾とその課題,2008.

从表4-3可以看出,每隔五年,集装箱船大型化的趋势都会有个明显的变化。1962—1970年,全球共建造集装箱船44艘,平均装载量1 271 TEU,最大装载量2 208 TEU;五年后的1975年,全球建造集装箱船86艘,最大装载量3 608 TEU;再五年后的1980年,建造集装箱船261艘,最大装载量4 048 TEU;1981—1990年,全球建造集装箱船648艘,其中4 000 TEU以上的集装箱船57艘,已经不能通过巴拿马运河[①]。1996—2000年这五年间,全球建造4 000 TEU以上集装箱船272艘,其中6 000 TEU以上19艘,7 000 TEU以上13艘,8 000 TEU以上1艘。2003年,NYK订购8 100 TEU船8艘,2007年就航;2005年,COSCO订购10 000 TEU船4艘,马士基建造13 000 TEU集装箱船。2005—2008年,基干航线有244艘大型船航行,其中装载量8 000 TEU以上的集装箱船60艘;2012年,马士基下单建造15 000 TEU集装箱船,于2015年就航。

从第一艘集装箱船产生到现在,五十多年里集装箱船的载箱量不断增加。迄今为止,集装箱船已至少经历了六代。目前的集装箱船已经能够装载15 000 TEU,并且这还不是极限,可以说,目前集装箱船舶大型化仍有进一步提升的空间。

1. 从第一代到第六代

自20世纪60年代中期第一代集装箱船问世以来,经过五十多年的发展,国际海上集装箱运输已经成熟,集装箱船也完成历史性的升级换代。在此期间,集装箱船主要经历从第一代到第六代的更替(见表4-4)。

---

① 巴拿马运河通过船型是船幅32.2米,船长274米,吃水-12米。

表 4-4 各代集装箱船的主要特征

发展阶段	时期	主要特征	载箱量（TEU）
第一代	1968 年以前	横跨太平洋、大西洋,载箱量 700—1 000 TEU	1 000 以下
第二代	1968—1981 年	载箱量 1 800—2 000 TEU	1 000—2 000
第三代	1982—1987 年	1982 年美国总统轮船在太平洋航线投入巴拿马型集装箱船（2 500 TEU）。此等级船型成为基干航线的主力船型	2 500
第四代	1988—1990 年	1988 年,美国总统轮船投入 C-10 型集装箱船,船宽 39.4 米,已经不能通过巴拿马运河,被称为超级巴拿马型船	3 000—4 000
第五代	1991—1996 年	德国船厂建造 5 艘 4 800 TEU 级 APLC-10 型集装箱船,此后 5 000—6 000 TEU 集装箱船相继投入运营	4 800—6 000
第六代	1997—2006 年	1996 年春季竣工的"RehinaMaersk"号集装箱船最大载箱量 8 000 TEU,1997 年以后陆续出现载箱量达 6 600 TEU 以上的集装箱船	6 600—10 000

2. 万箱船

2006 年 9 月 8 日,随着马士基"Emma Maersk"号集装箱船舶投入运营,万箱船时代正式到来。"Emma Maersk"号长 397.71 米,宽 56.40 米,设计吃水－16 米,航速 25.5 千米/小时,额定载箱量 1 100 TEU(实际可装 15 000 TEU),其中包括 1 000 个冷藏箱,装卸作业通常需要 6 台岸壁式装卸桥。由于该船宽达 22 个箱位,超过一般岸边起重机 18 个箱位的作业宽度,因此只有配置了超级巴拿马型岸壁式装卸桥的大型港口才能接靠此船。

"Emma Maersk"号的出现加剧了集装箱船舶大型化的发展趋势,万箱船成为集装箱航运巨头竞争的重点,船舶大型化浪潮愈演愈烈。

3. 3E 级船舶

2013 年 7 月 19 日,全球首艘 3E 级船舶(也是全球最大的集装箱船舶)"Maersk McKinney Moller"号首航上海港洋山港区。该船是马士基订造的 20 艘 3E 级船舶中的第一艘,船长 406 米,宽 59 米,额定载箱量达 18 000 TEU。据悉,3E 级船舶将被投放到亚洲—欧洲航线上,该航线覆盖中国上海港、宁波港、盐田港、南沙港和香港港等五个港口。

3E 级船舶在规模经济、能源效率及环境绩效等方面表现突出。为优化能源效率,3E 级船舶在设计上进行多项改进,既能满足市场对大运量的需求,又能满足节能环保的要求。尽管船体庞大,但 3E 级船舶运输集装箱的单付燃油消耗比其他航运公司用于亚欧航线运输的 13 100 TEU 级船舶低约 35%。此外,由于 3E 级船舶的机舱内装有废热回收系统,通过回收发动机废气的热量,可使发动机输出功率增加 9%,燃油消耗量减少 9%。

3E 级船舶的问世开启了一个新的航运时代。无论世界经济走势如何,3E 级船舶都将凭借其优越的经济和环保性能引领船舶发展方向。不过 3E 级船舶在带来规模经济的同时也对港口水深、基础设施、作业效率及集疏运环境等提出新的挑战。由于各港口基础设施设备等条件存在差异,其适应船舶大型化的能力不尽相同,这势必对港口发展格局产生深远影响。

二、集装箱船大型化的促进因素

(一)成本节约需求

平均集装箱单位成本降低是集装箱船大型化的主要目的之一。虽然船舶大型化造成建造费用的大幅度上涨,但是一次航行装载的集装箱数也随之上升。航程燃料费用、人工费用、航程生活补给、码头使用费等运营消耗却并不随着集装箱数量增加呈正比例增加。从理论上看,随着船舶体积增大,单位集装箱燃料消耗和单位工作人员数量就越低,因此通过建造大体积的集装箱货船,可以降低轮船运输成本,实现规模经济效益(见表4-5)。

表4-5 不同集装箱船运输成本构成   单位:千美元

项目	船型		
	4 000 TEU	6 000 TEU	8 000 TEU
人员	850	850	850
维护保养	900	1 075	1 150
保险	800	1 000	1 700
备品、润滑	250	300	350
管理	175	175	175
燃油	4 284	5 722	7 269
港口费	2 000	2 700	3 000
总运营成本	9 259	11 822	14 494
年箱位成本	2 315	1 970	1 449

资料来源:《集装箱大型化发展研究》。

(二)航运量的增加

由于世界各国经济的联系日益紧密,各国的贸易水平较之前有大幅增加,在这一条件下,航运需求水平也有明显增加。以三条航线为例可以看出航运量增加对集装箱船大型化的推动作用。

1. 亚欧航线

对于亚欧航线来说,现如今在每年7月,亚欧航线表现出旺季的特点,尤其远东、地中海航线运量较之前增加约100%;远东、西北欧航线运量较之前超过100%。

2. 太平洋航线

太平洋航线的货运量已经较历史水平稳步增加,在航运旺季中,太平洋航线的舱位利用率已经超过了90%,表明了太平洋航线的运输能力还有很大提升空间。航运需求量的稳步提升,迫使船舶运输能力进行变革。

3. 大西洋航线

受欧洲经济的影响,大西洋航线的运输量有所下降,下降幅度为东航约70%、西航约80%。过去,大西洋航线的运输良好态势吸引着投资,水平不断增加,其运输能力的不断增加已经对大西洋航线运营造成了潜在的压力。如果大西洋航线承运人投资热情不减,大西洋航线供求均衡可能会发生偏移,从而引起行业变革。

(三) 船舶性能提升

船舶性能提升对集装箱船大型化的影响主要来自作业性能大幅提高和航行性能大幅提高。

作业性能大幅提高表现在：

(1) 大型集装箱船可以有效利用甲板面积，从而堆放更多货物。同时，货物装卸效率也会有明显提高。

(2) 船舶性能的提高会使船体更加稳定，经验表明船舶倾斜角度不应该大于5°，否则集装箱船的稳定性将受到影响。

(3) 大型集装箱船载货方式灵活，载物限制较少，从而使积载具有多样性。

航行性能大幅提高表现在：

(1) 流体力学实验证明，由于大型集装箱船宽度加大，具有科学的长宽比，大型集装箱船在水中稳定性提高，便于操控。

(2) 大型集装箱船由于船体宽度增加，引起载重船舶重心下降，从而增加了船舶的稳定性。

三、集装箱船大型化对港口的影响

集装箱船大型化的进展，大大提高了集装箱运输在航运市场上的主导地位，并对世界集装箱港口的建设和发展产生了深刻的影响，其影响主要是对港口基础设施提出了新的要求，主要体现在：

(一) 大型深水港建设的迫切性

一般情况下，4 400 TEU集装箱船幅宽39.4米，船长290米以上，最大吃水－13.5米，满载后要求泊位水深－15米；6 000 TEU集装箱船长320米左右，最大吃水－14.1米，满载后要求泊位水深－16米，因此，国际上对大型集装箱泊位的基本要求是航道、泊位水深－15米以上，泊位长度350米以上。根据测算，当大型航运船舶运载力达到20 000 TEU左右时，这种船舶的吃水深度可能超过－21米，在目前的技术条件和造船工艺下，可以使满载的此种类型船舶吃水深度降低到－18米左右。有鉴于此，船舶的大型化要求世界上主要的集装箱枢纽港建设向规模化、大型化发展，可以预计，进港航道和码头的基础条件能够全天候满足基干航线上主流船舶的要求，成为21世纪集装箱枢纽港的必备条件。同时，加快中国港口深水化的建设，确立中国港口国际航运中心的地位，参与国际竞争已经迫在眉睫。

(二) 对装卸机械的新要求

港口的设施设备系统要向着与大型船舶相对应的水平发展，落后的码头基础设施将会被淘汰出国际一流集装箱港的行列。例如，集装箱吊桥功率，码头装载系统的吊具功率和高度以及外伸距都要达到相应指标。以6 000 TEU型船为例，船幅宽42.8米，可以并排摆放17列20 ft集装箱，需要港口装备与之相匹配的大型吊具 (见表4-6)。

表 4-6　集装箱岸壁式装卸桥的参数比较

项目	单位	巴拿马型装卸桥	超级巴拿马型装卸桥
额定起重量	吨	30.5	48
基距	米	16	30
全高	米	65.5	79.5
全长	米	114.9	147.2
外伸距	米	36	65.5
内伸距	米	11	16
上卷距离	米	25	40
下卷距离	米	13	16
集装箱起升速度	米/分钟	50/120	90/120
平移速度	米/分钟	125	240
自重	吨	600	1 300
对应集装箱列数	列	13	22

资料来源：国际临海开发研究中心（日本），国际港湾政策研究所（日本），变化する世界の港湾とその課题，2008。

（三）港口运营的高效化

面对计算机技术的发展以及航运公司、货主企业急欲提高劳动效率的要求，港口当局纷纷加大投资，改进基础设施和计算机系统、通信设备。21 世纪，以条形码技术、RFID、EDI 等为代表的高新技术，必将成为港口管理的主要手段。

（四）枢纽港间的竞争加剧

集装箱枢纽港的竞争具有一定的时效性，随着世界集装箱船进一步大型化，基于成本和效率的考虑，船公司必定选择港口基础设施完备、装卸效率高、高水准服务、提供大量稳定货源的港口作为挂靠港，以此形成全球港口网络体系的核心层。任何港口如果不能成为基干航线的枢纽港和主挂靠港，不能进入港口网络体系的核心层，那么只能沦为支线港和喂给港，失去国际竞争力和国际航运市场的份额。可以预计，在未来 5—10 年，全球港口网络体系将会随着大型集装箱船"选择性靠港"而进行相应的调整。

第四节　国际航运中心

一、国际航运中心概述

（一）国际航运中心的内涵

随着世界经济和国际贸易的发展，科技和信息技术的迅速升级，国际航运中心的内涵和功能也在相应地调整与变化。目前，国内外对国际航运中心没有统一的概念，对其内涵也众说纷纭，以下是一些代表性的描述和定义。

（1）国际航运中心以国际贸易中转港为标志，航运要素齐全并形成规模，具有时代先进特征，依托区域经济中心城市，在某一个国际经济区域的港口群体中处于核心地位的航运枢纽。

国际航运中心的内涵包括以下要素：

① 以集装箱枢纽港为核心，有充沛的集装箱货源、发达的航运市场、位于国际基干航线的地理位置、优良的港口条件、完备的集疏运系统以及国际金融和贸易中心城市；

② 以物流中心为载体，把国际商品、资本、信息、技术等集于一身的现代化新型港口；

③ 指处于核心地位的航运枢纽。

（2）国际航运中心是一个由发达的航运市场、充沛的物流以及众多的航线、航班、船舶汇集的国际航运枢纽，由深水航道、港口码头、通畅的集疏运条件等硬件组成，有完善的服务于管理等软件做保障。

（3）国际航运中心是指具有航线稠密的集装箱枢纽港、深水航道、畅通的集疏运网络等硬件设施和发达的航运市场，以及为航运服务的相关产业和服务功能的港口城市。

（4）国际航运中心是一个功能性的综合概念，是集发达的航运市场、丰沛的物流、众多的航班航线于一体，一般以国际贸易中心、金融中心、经济中心为依托的国际航运枢纽。

（5）国际航运中心是满足腹地经济和贸易发展要求，并具有显著的区域性辐射效应的货物集散地，以港口能力为基本条件，适应航运公司航线运营和资源配置的平台。

（6）一般意义上的国际航运中心是指在市场经济条件下，某一国际都市圈或大城市圈范围内，具有航线稠密的集装箱枢纽港等硬件设施和发达的航运市场等软件设施，取得公认的国际航运枢纽地位，并以国际航运产业作为核心纽带，带动所在地和相关区域经济系统发展，促进相关产业合理布局，实现相关资源最佳配置的国际化港口大城市。

（7）在《国务院关于推进上海加快发展现代服务业和先进制造业，建设国际金融中心和国际航运中心的意见》中，对上海国际航运中心的建设目标确定为：航运资源高度集聚、航运服务功能健全、航运市场环境优良、现代物流服务高效、具有全球航运资源配置能力。

事实上关于国际航运中心的定义远远不止以上这些，但是从上述描述可以看出国际航运中心的基本内涵。国际航运中心是指以综合经济实力较强的港口城市为依托，集发达的航运市场、完善的服务体系、丰沛的物流、众多的航线于一体，集聚各种航运要素的经济区域或国际化港口城市。它集商品流、信息流、资金流、人才流于一体，能对周围地区和腹地产生巨大的商业辐射作用，推动这些地区的经济和贸易的发展。

（二）国际航运中心的类型

国际航运中心按照分类不同，可以分成以下几种类型（见表4-7）。

表4-7 国际航运中心分类

发展模式 （按所拥有的 核心资源来看）	发展的不同类型		
	国际影响力	资源配置方式	价值创造方式 （要素密集型）
伦敦	综合海事服务	世界级	自由市场型	知识技术要素
东京	综合海事服务	世界级	市场主导型	知识技术要素

(续表)

	发展模式 （按所拥有的 核心资源来看）	发展的不同类型		
		国际影响力	资源配置方式	价值创造方式 （要素密集型）
鹿特丹、汉堡	港口服务	洲域级	市场主导型	地理和市场要素
中国香港	港口服务等	洲域级	自由市场型	地理和市场要素
新加坡	港口服务等	洲域级	市场主导型	地理和市场要素
比雷埃夫斯、奥斯陆	船东	洲域级	自由市场型	企业家要素
上海	港口服务等	区域级	计划向市场过渡型	市场和劳动要素

1. 按国际影响力分类

（1）世界级的国际航运中心，如英国伦敦、日本东京、美国纽约。

这类航运中心影响力超出本地区、本洲，对整个世界的航运业都会产生影响。其主要功能是担负起对全球航运资源的配置。为此，应具备体系完备的、经过长期历史积淀形成的并具有不断创新能力的高端航运服务业，这些航运服务业的服务对象并不仅仅是本地、本洲，而是全球性的，这类航运中心正是利用所拥有的高人一等的航运服务能力，在全球范围内配置着航运资源，例如资金、运价、法律、人才等。

对于这类航运中心必然有全球经济中心、金融中心和贸易中心地位相支撑，货运功能的重要程度开始减弱，让位于相对虚拟的高端航运服务业（低端的如货代等则不具备这种影响），其业务往往波及全球，所确定的国际规则由全球航运界共同遵守。随着信息技术的广泛应用，将会进一步促进运价交易的全球化趋势，成为各类生产要素期货现货市场的交汇点，由此在全球性航运中心推出的运价虚拟产品将会影响整个世界的航运市场。

举个例子，伦敦国际航运中心是世界上最早的国际航运中心，在国际航运服务中心发展形成的过程中，与航运产业密切相关的衍生服务业，如船舶经纪、航运交易、船舶融资、海上保险、海事法律、船舶注册、航运资讯、教育培训、媒体出版等逐渐形成独立产业，并形成一整套市场规则和惯例，对全球航运发展具有广泛的影响力和决定性作用。

（2）洲域级的国际航运中心，如德国汉堡和荷兰鹿特丹，主要直接影响欧美散货和集装箱航运市场；新加坡和中国香港则在亚太地区的航运格局中占有举足轻重的地位。

这类航运中心主要以洲域内的国际区域为其功能辐射的空间。它通常以处理洲域内的某一个国际区域的国际物流服务为己任，在该洲内的航运及其相关市场活动发挥重大影响，并对该区域国际经贸活动和航运资源配置有着一定的调节作用，主要通过港口的区域中转功能来确立其在航运界的地位，形成在本洲内航运物流的核心地位。由于货运中心地位，为其带来了巨大的贸易量，以及所需的资金等资源的集聚，再加上与所在城市经济发展的密切结合，使这类航运中心通常成为洲级甚至是世界级的经济中心城市。例如鹿特丹国际航运中心的发展则是充分利用了临港产业的比较优势，大力发展临港经济，并以此推动欧洲航运业和航运服务业的发展，成为洲域级国际航运中心的成功案例。

（3）区域级的国际航运中心，如目前的上海，其作用范围主要局限于中国以及毗邻的亚洲国家和地区。

这类航运中心仍然是国际型的，它的影响范围超过国界，在区域国际发挥作用。或者说在一国之内的某一区域内发挥航运中心的作用,这往往指在如同中国这样的大国内的局部区域,但严格意义上讲这不属于国际性的航运中心了。这个区域可以是一个港口群,如长三角港口群;也可以是在一个流域,如长江上游、重庆长江上游航运中心等。

2. 按资源配置方式分类

(1) 自由市场型的国际航运中心,如英国伦敦。

(2) 市场主导型的国际航运中心,如鹿特丹、新加坡。

(3) 计划向市场过渡型的国际航运中心,如上海。

伦敦属于货运码头被私人公司拥有和经营的港口;而鹿特丹则是地主型港口,政府拥有其码头泊位、场地等基础设施的所有权,私人港口服务企业则向港务局租赁这些设施来提供货物装卸等服务;新加坡属于服务型港口,其码头设施和运营企业都为政府所有,但日常经营活动不受政府干扰,遵从市场规律和秩序;上海港虽已实施政企分开,但无论在企业的资产结构和经理人事安排方面还是在其具体码头营运作业方面,政府部门仍然拥有绝对的支配地位。随着体制改革的深化和外资的注入,从传统的政府计划指令到规范的市场机制配置方式的过渡正在进行。

3. 按价值创造方式分类

(1) 知识密集型的国际航运中心,如英国伦敦。

(2) 企业家密集型的国际航运中心,如希腊的比雷埃夫斯和挪威的奥斯陆。

(3) 区位要素密集型的国际航运中心,如鹿特丹、新加坡、中国香港(主要是地理和市场要素)。上海则属于第三种发展类型(主要是市场及劳动区位要素密集型)的国际航运中心。

二、国际航运中心的特征和建设条件

(一) 基本特征

1. 具有强大的陆向腹地经济实力

一个航运中心必须经济腹地广阔,而且有良好的产业结构,只有这样才能保证有源源不断的国际贸易运量,从而对国际航运中心的运行提供坚实的支撑,使得其在众多的港口城市激烈竞争中脱颖而出。

例如,纽约国际航运中心的直接陆向腹地是纽约州和新泽西州,间接陆向腹地可辐射到美国东北部和中西部产业区以及北美—南美等世界区域。广阔的经济腹地使纽约成为美国、加拿大、阿根廷的各大出口商和南美、澳大利亚、非洲等出口商云集的地方,纽约也因此成为世界上最大的国际金融中心以及交易和经济中心,为国际航运提供了充足的资金和货源。

2. 具有交通便利的海向腹地

一方面,国际航运中心往往位于国际干线附近,支线喂给网络的中心位置,由于运输线路短,运输成本低,并且具备适合于大型船舶停靠的港口条件,吸引大量的物流集聚于此。因此,航运中心应具备借助于密集的航线所形成的强大的海向运输辐射能力。另一方面,航运中心的地位和作用主要体现在服务功能的国际辐射范围,海向腹地的广度决定了航运中心是在全球范围还是在区域范围内配置航运资源。

3. 物流中心地位凸显,区域协同能力强

航运中心虽然以所在城市为主要依托,但物流中心的地位使其辐射范围又超越所在城市,通过便利的集疏运网络使其功能向周边区域辐射与扩张。同时,周边区域的经济发展和产业提升也必然借助于集疏运通道与航运中心城市紧密相连,由此形成航运中心城市与周边区域协同发展的格局。国际航运中心具有高度发达的集疏运网络系统,包括铁路、公路、沿海以及航空等各种运输方式相互配合所形成的流畅的集疏运系统,从而为货物的分拨与配送提供流畅的服务。

4. 港口与城市经济发展形成的良性互动

国际航运中心与所在的城市和区域经济有很强的关联性,它依托经济中心城市所拥有的货物资源,为其提供强大的国际物流支持,成为国家或区域性进出口贸易的航运枢纽。国际航运中心一般都位于国际经济和贸易的中心城市,国际航运中心所在的港口拥有巨大的物流量,众多的航线航班辐射世界上百个港口。例如纽约、香港这类国际航运中心,其繁荣的贸易和金融使航运中心的地位经久不衰。

5. 发达健全的航运市场

国际航运中心拥有发达和成熟的国际航运市场,其中包括拥有国际运输船舶、提供运输劳务的供给方;拥有国际运输资源、需要运输劳务的需求方;拥有供求双方的代理人、经纪人。该市场交易众多,交易客体丰富,交易机制公平、公开、公正,市场交易信号全面、及时、准确,市场交易行为规范。此外,航向密集、运量巨大也是航运中心的一大特征。例如香港国际航运中心,与世界上100多个国家、地区的460多个港口有业务来往,世界各地有300多家轮船公司的总部、分部或代理处设在香港。随着集装箱在航运市场的普遍应用以及国际航线上大型集装箱船舶的迅速发展,集装箱流量已成为一个国家港口航运、物流水平发展的重要标志。

6. 现代化的港口设施

当代的航运中心已经不仅仅是满足货物的运输中转等功能,而且要能向客户提供高效优质的服务,这样就需要有与之配套的现代化港口设施。在硬件方面,国际航运中心所拥有的港口,应有良好的港口条件,完善的港口设施,深浅配套、功能齐全的码头泊位,相应的装卸设备和堆存设施以及适应现代船舶大型化趋势的深水航道。

7. 高端的港口服务

现代国际航运中心具备现代化的信息技术,使航运和港口服务高效化、优质化。为了提升航运服务能力,一批新兴的高端航运服务产业应运而生,其中包括航运金融、航运保险、航运经纪、航运信息与咨询、航运交易、航运教育与培训等。

8. 良好的法律环境和政策支持

国际航运中心作为成熟和发达市场经济区域的一个组成部分,必须为参与国际航运活动的各方提供一个开放和完善的政策法律环境,这就需要建立起一套与之相匹配的国际航运政策体系。国际航运中心一般设立有利于航运业发展的各种特别经济区域(如保税区、自由贸易区等)和按照国际惯例办事的法规制度,为旅客、货物、船舶的进出和资金融通提供最大的方便。例如新加坡和香港整个地区实行自由港政策,在通关、商检、转运、存储、监督等方面均给予尽可能多的方便,并对各项税费实行减免政策。

(二) 建设国际航运中心的条件

1. 区位条件

区位条件是指核心港口所处的自然地理优势条件，主要表现于：(1) 位于国际主航道较近的位置，是国际航海运输的必经之路，具有海上通达四方的便利条件。(2) 国际航运中心的区位条件是决定国际航运中心的重要的基本条件，其区位条件使该港口具有战略性的重要地位，不仅拥有通航全球的便利条件，而且拥有这些区位条件的独占性；具有便利的陆（公路、铁路）、空、水集疏运的地理位置，具有通达物品所需地的各种短途运输的便利条件。

2. 技术条件

发达的海陆空全球通信网络、区域性或行业性互交网络，先进的管理技巧、经验，高科技含量的生产技术、设施设备等。在第三代国际航运中心，其技术条件还包括把技术作为一项商品有效转移、配置。例如，在国际航运中心中，将海上运输及相关的理论成果转化为实用技术，将高技术含量生产工艺分拆改造成适用技术，将创新的管理技巧一般化并转移扩散。

3. 经济条件

国际航运中心的形成无一不依托于腹地经济的快速发展和对外贸易的剧增。而历史上国际航运中心"领头羊"的更替同世界经济中心转化的路径相吻合的事实，也证明了经济条件对形成国际航运中心的重要作用。而且国际航运中心的功能和主要特征，也是由国际经济和贸易的发展所决定的。

4. 人文历史条件

良好的人文传统、人文特征和人文形象也是国际航运中心形成的一个重要因素。伦敦在成为国际航运中心的过程中，一个重要的原因就是有良好的人文历史条件，如悠久的贸易和航海的传统和文化、众多优秀的海事人才等。

5. 体制和政策条件

国际航运中心的集散调配功能的辐射至少是一个区域性的国际市场，所以在其市场体系、法律制度环境、政策状况方面就体现三个基本要求，那就是国际化、自由化和稳定化。

6. 集疏运条件

形成国际航运中心的集疏运网络是随科技进步不断发展的，从目前来看，国际航运中心的集疏运网络包括发达的海陆空内河航运、运输节点、信息共享平台、卫星通信、全球互交网络、区域性和行业性互交网络。集疏运网络体系的完善程度是评价港口能力的必要条件。

7. 港口条件

深水港、深水航道是建设国际航运中心必备的硬条件。由于现代航运业发展的基本特点之一是船舶的大型化、集装箱化趋势，这一趋势下，港口航道的水深条件成为其能否成为国际航运中心的具有决定意义的硬条件。提高集装箱运输和集装箱化水平成为世界主要港口竞争国际航运中心的主要手段，为此，建设深水港码头、开通深水通道，成为当今世界国际航运中心建设的重要内容。

8. 管理条件

国际航运中心建设的基础是港口,港口相关的管理部门涉及数十个管理部门,条件的冲突在所难免,因此,港口管理形成"一港一政"的管理体制和"一站式"服务的管理方式,形成统一规划、统一管理、统一协调、统一调度,合理配置资源,是确保港口有效、高效运作的重要前提。

▶ 课后阅读

北极航线或带来世界货运革命 风险依旧很大

埃菲社2016年10月8日报道,俄罗斯普列汉诺夫经济大学教授谢尔盖·瓦连泰对埃菲社指出,"北极航线不可能与苏伊士运河航线形成竞争,但可以提供一个替代选择,安全是一大优势,气候则是不利条件"。

俄罗斯总统普京2011年正式推出北极航线时指出,这是一条能够在服务价格、安全性和质量上与传统航线具备竞争实力的国际运输命脉。报道称,从那时起,俄罗斯就着手在荒凉的北部海岸打造新的北极破冰舰队、补给港、救援行动协调中心和军事基地。这条新的航线的里程是传统线路的三分之一,在将油气资源从欧洲运抵亚太地区时节省运输成本。此外,这条航线上还没有在东北非地区频繁活动的海盗。

报道称,船只从俄罗斯摩尔曼斯克出发到中国的上海港行程达1.06万千米,而苏伊士运河航线则需要1.77万千米。苏联过去每年资助过数百万吨货物从这条航线运输,但成本高昂,因此计划被搁置直到克里姆林宫决定重启。

北极航线的原因是什么?全球气候变化使得北冰洋冰川的冰层覆盖面积大幅减少,从而有利于原子破冰船的工作,并使得航行时间逐步增加。

一些专家认为,到2040年气温升高导致的冰层逐渐融化将让北冰洋在夏季完全成为一片海洋,这可以让破冰船在一年中数月都保持工作状态。

报道称,中国将是这条航线的最大用户,其次是日本和韩国。专家指出,这是因为将货物运输至东南亚国家市场已经不能盈利。报道称,正在投入重金打造"新丝绸之路"的中国特别重视在中亚地区建设铁路,但同时也可能利用北极走廊将其商品出口到欧洲市场。

瓦连泰认为,未来北极航线的重点之一是俄罗斯对从亚马尔半岛开采液化天然气的需求,该半岛的液化天然气田为全球最大。

2016年年初,普京政府批准中国的丝路基金收购亚马尔公司LNG项目9.9%的股权。中国的丝路基金从而成为继法国道达尔和中国石油天然气集团之后,亚马尔LNG项目上的第三大投资商。瓦连泰强调,"在亚马尔半岛正在建设一个能够停靠北极舰船的现代化港口,因为液化天然气的运输需要16艘油船"。

报道称,如果联合国最终承认位于北冰洋洋底的罗蒙诺索夫海岭属于俄罗斯大陆架的延伸,北极航线将具有更大的意义,将让莫斯科可以开采更丰富的资源。

虽然海冰融化使北极航道通航条件大为改善,但现阶段实现北极航道商业化运营仍面临着一些风险和挑战。

(1) 冰情难以准确预测。北极海冰加速融化已是公认的趋势,但具体海冰范围和变化情况尚难准确预测。不确定的冰情是安全航行的最大威胁。

(2) 环保航行要求极高。北极生态环境脆弱,一旦遭到破坏,恢复难度极大。因此,北极沿岸国家均对船舶安全环保航行提出了高标准的要求。

(3) 基础设施滞后。北极航道的安全环保航行依赖可靠的基础设施作为保障,包括气象和水文数据、破冰船护航、通讯以及事故救援等,但目前这些基础设施远不能满足船舶安全环保航行的需要。

(4) 运输效率较低。由于北极航行存在诸多不确定因素,船期难以保证,不利于对船期要求严格的集装箱船通行。同时,受国际贸易结构制约,货船在返程时配货困难,只能空船返回。这些因素对运输效率和运营收益影响较大。

2014年,加拿大"努那维克"(NUNAVIK)轮首航北极西北航道,已为该航道的开通积累了一定的经验。就北极航线东北航道和西北航道两条航道的通航条件来说,西北航道海冰变化和岛屿、海峡等分布状况更加复杂,航行难度也更大。随着北极航道通航条件的进一步优化,破冰技术的进一步发展,以及西北航道相关航海图书资料的不断丰富,将使我国船舶航行北极西北航道成为可能。相信在不远的将来,一定会有中国籍船舶首航北极西北航道。

资料来源:根据"交通部回应北极航线风险:冰情难预测 环保要求高",中国新闻网,2016年4月19日和王萌编译,"西媒:北极航线或带来世界货运革命 最大用户是中国",《参考消息》,2016年10月10日内容整理。

复习思考题

1. 请阐述巴拿马运河在国际海上运输的重要地位。

2. 何为东航货物,何为西航货物?为什么说集装箱船大型化是必然趋势?集装箱船大型化有何利弊?

3. 请阐述基于规避出口限制的前提条件,货主如何选择航线?请举例说明。

4. 什么是"三大基干航线"?请阐述你对国际海上运输的理解。

5. 请说明近年来国际集装箱在全球范围内的走势,并分析产生这种变化的原因。

6. 结合本章第四节的内容,请分析建设航运中心有怎样的环境需求,举一个身边港口的例子,分析该港口建设成为国际航运中心的未来性。

21世纪经济与管理规划教材

物流管理系列

第五章

海运组织及海上运费

知识要求

- 掌握海运工会和海运联盟的异同
- 掌握海运联盟的合作方式
- 掌握影响运价的主要因素
- 掌握运费的计算方法
- 理解"双重运费"对货主的约束性
- 理解现在海运市场的格局和对港口经营的影响
- 理解班轮运价的特点和运价制定
- 了解国际海运企业的基本知识
- 了解各项班轮运费的附加费

第一节 全球主要海运企业

一、巨头海运企业

(一) 马士基航运

A.P.穆勒—马士基集团成立于1904年,总部设在丹麦·哥本哈根。马士基航运(Maersk Line)是马士基集团的海运分支,由马士基海陆(Maersk Sealand)并购铁行渣华(P&O Nedlloyd)后改组而成,在100多个国家设有约325个办事机构。

目前马士基航运是世界上最大规模的海运企业,拥有全球最大的集装箱运输服务网络,截至2015年10月拥有和经营598艘集装箱船,运力308万TEU,占全球总运力的15.5%,其中自有船舶262艘,占比43.8%,在世界范围内为用户提供了可靠和综合性的服务保证。

马士基航运在大中华区拥有40个分公司和办事处,每天有船只停靠中国港口,为主要码头提供航运服务。

(二) 地中海航运

地中海航运(Mediterranean Shipping Company S.A.,MSC)成立于1970年,总部设在瑞士日内瓦,专门从事海洋运输业务。

地中海航运在20世纪70年代专注发展非洲及地中海之间的海运服务。1985年,将业务拓展到欧洲,其后开办泛大西洋航线。1999年,泛太平洋航线正式启航,其业务网络遍布世界各地。

时至今日,地中海航运已在全球140多个国家和地区设立分支机构,拥有421个代表处,500艘海运船舶,运力267万TEU,占全球总运力的13.4%,其中自有船舶190艘,占比38%,无论是船只数目还是载运能力,地中海航运都稳居全球第二位。

(三) 达飞海运

达飞海运(CMA CGM)建于1978年,总部设在法国马赛,经营初期主要承接黑海地区业务。

进入20世纪90年代后期,达飞海运集团不仅开通了地中海至北欧、红海、东南亚、东亚的直达航线,还分别于1996年、1999年成功收购了法国最大的国营船公司——法国国家海运公司和澳大利亚国家海运公司,正式更名为"CMA CGM"。2005年,达飞海运集团又成功并购了达贸轮船/安达西非海运/森特马成为法国最大、世界第三的集装箱海运企业。

目前,达飞海运集团在全球150多个国家和地区设立了700多家分公司和办事机构,其航迹遍及全球400多个港口。截至2015年10月,达飞海运集团拥有集装箱船467艘,运力182万TEU,占全球总运力的8.9%,其中自有船舶88艘,占比18.8%。

二、大型海运企业

截至2005年10月,世界排名前二十位的海运企业船舶数量及运力如表5-1所示。

表 5-1 世界排名前二十位海运企业的船舶数量及运力（截至 2015 年 10 月）

排名	国家/地区	企业名	总运力 TEU	总运力 船舶数	运力份额（%）	自有运力 TEU	自有运力 船舶数
1	丹麦	马士基航运（MAERSK Line）	3 047 014	598	15.5	1 738 510	262
2	瑞士	地中海航运（MSC）	2 672 665	500	13.4	1 052 055	190
3	法国	达飞轮船（CMA CGM）	1 820 667	467	8.9	603 820	88
4	中国台湾	长荣海运（EVERGREEN）	951 876	200	5.0	547 991	106
5	德国	赫伯罗特（HAPAG-LIOYD）	923 729	173	5.1	507 741	69
6	中国	中国远洋（COSCO）	867 194	165	4.3	464 412	85
7	中国	中海集运（CSCL）	698 595	135	3.7	486 803	65
8	德国	汉堡南美航运（HBS）	641 723	134	2.8	292 311	44
9	韩国	韩进海运（HANJIN）	633 564	105	3.2	278 102	38
10	中国香港	东方海外（OOCL）	556 309	108	2.8	349 019	49
11	日本	商船三井（MOL）	564 292	98	3.1	170 446	25
12	新加坡	美国总统轮船（APL）	533 533	84	2.9	399 895	51
13	日本	日本邮船（NYK）	527 223	109	2.6	279 294	48
14	中国台湾	阳明海运（YML）	526 608	98	2.3	196 481	42
15	科威特	阿拉伯联合国家航运（UASC）	482 617	56	2.0	312 869	33
16	韩国	现代商船（HMM）	388 969	58	2.0	165 080	22
17	日本	川崎汽船（K-LINE）	378 368	68	2.0	80 150	12
18	新加坡	太平船务（PIL）	367 551	151	1.9	290 904	120
19	以色列	以星航运（ZIM）	360 236	81	1.7	43 555	10
20	中国台湾	万海航运（WHL）	205 599	86	1.1	168 523	71
		总计（TEU）			17 148 332		
		船舶总数量（艘）			3 474		
		占全球比重（%）			86.3		

注：运力份额以 2015 年 1 月数据计算。
资料来源：Alphaliner,2015 年 11 月。

（一）长荣海运

中国台湾长荣海运股份有限公司（Evergreen Marine Corp,EMC）即长荣海运,创立于 1968 年,其服务网络遍布全球 80 多个国家和地区,服务据点多达 240 余处。1975 年,正当能源危机冲击全球、海运市场锐减之际,长荣海运展开船队集装箱化计划,以新造的快速集装箱船队,开辟远东/美国东岸集装箱定期航线,首开我国全集装箱船队之先例。

1984 年,长荣海运开辟了环球东西双向集装箱定期航线,配合完善的计算机信息联机系统,连接亚、欧、美三大洲的运送服务网络,提供全球工商业界经济、便捷与安全的运输服务。截至 2015 年 10 月,长荣海运旗下拥有 200 艘集装箱船,其中自有船舶 106 艘。

（二）赫伯罗特船务公司

赫伯罗特公司（Hapag-Lloyd,HPL）诞生于 1970 年 9 月 1 日,其前身为哈帕格和北德意志劳埃德（NDL）,这两家分别成立于 1847 年和 1857 年,总部位于汉堡和不来梅。随着

20世纪60年代末集装箱运输的繁荣,这两家企业于1970年合并成赫伯罗特公司。2005年,赫伯罗特收购了加拿大太平洋海运,大大扩展了船队的综合服务网络。

赫伯罗特致力于全球化的集装箱服务,在100多个国家和地区拥有约500家分支机构。旗下拥有173艘集装箱船,业务遍布南欧、北欧、北美洲、拉丁美洲和亚洲。

(三)中国远洋运输(集团)总公司

中国远洋运输(集团)总公司(COSCO)是中国政府直接管理的53家特大型的中央企业之一,其前身是成立于1961年4月27日的中国远洋运输公司(隶属交通部远洋运输局),经过中国海外运输公司、国际业务局、交通部远洋运输局、中国远洋运输公司的历史沿革,中国远洋运输集团成为以国际航运、物流码头和船舶修造为主业的大型跨国企业集团。

目前中远集团在全球有400多个代理及分支机构,拥有和经营着165艘集装箱船,截止到2015年10月,船队总运力约87万TEU,占全球总运力的4.3%,航线覆盖全球160多个国家和地区,集装箱运输业务遍及全球。

(四)中海集装箱运输股份有限公司

中海集装箱运输股份有限公司(CSCL)简称中海集运,于1997年8月28日由中国海运(集团)总公司、中海发展股份有限公司、广州海运(集团)有限公司共同投资68737万元组建成立的有限责任公司,旗下拥有集装箱船135艘,运力约70万TEU。

公司主要经营近、远洋集装箱运输货运业务;国内沿海的内贸集装箱运输代理业务;以及围绕上述业务而开展的货运代理业务,即订舱、仓储、中转、结算运杂费、报关、报验、保险、短途服务、箱管、船舶代理及咨询业务。

(五)汉堡南美航运公司

汉堡南美航运公司(HBS)成立于1871年,属于德国欧特克集团,是德国历史最悠久、规模最大的海运企业,全球范围内拥有员工约5000名,经营集装箱船134艘,在世界各地设有办事处100多家,其中10家位于中国大陆、中国香港和中国台湾。

2001年年底,汉堡南美就开始运营亚洲到南美东、西海岸的周班服务。2003年11月,汉堡南美在中国香港建立了亚洲地区首个地区总部,同时汉堡南美也进入了亚洲到北美这条太平洋上的主要航线。现在汉堡南美还是美国—澳新及太平洋群岛航线上最大的海运承运商。

通过多年的业务拓展和对多条航线服务品牌的接管整合,汉堡南美的航班服务已经遍及全球各主要贸易区域,尤其是在南半球与北半球之间的运输方面,汉堡南美建立了自己得天独厚的传统优势。

(六)韩进海运

韩进海运(HANJIN)是韩国最大的海运企业,公司共设有四个地区总部,全球200多家分支机构和30多家公司共同形成了全面的全球营业网。

韩进海运旗下拥有和运营105艘集装箱船,经营着全球60多条定期航线,每年向世界各地运输上亿吨货物。韩进海运的世界级物流运输网络包括位于长滩、安特卫普、高雄、釜山港等的13个专业码头以及位于上海、青岛、巴生港等的6个内陆物流基地,在西班牙阿尔赫西拉斯（Algeciras）开设了配备最先进装卸设备和自动化系统的专用码头。另外，韩进海运分别于2011年和2014年在越南盖梅国际港口和美国东岸杰克逊维尔（JacksonVille）港口建设韩进海运专用码头。2016年8月韩进海运申请破产保护。

港口新动态

韩进海运破产反思

自2016年8月31日韩进海运在韩国首尔中央地方法院申请破产保护以来，这家班轮公司短时间内在航运界引发了巨大反响和连锁反应。申请破产保护，韩进海运自有其理由。然而对于一家班轮公司而言，这种决定无疑是致命的。韩进海运的问题并非一日形成的，是由量变到质变，日积月累后迎来压垮骆驼的最后一根稻草的。韩进海运需要停下脚步，而其他班轮公司则需要从韩进海运破产事件中去发现、反思、借鉴和妥善处置。

1. 负债率过高将处于危险境地

韩进海运宣布破产保护，起因是由韩国产业银行（KDB）牵头的债权人集团不再同意为其提供更多支持，现金流无法继续而不得不做出的选择。尽管KDB曾经与租船给韩进海运的非经营性船东，如Danaos、塞斯潘等做出共同支持韩进海运、进行债务延期和重组的承诺。但无奈的是，作为政策性银行的KDB还必须面对诸如大宇造船的财务欺诈及其他需要资助的同样面临财务困难的韩国企业。

所以，负债率过高的班轮公司要采取切实行动，降低负债率。全球银行尤其是原来有大量航运资产的欧美银行都在想方设法调低这一部分的比例。一旦这些银行决定抽贷，像韩进海运这类依靠银行资助的典型"僵尸企业"就不可避免地走向破产。根据Alphaliner截至2015年年底的数据，就主要的班轮公司而言，状况最好的是马士基航运，其负债率最低，为24%；负债率超过100%的班轮公司有东方海皇、中远集运、商船三井、阳明海运、韩进海运、现代商船及以星航运。其中，此次宣布破产保护的韩进海运负债率为687%；现代商船及以星航运负债率更是分别高达1442%和1470%，都处于非常危险的状态。

2. 班轮公司需均衡布局全球网络

观察韩进海运的业务布局，会发现其集装箱业务主要聚焦在东西航线上的跨太平洋航线和亚欧航线，占比相当大。从Alphaliner的统计数据来看，截至2015年8月底，韩进海运在远东至北美航线、远东至欧洲航线、远东至地中海航线上的市场占比分别为6.7%、4.9%、4.1%，可谓投入重金；而另一家韩国班轮公司现代商船在上述三条航线占比分别为3.3%、2.5%、4.4%。自2008年全球金融危机后，全球主要经济体经济和贸易增长趋缓，班轮行业整体受到冲击，其中受冲击最大的就有跨太平洋和亚欧两条航线。所以整体来看，韩进海运的集装箱业务受市场低迷影响严重，从2013—2015年的三年数据来看，几乎所有航线收入均连续下跌，唯一保持平稳的航线就是亚洲区域内航线，但这一航线占比有限。2010—2016年上半年，韩进海运运营亏损近5.8亿美元，主要来自集装箱运输板块。

3. 股东层混乱对企业造成致命伤害

自原韩进海运社长赵秀镐 2006 年去世后,其遗孀崔恩英担任韩进海运社长,直至 2014 年。崔恩英因无力为韩进海运提供更多的金融支持,将控制权移交给大韩航空。近几年,韩进海运在遭遇全球运输业低迷后亏损严重、负债率高企不下,股价也是一路下跌。大韩航空在接管财务不稳定的韩进海运后,尽管提供金融支持,但情况反而变得更糟。韩国媒体(包括韩国金融监管机构)曾批评,崔恩英和韩进集团都没有为经营困难的韩进海运提供足够的支持,没有尽心尽力,而这也是最后以 KDB 为代表的债权人集团不愿再为韩进海运继续"输血"的幕后原因。

韩进海运宣布破产保护,其影响程度远超自身,对整条物流产业链带来巨大的冲击波。对于其涉及的来自产业链上的各方合作伙伴而言,反思自然必不可少。而对于身处这个行业的每家企业而言,在保护和壮大自身的同时,还应从行业健康发展的角度出发,需要更多自律,创造更健康更稳定的市场环境。

资料来源:曹戎、刘俊,"韩进海运反思录",《珠江水运》,2016 年第 10 期。

(七)东方海外

东方海外(OOCL)由董浩云在 1947 年建立的东方海外海运公司发展而来,是一家香港集装箱海运与物流服务公司,是香港联交所上市公司东方海外(国际)有限公司(OOIL)的全资附属公司。

东方海外在全球超过 58 个国家和地区设有 230 多家分支结构,是世界最具规模的综合国际货柜运输、物流及码头公司之一,为客户提供全面的物流及运输服务。其航线联系亚洲、欧洲、北美、地中海、印度次大陆、中东及澳洲/新西兰等地。东方海外率先在中国提供全线物流及运输服务,在信息服务方面也是业内先驱。

(八)商船三井

株式会社商船三井(MOL)始创于 1884 年,在东京证券交易所上市,总部位于日本东京都港区,与日本邮船及川崎汽船并称为日本三大海运企业,其纯利润及市价总值居日本第一位,而销售额则仅次于日本邮船。

商船三井的主要源流是成立于 1884 年的大阪商船和 1942 年的三井船舶,分属日本住友财阀和三井财阀。1964 年二者合并为大阪商船三井船舶株式会社,开创了日本跨财阀大公司合并的先例。1999 年,大阪商船三井船舶再次与当时日本排名第四位的 Navix Line 合并,改为现今的公司名称。

(九)美国总统轮船

美国总统轮船(American President Lines,APL)是一家拥有 150 多年历史的海运企业,前身为始创于 1848 年的太平洋邮船,1997 年被新加坡的东方海皇集团公司(Nol Group)全额收购,成为东方海皇旗下 100%股权的子公司,但依旧使用 APL 的名称运营。

作为全球巨头海运企业,美国总统轮船向全世界超过 150 多个国家和地区提供集装箱多式联运业务,其业务范围覆盖了北美、亚洲、欧洲、拉丁美洲和澳洲的各个主要市场。

（十）日本邮船

日本邮船（NYK）株式会社是日本三大海运企业之一，成立于1870年，总部位于东京，为三菱财团的源流企业。1960年，日本邮船退出客轮事业，专职于国际海上运输，旗下集装箱船109艘，现为世界顶尖船公司之一。2005年，日本邮船收购全日空持有的日本货物航空（NCA）股份，使其成为日本邮船的子公司。2006年，日本邮船与日本大型陆运企业大和运输（Yamato Transportation）的母公司大合控股发表合作关系。

日本邮船如今已经跨洋越海成为世界海运业重要的服务提供商之一，提供中国/日本—美西，中国—美东，中国—地中海，中国—欧洲，中国—中南美、加勒比海，中国—非洲，中国—澳洲等航线服务。

（十一）阳明海运

阳明海运（YANG MING）成立于1972年12月28日，总部设在中国台湾基隆市，并在台北、基隆、台中及高雄设有分公司或办事处，同时阳明海运公司在世界各重要地区均设有代理行，提供全球性海运服务。

截至2015年4月底，阳明海运拥有和运营98艘集装箱船，运力约53万TEU，占全球总运力的2.3%。阳明海运通过与K-Line、COSCO、HANJIN及其他知名船公司的联营合作，加强顾客服务，扩张服务范围，积极提高营运绩效。

（十二）阿拉伯联合国家航运

阿拉伯联合国家航运（United Arab Shipping CO.，UASC）成立于1976年，由波斯湾六国（巴林、伊拉克、科威特、卡塔尔、沙特阿拉伯、阿联酋）的股东设立，是中东地区最大的集装箱班轮公司，总部设立于科威特，从2008年起跻身世界20大集装箱船公司，截止到2015年10月，总运力48万TEU，拥有和运营集装箱船舶56艘。该企业是世界上中东地区干散货最大的海运承运人，在主营阿拉伯海湾业务的同时，也涉及红海、印度次大陆以及非洲大陆等地区的业务。

目前，阿拉伯联合航运以连接远东与印度次大陆、中东湾、红海、东西地中海、北欧、北美东岸的八条周班航线为中心开展集装箱运输业务。公司以海运业为主，此外还进入了航运代理、货代、陆上运输、海空货物联运、石化制品、租船、集装箱修理、仓储八个领域。阿拉伯联合航运没有参加航运联盟、太平洋航线稳定化协定和太平洋航线西行稳定协定。

（十三）现代商船

韩国现代商船（Hyundai Merchant Marine，HMM）由郑周永创立于1976年，总部位于韩国首尔，是韩国两大海运企业之一，在全球拥有四个总部、28个法人、76个分支机构、员工4 566人，在世界各地都有分支机构以及代理。成立之初，现代商船仅有三艘特大型油轮（VLCC）。如今，船队拥有包括集装箱船队、LNG、油轮、散货船等，形成了遍布全球的海运网络。

企业自成立以来致力于亚洲各国家之间的海运业务，作为提供最佳输送服务的综合海运物流企业，其拥有多样的物流设施、IT系统以及专门海运人员。

（十四）川崎汽船

日本川崎汽船（K-LINE）株式会社成立于1919年，是日本三大海运企业之一，旗下拥有世界最为先进的航船，其中包括集装箱船、汽车滚装船、散装货轮、油轮和液化天然气滚装船，船航线遍及全球，截止到2015年10月，拥有和运营集装箱船68艘，总运力约38万TEU。

川崎汽船在全球设立了88个集团公司，旗下共189个子公司和分支机构，这些公司和机构的主营业务涉及航海运输、航运代理、陆地运输、空海运输、仓储、码头管理以及其他相关领域，在国际海运界有着重要影响。

作为一个全功能的全球运输公司，川崎汽船已建成一个高效运行的内外联系的全球网络。凭借着最为强大的航队阵容、最为先进的航运技术以及高智能和专业水准的人力资源，川崎汽船可以灵活有效地应对世界市场变化，并且有能力向客户提供最安全、最具竞争力的运输服务。

（十五）太平船务有限公司

太平船务有限公司（PIL）由张允中成立于1967年，总部设在新加坡，公司成立之初，以经营区域性的散杂货运输为主，从1983年起，首次推出了集装箱运输服务，现已由一家散货运输公司发展成为亚洲最大的船公司之一，拥有和运营151艘集装箱船，航线覆盖至欧洲、澳洲、新西兰、北美洲、南美洲、非洲、红海、波斯湾、印度次大陆、东南亚及东北亚地区，几乎遍及世界各地。太平船务还将自己的业务范围扩展到了集装箱制造、堆场/码头和陆上物流服务。

太平船务是最早进入中国市场的外国船运公司之一，在中国国内拥有10家分公司和13家子分公司，在大连、青岛、福州、厦门等地均设有分支机构。

（十六）以星航运

以色列以星轮船公司，简称以星航运（ZIM），由创立于1945年的以色列航运公司发展而来。其在海法、诺福克、汉堡、香港等地都设有区域性总部，在世界各地拥有约150个代理机构。该企业是世界上最大的集装箱航运公司之一，主要业务是为世界各地的客户提供国际主要航线的运输服务，包括海运服务、第三方物流、危险品运输以及大型项目运输等。

以色列由于其特殊的地理位置，海陆空运输都很发达，1953年以星航运购买了36艘现代化的大型商船，大幅度地提高了船队的运输能力，扩大了全球的覆盖范围。目前，以星航运经营着27条国际航线，停靠世界上265个港口，在大连、营口、北京、天津、青岛、杭州、连云港、南京、上海、宁波、温州、厦门、福州、广州、深圳、蛇口等地设立了分公司或联络代表处，同时在重庆、武汉、张家港等长江沿线建立代理网点。同时，以星航运已承接美洲、欧洲、地中海、非洲西部、澳洲及东南亚、日本、中东、黑海至中国大陆的进口货物。

（十七）万海航运

万海航运（Wan Hai Lines LTD. , WHL）创立于1965年2月24日，总部设于台北，初期以从事中国台湾、日本、东南亚间原木运输为主要营业范围，1976年7月开始了中国台湾至日本的集装箱运输服务。截至目前,万海共开辟了22条航线,55个直靠港,拥有和经营86艘集装箱船,总运力20.5万TEU,航线涵盖中国台湾、欧洲、美国、日本、韩国、中国大陆、中国香港、菲律宾、泰国、马来西亚、印尼、新加坡、越南、缅甸、柬埔寨、印度、巴基斯坦、斯里兰卡及中东等31个国家和地区,设有100余个营业点,分公司及代理行遍布亚洲及北美地区各主要城市与港口,服务网络完备缜密。

第二节　全球主要海运组织

一、海运公会的兴衰

海运公会是在国际海上货物运输中,主要海运国家经营班轮运输的航运公司为保护和协调彼此间的权益而组成的超国家的航运垄断组织,又称水脚公会。

最早的海运公会是在19世纪末,在伦敦—加尔各答航线上海运市场竞争日益激烈,为避免因互相竞争跌价争揽货源而导致恶性竞争,最终损害各方利益,1875年七家英国海运公司组成了世界上首个海运公会——"联合王国—加尔各答海运公会",以此来垄断该航线的航运业务。公会规定加入该公会的成员间允诺收取类似的运费,限制航行数量,采用定期服务及取消货主优先权等措施来避免恶性竞争。

1877年海运公会开始采用延期回扣制,从而在很大程度上保证了公会系统的壮大。经过不断的探索与改革,20世纪70年代海运公会进入了全盛时代。根据联合国贸易和发展会议统计,1974年世界上大约有375个海运公会,4 363个海运企业加入了海运公会,覆盖世界上2/3以上的海运航线,世界各地的对外贸易航线上到处可见海运公会发挥着规范市场的作用。

20世纪70年代末及80年代,随着亚洲各国经济的崛起,海运市场空前繁荣,大量会外船涌入市场。同时,一些成员公司退出公会,有些虽仍是会员,但行动更加独立自主,海运公会的市场占有率呈下降趋势,公会力量日趋削弱。

产生这一现象的主要原因在于以下几点。

(1)海运公会自成立以来就被认为违反了市场公平竞争原则,也不利于构建航运市场的自由竞争体制,因此一直遭到航运界、法律界以及经济界的抨击和反对,但由于海运公会的存在对货主及船东双方均有利,其存在有一定必要性,所以才得到豁免而保留下来。

(2)集装箱运输打破了海上运输领域的技术性壁垒,给独立承运人带来了生机,也给海运公会内部造成了巨大冲击。作为垄断组织的海运公会,不能组织外船公司进入它垄断的市场,也就意味着它失去了继续控制和垄断市场的能力,也丧失了对会员的控制力,于是海运公会不断衰弱,同时航运联营集团的出现也使海运公会赖以生存的基础开始动摇。

(3)海运公会已经不再适应新的经济格局和航运发展,新兴国家需要航运业的重新洗牌来谋求更多的利益。以中国和印度为代表的发展中国家作为两大主要贸易国,对于航运的需求较高,而且其贸易利润比较低,因此对于海运公会的抵制更加严重,而在欧盟等发达国家和地区则面临着货主的压力。

1998年以后,大批船公司纷纷退出公会组织,取而代之的是约束力较小的稳定化协定、协商协定和全球海运公司之间的战略联盟。

2008年取消的反垄断豁免最终将海运公会推向了终结。海运公会的衰败是国际组织经过深思熟虑的结果,是世界范围内反垄断行为的一个标志,也是各国航运业健康发展的必然趋势。

二、海运联盟的产生和发展

(一)海运联盟的产生

随着集装箱运输的发展,海运公会走向解体,海运市场的竞争也日益激烈。

特别是进入20世纪90年代以来,海运业供需矛盾日益尖锐,海运市场进入前所未有的困难时期,船公司必须投放大规模船舶来获得规模效益,同时还要增加航班密度,增加挂靠港来满足客户多样化、个性化的运输需求。尽管各船公司努力在航线配置、运价政策、服务水平等方面增加投入和合作,但依然面对巨大的成本压力和经营管理压力。

实践表明一家航运企业已经孤掌难鸣,无法在"低运输成本,高服务质量"轨道上运行。因此,为了提高班期密度、增加挂靠港、扩大服务范围、合理利用资源、降低成本、提高服务质量、降低经营风险和提高市场竞争能力,世界主要航运企业选择同竞争对手合作,组成新形式的海运联盟。

海运联盟兴起后发展势头良好,其与海运公会相比存在较多优势。

(1) 运力的配置和航线服务优于海运公会。由于联盟对内是联合派船、统一分配舱位,对外是一套船期、一种港序,这种运力调配方式比海运公会内部实行的传统的运力配额方式更加直接和有力,且联盟成员通过运力共享的方式进行合作,彼此间的关系比较紧密而且稳定。

(2) 运价手段灵活于海运公会。联盟仅局限于船舶运力、班期和挂靠港方面,在运价和附加费等方面没有采取一致行动,其运价反映的仍是联盟成员各自的运价政策,所以各成员能够根据市场情况,采取比较灵活的手段进行调整。而海运公会在运价的制定和修改方面就比较呆板和烦琐。

(3) 在改善经营状况和降低经营成本方面更有效。

(4) 联盟集团统一规划航线、统一调遣船舶、互通有无,所以大公司可以借助小公司进入偏远航线,小公司也可以借助大公司进入主干航线,从而使联盟成员不论大小,均成为某种意义上的全球承运人,极大地改善了联盟成员的业务范围和竞争实力,这在海运公会是无法实现的。

(5) 受政府部门和经济组织的干预少于海运公会。由于联盟尚属新生事物,它涉及的成员少、范围小,对它的作用和影响也不甚明了,所以目前各国在法律上对联盟均没有明确的定义和限制。

(6) 组织结构和办事效率优于海运公会。联盟是一种紧密的联合体,成员公司的共同利益通过统一调配运力、联合派船而联系在一起,如果在合作范围内需要改进的地方,会马上采取一致行动,市场反应快、效率高。

1995年以来,海运联盟成为海运市场的主旋律,到2001年的6年时间里,先后进行了多轮的联盟重组。五大海运联盟在基干航线上控制着80%以上的货源,成员基本包括了前20位的海运企业。海运联盟实现全球性联营,通过船舶共享降低箱位成本、码头共享降低经营成本、扩大港口覆盖面从而扩大了服务范围、在最繁忙的运输区段增加发船密度以吸引更多的资源,这样不仅提高了服务质量,而且取得了巨大的经济效益。

2001年海运联盟之间通过联合派船和互相租舱位的方式,在航线设置、资源优化、成本调整等方面取得了巨大成功,对原有的海运体系产生了强烈的冲击,确立了海运联盟的地位。

海运工会和海运联盟的区别具体如表5-2所示。

表5-2 海运公会与海运联盟的区别

组织形式	产生年代	主要合作内容	组织效力	约束对象
海运公会	始于1875	统一运价;统筹安排运力,共同经营航线;联合运输;利益均摊、风险共担	强制性约束,封闭性、排他性组织	公会成员 通过"双重运费"形式约束货主
海运联盟	1996年年初	舱位互租、共同派船、码头经营、内陆运输、集装箱互换、设备共享等各种致力集装箱运输的合理运作的技术、经营或商业性协定	协定	经营全球航线的承运人

海运联盟既解决了一家公司单独经营时所存在的成本压力和风险过大的问题,又满足了航线上货主高频度配船,航线密度大的需求,在一定程度上提高了箱位利用率,发挥规模经济的优势。同时,海运联盟可以自由定价,在海运市场形成寡头垄断,相对港口管理企业有极强的话语权和交涉能力,使联盟各参与方获得比原来更大的利益,同时也迫使港口经营企业开始一系列的变革。

(二)海运联盟的合作方式

在船公司之间,根据合作的深度不同,合作方式依次有舱位租用、舱位互换、舱位共享协定、联合经营航线和战略联盟等。

1. 舱位租用

舱位租用是最简单,也是最为灵活的一种合作方式。临时租用的舱位可以解决旺季运力不足和船舶意外修理时舱位短缺的问题,而且与其他公司签订租用舱位的协议,可以达到在特定航线上补充运力的目的。这种方式的优势在于租期结束后签约双方都有重新选择的自由。

2. 舱位互换

舱位互换是一种最为紧密的合作,舱位互换可以发生在不同航线,更普遍地发生在相同的航线上。作为扩大服务范围的手段,甚至成为某些船公司干线上的重要组成部分。

3. 舱位共享协定

舱位共享协定是指在特定航线上船舶共用,它可以覆盖一条或者多条干线,且并不是所有的成员都承担船舶营运业务,但所有成员在每个航次都可以得到协议规定的舱位。

4. 联合经营航线

联合经营航线是更为深度合作的一种形式。通常来讲,合作方共同分担航线运营成本,甚至共同进行市场营销,这类联营体存在了 20 年左右。但在 20 世纪 90 年代经济全球化的冲击下,联营体纷纷解散,由此证明其已不再适应新时代的要求。

(三) 主要海运联盟的演变

随着海运业的不断发展和变化,海运联盟也随之改变,从其兴起至今,海运联盟经历了多轮演变,也经历了多次解体与合并(见表 5-3)。

1994 年 9 月,美国总统轮船、渣华轮船、东方海外、商船三井和马来西亚国际成立了首家名为"环球联盟"的联盟;此后马士基和海陆组成了"马士基/海陆联盟";赫伯罗特、东方海皇、日本邮船和铁行箱运组成了"伟大联盟";韩进海运、德国胜利、朝阳商船组成了"联合联盟";中远、川崎汽船、阳明海运组成了"CKY 联盟"。

但随着之后的发展,原伟大联盟成员铁行箱运集团与原环球联盟皇家渣华轮船集团的班轮部门合并成新公司"铁行渣华";韩进海运收购了德国胜利 80% 的股权;原伟大联盟的东方海皇收购了原环球联盟的美国总统轮船。这些并购案的发生对班轮运输业冲击很大,特别是冲击了刚成立不久的几个海运联盟。

因此到 1998 年,国际集装箱班轮运输业内的相当一部分主要经营人进行了重新配对组合,赫伯罗特、日本邮船、东方海外、铁行渣华和马来西亚国际四家组成了新的"伟大联盟";美国总统轮船、商船三井和现代商船三家组成了"新世界联盟";马士基/海陆联盟、联合联盟、CKY 联盟则没有变化。

1999 年 11 月马士基收购当时运力排名世界第二的海运企业——美国海陆公司,由此诞生了巨头海运企业马士基海陆(Maersk-Sealand),马士基/海陆联盟解体。

进入 21 世纪后,海运联盟体制出现了摸索重组的动向。CKY 联盟与联合联盟迅速接近。2001 年 9 月,两组织在上海举行会谈,同意建立"CKYH 联盟"。

2005 年,马士基海陆收购了铁行渣华完成了海运史上最大的收购案,铁行渣华因此退出了伟大联盟。

2009 年 5 月马来西亚国际宣布将撤出联盟欧洲(含地中海)与远东间所有航线,该决定于 2010 年生效。同时马来西亚国际未参加伟大联盟跨太平洋运输。

各大联盟经过一系列整合,到 2012 年定型为两大联盟。

1. G6 联盟

2011 年年底,新世界联盟和伟大联盟的六家成员(美国总统轮船、商船三井、赫伯罗特、日本邮船、东方海外和现代商船)合并成为 G6 联盟。经过这次整合,G6 联盟形成一个拥有约 240 艘船舶,连接 66 个亚洲、美洲和欧洲港口的东西航线网络。G6 联盟此举被认为是对运力规模巨大的和于 2014 年第二季度开始营运的 P3 联盟的积极应对。由低迷的市场需求以及不断膨胀的超大型集装箱船队所引发的越来越大规模的"联盟"合作,无疑改变了海运市场的竞争格局。

表 5-3 全球海运联盟格局演变

年份	联盟名称	成员数	成员	年份	联盟名称	成员数	成员
1994	环球联盟	5	美国总统轮船 渣华轮船 商船三井 东方海外 马来西亚国际	2005	新世界联盟	3	美国总统轮船 现代商船 商船三井
1994	伟大联盟	4	赫伯罗特 东方海皇 日本邮船 铁行箱运	2005	伟大联盟	5	赫伯罗特 东方海外 日本邮船 马来西亚国际（2009年退出） 铁行渣华（被马士基航运收购退出）
1994	联合联盟	3	韩进海运 朝阳商船 德国胜利	2005	CKYH 联盟	4	中远 川崎汽船 阳明海运 韩进海运
1994	CKY 联盟	3	中远 川崎汽船 阳明海运	2012	G6 联盟	6	日本邮船 赫伯罗特 东方海外 美国总统轮船 现代商船 商船三井
1994	马士基/海陆联盟	2	马士基 海陆公司	2012	CKYH 联盟	4	中远 川崎汽船 阳明海运 韩进海运
1996	环球联盟	4	商船三井 美国总统轮船 东方海外 马来西亚国际	2014	P3 联盟	3	马士基航运 地中海航运 达飞轮船
1996	伟大联盟	4	赫伯罗特 东方海皇 日本邮船 铁行渣华	2014	G6 联盟	6	日本邮船 赫伯罗特 东方海外 美国总统轮船 现代商船 商船三井
1996	联合联盟	2	韩进海运 朝阳商船	2014	CKYHE 联盟	5	中远 川崎汽船 阳明海运 韩进海运 长荣海运
1996	CKY 联盟	3	中远 川崎汽船 阳明海运	2016	2M 联盟	2	马士基航运 地中海航运
1996	马士基/海陆联盟	2	马士基 海陆公司	2016	G6 联盟	6	日本邮船 赫伯罗特 东方海外 美国总统轮船 现代商船 商船三井
1998	新世界联盟	3	美国总统轮船 现代商船 商船三井	2016	CKYHE 联盟	5	中远 川崎汽船 阳明海运 韩进海运 长荣海运
1998	伟大联盟	4	赫伯罗特 东方海外 日本邮船 马来西亚国际	2016	3C 联盟	3	达飞轮船 阿拉伯联合航运 中海集运
1998	联合联盟	2	韩进海运 朝阳商船（破产）				
1998	CKY 联盟	3	中远 川崎汽船 阳明海运				
1998	马士基/海陆联盟	2	马士基 海陆公司				

2. CKYH 联盟

由中远、川崎汽船、阳明海运、韩进海运共同组建 CKYH 联盟,联盟名称是各加盟成员的首字母,在亚洲到西北欧/地中海航线上,CKYH 提供总共 14 条航线的服务。在跨太平洋航线上,CKYH 总共投入 17 条航线。

2014 年 3 月 1 日,长荣海运正式加入 CKYH 联盟,联盟正式更名为 CKYHE 联盟,于 4 月中旬起共同合作运营六条亚洲—北欧航线和四条亚洲—地中海航线。在当前集装箱船队大型化、联盟化背景下,海运企业加强合作是必然趋势。海运企业、海运联盟的强强联合,将预示着海运市场将逐步形成 P3 联盟、G6 联盟和 CKYHE 联盟三足鼎立的局面。

P3 联盟是由马士基航运、地中海航运和达飞轮船组建,拟于三大基干航线上部署总计 260 万 TEU 运力联合运营,其中马士基、地中海和达飞分别投入 110 万、90 万、60 万 TEU,占比依次为 42%、34% 和 24%。P3 合作协议预定在 2013 年第四季度落实,并于 2014 年第二季度上线运营。联盟的组建需要获得北美、欧洲和亚洲多个国家的相关机构审核通过。2014 年 3 月 24 日,P3 联盟获得美国联邦海事委员会(FMC)批准;2014 年 6 月 3 日,欧盟反垄断主管部门批准了联盟计划;2014 年 6 月 17 日,中国商务部发布公告,对 P3 联盟经营者集中反垄断审查案做出禁止决定。由此,集运联盟化时代原本即将成型的最大一块拼图宣告解散。

P3 联盟遭中国政府否决后,马士基航运和地中海航运筹建 2M 联盟。该联盟将在欧美、亚美航线占据最大份额,马士基航运、地中海航运将拥有更大话语权。至 2016 年,四大联盟正式成型,这四大联盟占据了国际海运 79.9% 的份额(见图 5-1)。

(1) 2M 联盟,由马士基航运和地中海航运组成。

(2) G6 联盟,成员没有变化,依然由日本邮船、赫伯罗特、东方海外、美国总统轮船、现代商船和商船三井组成。

(3) CKYHE 联盟,成员依旧是中远、川崎汽船、阳明海运、韩进海运和长荣海运五家企业,联盟名称依旧由各成员名的首字母组合而成。

(4) 3C 联盟,构成成员为达飞轮船、阿拉伯联合航运和中海集运。

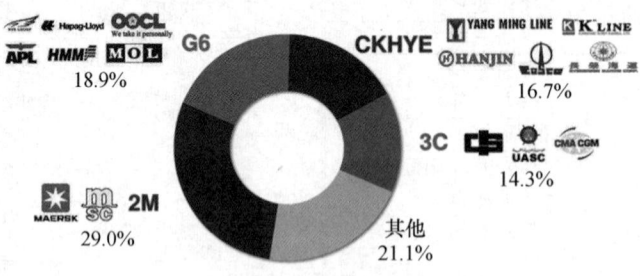

图 5-1 四大联盟的成员及市场份额

第三节　海上运价及运费

一、运价的基本概念

(一)运价与运费

运价(freight rate)是承运单位货物的价格。

运费是指托运人向承运人支付货运或全部或部分使用船只、火车、飞机或其他类似运输手段的费用。

运价与运费的关系可以表述为：运价是完成某一计量单位货物运输所收取的运费，运费是运价与运量的乘积。

(二)影响运价的主要因素

1. 运输成本

船公司在一定时期内为完成一定客货运输量所需要支付的费用，称运输成本。船公司一般将完成某项运输服务的支出分摊到顾客。因此运输成本是制定运价的重要依据。

在航运领域，运输成本可以划分为资本成本、运营成本和航次成本。

(1)资本成本是指购置船舶或拥有船舶所发生的成本，包括初始投资、分期付款、贷款、利率、税金等。资本成本可以按年度折旧分摊到船舶的整个经济寿命之中。资本成本属于固定成本。

(2)运营成本是指为保持船舶的适航状态而支付的所有费用。运营费用主要包括：员工工资及其他相关费用，如培训费、劳动保险、福利费等；船舶维持费用，如检修费、配件费用等；船舶保险费、保赔费等；润滑油费；物料费；营运管理费；营业管理费等。无论船舶是否航行，运营成本都要支出，所以运营成本也属于固定费用。

(3)航次成本是指船舶为完成特定航次的运输任务所发生的费用。包括燃料费、港口使用费(如航道费、船舶吨税、靠泊费等)、引水费和拖轮费、货物装卸费、运河通行费、速遣费和赔偿费、船员航行津贴等。在航次成本中燃料费占很大的比重。航次成本在不定期航线情况下属于变动成本；在定期航线情况下可视为固定成本。

2. 航运市场的竞争结构

不同的市场竞争结构下，船公司需要制定不同的运价以适应市场、竞争的需要，进而获得最大的收益。这里所说的利益当然不仅是指经营收入，还包括市场占有率、公司的远景经济效益等。运价可以说是船公司竞争策略的重要组成部分，所以航运市场竞争的结构也就成为影响运价的另一重要因素。

在市场处于寡头垄断的形势下，船公司可以制定高运价以获得超额利润。20世纪70年代，海运公会处于全盛时代，货主缺乏议价能力，市场运价长期处于海运公会的控制下，造成价格垄断。

后来，海运公会不断衰落，控制力日渐减弱，加上集装箱运输的普遍使用，使寡头垄断的市场趋势走向灭亡。虽然总体上集装箱运输市场由部分大型海运企业所控制，但是这些企业之间竞争激烈，市场处于垄断竞争的局面。参与经营活动的运输集团或大型海运

企业可以根据其经营规模与市场占有率自行制定价格,而且运价已成为集装箱运输市场中各大航运公司竞争的焦点。

现在,存在着一些由海运公会与船公司之间签订的协议,如跨太平洋运价稳定协议组织(TSA)、亚洲区域内运价协议组织(IADA)等。这些协议的存在虽然可以在某个航线或区域实行部分统一的运价,以降低这个航线或区域的竞争,但是根本的市场性质没有改变,运价机制也没有改变。

3. 货物

货物种类、数量也是影响运价的重要因素。不同货类具有不同的性质和特点,影响着船舶载重量和舱容的利用率,运价标准也就不同。货物装卸的特殊要求,货物受损的难易程度,货物遭受偷盗的可能性等,可能发生的额外费用必须反映到运价中。

稳定的货流和大批量货源能使定期船具有较高的舱位利用率和较好的运费收入。所以有时针对一些大货主、长期合作伙伴,船公司可能提供更优惠的运价。

4. 航线及港口条件

不同的航线有着不同的航行条件,如航线距离、气象条件、水文条件、安全性等,都会对船舶运输成本产生影响,进而对成本也产生重大影响。

同理,港口条件也对运价产生影响。港口条件包括港口的装卸费率、港口使用费、港口装卸设备、泊位条件、装卸效率、管理水平、拥挤程度以及安全性等。

5. 运输合同条款

合同中所规定的运输条件,如运费支付方式、费用承担、承运人的责任区间等,都会影响到运价的高低。

还有一些其他因素对海运运价产生影响,如航运服务质量、企业自身的经营目标等。航运企业的运输服务质量高,即使制定相对较高的运价,客户仍然觉得物有所值。不同的航运企业会有不同的经营目标,在不同的经营目标指导下也就会制定不同的价格。如果企业追求大份额的市场占有率,就会选择低价策略;如果企业追求高品质形象,就会选择优质服务高价策略。

二、班轮运价

(一) 班轮运价的特点

根据国际海运船舶的不同营运方式,国际海运货物运价可分为班轮运价和不定期船舶运价。随着集装箱运输方式的推广,又出现了国际集装箱运价。国际集装箱运价和班轮运价有相似之处,但又有区别,因为国际集装箱运输存在着拼箱货与整箱货的不同交接方式,承运人的责任也扩展至内陆集疏运、港口操作,这些在运价中也会有一定的体现。

班轮运价即班轮运输中承担货物运输的价格。与班轮运营方式的特点相适应,班轮运价具有以下特点。

1. 班轮运输的成本较高,因而班轮的运价水平较高

班轮运输的特点决定了从事班轮经营的船舶的技术性能要十分精良,为满足各种货物的装运要求,要有相适应的舱室与设备,所以船舶的造价升高;由于班轮运输船舶挂靠港口较多,承运人需要在各挂靠港口委托代理或者设置揽货机构,使得船舶运营成本上

升;又因班轮船舶是按照班期表规定时间和挂靠港口次序运行的,难以保证在每一挂靠港开航时都能保证船舶达到满舱满载,而在港内与货载无关的船舶港务费、引航费、停泊费等运营费用仍要照常开支,使得船舶的固定成本上升。

所有以上因素,使得班轮运输的单位成本较高。按照成本定价原则,承运人要从收取的运费中能够补偿较高的运输成本,并取得合理利润,所以班轮运价就被确定在一个较高的水平上。

2. 班轮运价相对较稳定,在短期内不变动

班轮运输服务一般不以特定的客户为对象。因此,无论班期、航线、挂靠港口、运价等均是以货物的普遍运输需求为依据制定的。所以班轮运价一般是根据平均运输成本、运力与需求的供给关系、市场竞争形势以及定价的基本原则等多种因素,对可能承运的各类货物分别制定运价,并用运价本的形式公布。尽管根据这些因素的变化,经常会做出一定的调整,但基本运价在一定时期内通常还是会保持相对稳定。至于其合理性、接受性、能否使全部运费收入抵偿全部运输成本并能获取合理的利润,则要在市场运作中得到印证。不过,尽管有着这样的稳定性,并不是说市场的运作完全照搬运价表,海运企业还要根据具体情况具体对待。

按照1983年10月6日正式生效的《联合国海运公会行动守则公约》中有关运价调整的条款规定,两次运价调整的最短间隔时间要达到15个月。也正因为班轮运价在一定时期内的不可变性,使得承运人在制定运价时格外谨慎。为了防止出现某些使运营成本突然升高而造成利润减少的情况,运价总是定的稍高些。当然,承运人会针对某些特殊情况而采用加收"附加费"的办法来规避运营风险。

3. 班轮运输的货物对运费的负担能力较强

班轮运输的货物一般以制成品或半成品为主,基本上无初级原材料。通常为高附加值货物。所以其运费负担能力较强,班轮运费占商品价值的比重仍较小。根据联合国贸易和发展会议提供的资料表明,班轮货物的运费占商品价格的比率为1.1%—28.4%;而大宗价廉货物的运费与其本身价格相比,则高达30%—50%。所以较高的班轮运价符合负担能力定价原则,是托运人所能接受的。

4. 班轮运价按高值货物高运价,低值货物低运价的原则制定

货物负担运费能力定价原则虽然对班轮运输的货物普遍使用,但无区别地按同一标准适用这一原则来确定运价,也有失合理性。所以在使运费的总收入能足以补偿运输成本的基础上,再按货物的不同价值来确定不同的运价,即采用高值货物高运价,低值货物低运价的政策。各个海运企业制定并公布的运价都反映了这种货物分级、等级运价原则。

(二) 班轮运价的种类

1. 按运价制定者不同划分

(1) 联盟运价是由海运联盟制定,供参加该联盟的会员船公司使用的运价。这种运价的使用和修改由联盟决定,任何单独会员船公司都无权单独进行调整或修改。联盟运价总体上水平较高,是一种具有垄断性质的运价。

(2) 船公司运价是由经营海上运输的船公司自行制定并负责调整或修改的运价。除

海运公会的会员公司外,任何一家经营班轮运输的船公司都制定自己的运价本。对于船公司自行制定的运价,虽然货方可以提出意见,但解释权和决定权仍在船公司。

(3)双边运价是由船、货双方共同商议制定,共同遵守的运价。对运价的调整或修改,须经双方协商,任何一方都无权单方面改变。比如中国对外贸易运输公司的运价本即属此类运价。双边运价一经商定,未经对方同意,不得修改。

(4)货方运价是由货方制定,船方接受采用的运价,对运价的调整或修改,货方应该在与船方协商的基础上进行,但货方有较大的决定权。一般来说,能够制定运价的货方都是大货主或货主集团,他们掌握相当数量的货源,能常年向船公司提供货载。

2. 按运价的表现形式划分

(1)单项费率运价。这是一种分别对各种商品在不同航线上逐一制定运价的运价形式,这种运价使用起来较方便,根据商品的名称及所运输的航线,即可直接查找出该商品在该航线上的运价。按照这种表现形式制定的运价首先是按商品的名称,然后再按航线(或港口)排列,尽管有些商品在同一航线(或港口)的运价相同也要逐一列明,单项费率运价所组成的运价表称作"商品运价表"(Commodity Freight Rate Tariff)。由于列明所有商品运价的工作量非常巨大,而且组成的运价表也十分烦琐、厚重,使用不便,所以这种运价表并没有被普遍使用,某些船公司会对所经营的特定班轮航线采用这种运价形式,如美国航线的运价表。

(2)等级运价即将全部可能被运输的商品划分为若干等级,然后为不同等级的商品在不同航线或港口间的运输制定特定运价的运价形式,归属于同一等级的商品在同一航线或港口间运输,其运价是相同的。这种运价本在运价表前要附有"商品分级表"(Table of Commodity Classification)。在计算运费时,必须首先根据商品的名称在"商品分级表"中查找出该商品所属的等级。再从该商品的运输航线上或运抵港口的"等级费率表"(Scale of Rate)中查出该等级商品的费率才能进行具体的运费计算。与单项费率运价相比,等级运价可以极大地压缩运价本的篇幅,因而大多数船公司都采用这种运价。

(3)航线运价是指按航线、货物等级制定的运价。这种运价形式只区分不同的航线,而在同一航线上,只要起运港和目的港是基本港,无论距离远近都采用同一原价。这种运价是按照各航线上各挂靠港的平均距离计算的平均运价。

(4)距离运价。由于运输成本是由可变费用和不变费用两部分组成,前者指燃料费等随运输距离增加而增加的费用,后者指港口费等不随运输距离变化而变化的费用。如航行距离增加,那么平均每吨海里运输成本中所包含的固定费用则有所减少。也就是说,运输距离越长,单位运输成本越低。因此依据运输成本制定的运价也应反映这一递远递减的规律。但是当运输距离增加到一定程度,这种单位运输成本递远递减的规律就不再显著。

由于远洋运输的距离通常都较长,递远递减规律对远洋运输成本的影响较小,甚至已不起作用。而航线因不同挂靠港口的条件、港口使用费、装卸效率等因素不同会对成本有较大的影响,因此远洋运输通常都分航线、按商品种类或等级制定运价。与远洋运输相对的,近洋运输距离一般较近,所以采用的是递远递减的运价形式。

三、班轮运费

(一) 班轮运费结构

班轮运费即班轮运输方式下承运人运输货物向托运人收取的费用。班轮运费包括基本运费和附加费两部分。基本运费是对任何一种货物都要计收的运费,是班轮运费的主要部分;附加运费则是视不同情况而加收的运费。附加运费既可以按计费单位规定的费率计收,也可按基本运费的一定比例计收。

1. 基本运费

在班轮运输中,每条航线上都选定挂靠若干基本港,综合这些港口的基本情况,为在航线上基本港口间的运输而制定的运价称作基本运价或基本费率(Basic Freight)。基本运费是根据基本运价与计费吨计算得到的。

2. 附加运费

(1) 燃油附加费(Bunker Surcharge, BS; Bunker Adjustment Factor, BAF)。这是由于燃油价格上涨,使船舶的燃油费用支出超过原核定的运输成本中的燃油费用,承运人在不调整原定运价的前提下,为补偿燃油费用的增加而增收的附加费。

当燃油价格回落后,该项附加费也会调整直至取消。燃料油费用在船公司的经营成本中占有较大比重,燃油价格上涨直接增加了经营成本。燃油价格的长期上涨所带来的运输成本增加会在一定时期内的基本运价调整中得到反映。所以燃油附加费一般是用来应对短期的燃油价格变动的。

实践中,有的承运人在燃油附加费以外还可能增收应急燃油附加费。这是在已经增收燃油附加费时,燃油价格又突然上涨,承运人不调整原燃油附加费而增收的附加费。

(2) 货币贬值附加费(Currency Adjustment Factor, CAF)。这是由于国际金融市场汇率发生变动,计收运费的货币贬值,使承运人的实际收入减少,为了弥补货币兑换过程中的汇兑损失而加收的附加费。由于国际运输往往涉及多个国家和多种货币,而货币之间的兑换会带来一定的时间上的、手续上的损失,所以承运人会通过增收货币贬值附加费来弥补这一收入损失。具体如"日元贬值附加费(Yen Adjustment Factor, YAF)"。

(3) 港口附加费(Port Additional)。由于港口装卸效率低,或港口使用费过高,或存在特殊的使用费(如进出港要通过闸门等)都会增加承运人的运输经营成本,承运人为了弥补这方面的损失而加收的附加费称为港口附加费。

(4) 港口拥挤附加费(Port Congestion Surcharge)。由于港口拥挤,船舶抵港后需要长时间等泊而产生额外的费用,为补偿船期延误损失而增收的附加费称为港口拥挤附加费。港口拥挤附加费是一种临时性的附加费,其变动性较大,一旦港口拥挤情况得到改善,该项附加费即进行调整或取消。

(5) 转船附加费(Transshipment Additional)。运输过程中货物需要在某个港口换装另一船舶运输时,承运人增收的附加费称为转船附加费。运往一些偏僻或较小的非基本港的货物,必须通过转船才能运达;而有时由于转运干线船,也需要换装船舶。转运一次就会产生相应的费用,如换装费、仓储费以及二程船(接运船舶)的运费等费用,一般这些费用均由负责第一程船运输的承运人承担,并包括在所增收的转船附加费内。不过转船附加费不一定能全部抵偿上述各项费用的支出,其盈亏由收取转船附加费的第一程船运输的承运人自理。现在的运输服务范围已从海洋跨上陆地,由此产生的额外转运费用有时也称转船附加费。

(6) 超长附加费(Long Length Additional)。由于单件货物的外部尺寸超过规定的标准,运输时需要特别操作,从而产生额外费用,承运人为补偿这一费用所计收的附加费称为超长附加费。货物的长度超过规定后,会增加装卸和运输的难度,如需特别的捆绑、铺垫、增加亏舱等,影响船期,增加支出,货主需支付超长附加费。在运价本中,一般长度超过9米的件杂货就可能要收这一附加费。

超长附加费是按长度计收的,而且长度越长其附加费率越高。如果超长货物需要转船时,则每转船一次,加收一次。

(7) 超重附加费(Heavy Lift Additional)。是指每件商品的毛重超过规定重量时所增收的附加运费。这种商品称为超重货。由于单件货物的重量超过规定标准时,在运输中同样需要特别的捆绑、铺垫以及影响装卸工作等,所以承运人对单件货物重量超过一定标准的货物要加收该附加费。通常承运人规定货物重量超过5吨时就要增收超重附加费。

超重附加费是按重量计收的,而且超重越大其附加费率越高。如果超重商品需要转船时,则每转船一次,加收一次。

如果单件货物既超长又超重,则两者应分别计算附加费,然后按其中收费高的一项收取附加费。

(8) 直航附加费(Direct Additional)。这是托运人要求承运人将其托运的货物从装货港,不经过转船而直接运抵航线上某一非基本港时所增收的附加费。

通常承运人在运价本中会做出规定,当托运人交运的一批货物达到某一数量以上时,就可以同意托运人提出的直航要求,并按规定增收直航附加费。船舶直接加挂某一非基本港口后,会增加港口费用支出,并延长船期。选择直航一般以直航后产生的额外费用小于原来的转运费用为原则。

(9) 选港附加费(Optional Surcharge)。又称选卸附加费,即选择卸货港所增加的附加费。由于买卖双方贸易需要,有些货物直到装船时仍不能确定最后卸货港,要求在预先指定的两个或两个以上的卸货港中,待船舶开航后再做选定。这样就会使整船货物的积载变得困难,甚至会造成舱容的浪费。另外,选择的卸货港所选定的港口必须是该航次挂靠的港口。在集装箱班轮运输中,选择卸货港已很少被船公司接受。

(10) 洗舱附加费(Cozening Fee)。船舶装载了污染货物后,或因为有些货物外包装破裂、内容物外泄时,为不再污染以后装载的货物,必须在卸完污染物后对货舱进行清洗,承运人对由此而支出的费用所增收的附加费称为洗舱附加费。清洗费用一般根据污染程度、清洗难度而定。

(11) 变更卸货港附加费(Alteration of Discharging Port Additional)。由于收货人变更、交货地变更或清关问题等需要,有些货物在装船后需变更卸货港,而货物不在提单上原定的卸货港卸货而增收的附加费称为变更卸货港附加费。

变更卸货港的运费超过原卸货港的运费时,提出变更要求方应补交运费差额,反之不予退还。同时由于因需要翻舱所引起的额外费用和损失,也由提出变更要求的一方负担。

(12) 绕航附加费(Deviation Surcharge)。是指因某一段正常航线受战争影响、运河关闭或航道阻塞等意外情况的发生迫使船舶绕道航行,延长运输距离而增收的附加运费。

绕航附加费是一种临时性的附加费,一旦意外情况消除,船舶恢复正常航线航行,该项附加费即行取消。

(13) 旺季附加费(Peak Season Surcharge)。也称高峰附加费,这是目前在集装箱班轮运输中出现的一种附加费,在每年运输旺季时,承运人根据运输供求关系状况而加收的附加费。

(14) 超额责任附加费(Additional for Excess of Liability)。这是托运人要求承运人承担超过提单上规定的赔偿责任限额时承运人增收的附加费。超额责任附加费按商品的FOB价格的一定百分比计收,因此托运人托运时应同时提供货物的FOB价格。

3. 计量单位

由于各个国家的法定计量制度不完全相同,因而在计算运费时所采取的法定计量单位也不一样。以英美为主的一些国家规定采取英美制,而中国则要求采用"米制"或"公制"。

在计算运费时,如遇到托运人提供的有关货物的体积或重量与规定使用的计量单位不符时,首先应该对计量单位进行换算。有关计量单位的换算率如表5-4所示。

表 5-4 计量单位的换算率

项目	重量			体积		长度	
制式	米制	英制	美制	米制	英美制	米制	英美制
单位	吨	长吨	短吨	立方米	立方英尺	米	英尺
符号	t	T/t	S/t	m^3	ft^3	m	ft
换算	1	0.9842	1.1023	1	35.3147	1	3.28084
	1.016	1	1.1200	0.0283	1	0.3048	1
	0.9072	0.8929	1	—	—	—	—

(二) 运费的计算

运费计算分为件杂货班轮运费计算、从价运费计算和集装箱运费计算,这里阐述的班轮运费的计算是指件杂货班轮运费,因为从价运费计算大多在国际贸易相关著作中阐述,集装箱运费计算大多在集装箱运输相关著作中阐述。

1. 运费计算的基本步骤

(1) 根据装货单留底联(或托运单)查明所运货物的装货港和目的港所属的航线。注意目的港或卸货港是否属于航线上的基本港口;是否需要转船或要求直达;如果是选择卸货港,选卸港有几个。

(2) 根据商品的名称,了解其特性、包装式样,是否属于超重、超长或冷藏货物。若托运人所提供的商品重量、尺码使用的计量单位与运价表规定的计量单位不相符时,还得先对计量单位进行换算。

(3) 根据货物的名称,从货物运价分级表中查出所属的运价等级,并确定其应采用的计算标准。所属未列明货物,则参照性质相近货物的运价等级及计算标准计算,并做出记录以便在实践中进一步验证,为日后决定是否更正所属等级或应在商品分级表内补充列名提供依据或参考。

(4) 查出所属航线的航线费率表,找出该运价等级的基本费率。

(5) 查出各项应收附加费的计算办法及费率。

(6) 列式进行具体计算。

2. 件杂货班轮的计算公式

班轮运费是由基本运费和各项附加运费组成的,相应的计算公式表示为:

$$F = F_b + S \tag{5-1}$$

其中,F 为运费总额,F_b 为基本运费,S 为各项附加运费。

基本运费是所运商品的计费吨(重量吨或容积吨)与基本运价(费率)的乘积,即:

$$F_b = f \cdot Q \tag{5-2}$$

其中,f 为基本运价,Q 为计费吨。

附加运费是各项附加费的总和。各项附加费均按基本运费的一定百分比计算时,附加费的总额为:

$$\sum S = (S_1 + S_2 + \cdots + S_n) \cdot F_b = (S_1 + S_2 + \cdots + S_n) f \cdot Q \tag{5-3}$$

其中,$S_1, S_2, \cdots, S_n$ 为各项附加费费率。

此时可得运费总额为:

$$F = F_b + \sum S = (1 + S_1 + S_2 + \cdots + S_n) f \cdot Q \tag{5-4}$$

当附加费率均按每计费吨加收若干元的形式规定时,则附加费的总额为:

$$\sum S = (S_1 + S_2 + \cdots + S_n) \cdot Q \tag{5-5}$$

此时可得运费总额:

$$F = F_b + \sum S = (f + S_1 + S_2 + \cdots + S_n) \cdot Q \tag{5-6}$$

计算题

1. 某轮从上海港装载 1.5 m³ 丝线经亚力山大港转船运至拉塔基亚港,请计算应收取的运费。

已知:(1) 上海港和亚历山大港为中国/欧洲航线的基本港;

(2) 丝线运价等级为 14 级,基本费率为 USD120F/T;

(3) 转船费率为基本运费的 100%;

(4) 拉塔基亚港加收的港口拥堵费为基本费率的 10%。

2. 某轮从广州港装载 1 000 ft³ 烟花运往欧洲,卸货港是鹿特丹/汉堡选卸,请计算收取的全程运费是多少?

已知:(1) 烟花运价等级为 17 级,基本费率为 USD130F/T;

(2) 选卸附加费加收 USD4;

(3) 1 ft³ = 0.028317 m³。

3. 某轮从上海运 300 t 计 1 003.2 m³ 竹制品到伦敦,要求直航,请计算全程运费。

已知:(1) 竹制品等级为 8 级,基本费率为 USD90F/T;

(2) 直航附加费为基本运费的 35%;

(3) 伦敦港口拥堵费为 USD7F/T。

复习思考题

1. 请选择一家熟悉的海运企业，阐述其发展历程并分析这家企业的发展战略和竞争优势。
2. 你认为海运联盟对港口经营管理会产生怎样的影响？港口经营人应该如何应对？
3. 结合海运公会和海运联盟的兴衰发展史，谈谈你对国际海运业发展趋势的认识。
4. 相比起散装货物运输，为什么说班轮运输的成本较高？高在哪些环节？
5. 组成运输成本的资本成本、运营成本和航次成本分别属于固定成本还是变动成本？为什么？
6. 为什么说航运市场的竞争结构会影响运价的制定？请举出具体案例。

21世纪经济与管理规划教材
物流管理系列

第六章

港口物流生产运作

知识要求

- 掌握港口生产活动的特点
- 掌握吞吐量统计指标
- 掌握港口通过能力的基本知识
- 掌握集装箱港口能力的常用指标和计算方法
- 理解吞吐量统计方法
- 了解港口操作过程的基本工序
- 了解装卸工作统计指标
- 了解船舶在港作业指标

第一节　港口生产活动

一、港口生产活动的内容和特点

(一) 港口货物的种类

从运输、存储条件和装卸工艺的角度考虑，货物可分为三大类：件杂货、干散货和液体货。

1. 件杂货

凡成件运输和保管的货物，不论有无包装，都可称件杂货。它们的形式、形状、大小及重量各不相同，种类繁多。包装货常见有袋装、捆装、箱装、桶装、篓装和罐装等；无包装的大宗零散件货，如金属及其制品、木材等；单个大件货，如机械设备、金属构件等。件杂货由于单件重量小，影响装卸设备的生产率。为了提高装卸效率，件杂货可用网络、绳扣、货板等成组工具，提高装卸单元的重量，使零散的、单件的件货组装成比较统一的成组件货，成组工具随货运转，成组件一般每件重 1.5—3 吨。

2. 干散货

这类货物包括散装谷物、煤炭、矿石、散装水泥、矿物性建筑材料及化学性质比较稳定的块状或粒状货物。常见的散装谷物有小麦、玉米、大米、大豆等。煤炭是一种大宗散货，种类繁多；矿石种类很多，大宗运输的有铁矿石、磷矿石、锰矿石等；矿物性建筑材料有沙、碎石、石材等。干散货通常是大宗的，因此常为其设置专用码头。

3. 液体货

这类货物包括石油、石油产品、植物油和液化气等。大量通过港口的原油和成品油，属于易燃液体。

(二) 港口生产活动的主要内容

(1) 货源组织。对港口经济腹地进行调查，与货主建立业务上的联系，了解货物与装卸储存相关的特性和客户的服务要求，达成货物在港口的装卸意向或协议。

(2) 针对货物特性和客户的服务要求，研究确定装卸工艺。即确定车船装卸操作方法和规范、货物储存保管方法和标准；制定安全操作规定、货运质量控制标准(要求)；准备相应的装卸作业机械、装卸工属具、装卸操作的人力资源。

(3) 制定装卸作业计划。计划通常有月度生产计划、旬或周生产计划、昼夜生产计划，对各种准备工作提出了时间要求。

(4) 组织并进行货物各种换装所需的装卸作业。

(5) 进行货物的验收、交付和保管，主要由理货部门实施。货物的验收、交付与装卸作业同时发生。

(6) 在港口供应船舶燃料、物料、淡水以及船员生活必需品等。通常，由专门供应机构操作。

上述是以货源组织为港口最重要的生产经营活动，各种货物换装所需的装卸作业和货物的储存保管为港口最根本的生产活动。

（三）港口生产活动的特点

1. 产品的特殊性

港口装卸作为港口生产活动的重要组成部分，只提供完成货物空间位置的转移，使货物从一种运输工具转移到另一种运输工具或者在运输工具与库场之间转移。所以港口装卸企业的产品表现为"货物空间位置的有效转移"，提供"装卸储存服务"，即所谓的"无形产品"。

2. 生产的不平衡性

由于港口生产活动受自然、社会、经济以及技术等各种因素的影响，因而在不同时期港口生产任务都有可能发生变化，导致不平衡。除此之外，由于港口一般总是和若干个装卸点联系的，因此，即使对某个装卸点来说，某种货物发运是平衡的，而几个装卸点合在一起也会引起对方港口生产任务不平衡。也就是说，对于一个港口而言，装载货物的船舶和其他运输工具到港的密度和类型，到港货物的数量、品种和流向等都是随机性的，这种随机性的产生原因在于，虽然港口活动的各环节之间相互独立，但各种活动本身的规律性受多种因素影响。因此，各种活动的随机性导致了港口装卸作业具有不平衡性。

这种不平衡性表现在到港货物时间上的不平衡、到港货物品种上的不平衡、到港航线的不平衡、到港船型的不平衡、气象因素导致的不平衡等，此外，还有其他原因，如锚地检疫、熏蒸、商检、接运工具的配合等。

总之，港口生产的不平衡性是经常的、绝对的，而其平衡则是相对的。港口装卸工作中出现的这种不平衡性，必然会涉及一系列重要问题的决定，如港口设备的类型和数量、装卸人员的数量确定、港口基本建设的规模等。如果对不平衡性估计不足，港口缺少必要的储备会造成港口压船、压货，影响社会效益。然而，如果对港口生产不平衡性影响估计过高，又会造成港口设备、人力和财力严重浪费，提高装卸成本。港口生产管理者的任务之一，就在于充分而正确地估计不平衡性，在经常性的生产活动中，采取有效的措施，减少各种因素对港口生产活动不平衡性所引起的影响，充分利用港口的设备、人力和财力。

3. 生产活动的多样性和复杂性

港口生产是一种多工种、多环节联合作业生产。港口的生产目的就是满足货物运输的需要。经过港口换装、堆存的货物的种类、品种、包装、性质多种多样，各不相同，运输这些货物的车辆、船舶等运输工具在种类、构造、尺度等各方面也不尽一致，这就给港口的装卸工艺与生产组织造成了很大的困难。例如，除大宗货物专业化泊位外，港口装卸工艺的规范化和定额的准确性都因此而受到很大影响。另外，由于港口具有多工种、多环节联合作业、联系面广的特点，因此，要完成港口的生产任务，不仅要把企业内部各个环节的生产活动有效地组织起来，而且要把生产活动外部，甚至港口外部的与车、船、货作业有关的活动，如引水、燃物料供应、联检、车船接运等很好地衔接起来。显然，环节越多，联系面越广，严密地组织活动也越困难。

4. 港口生产活动与经济发展的相关性

港口生产活动受地区经济、国家经济，甚至是世界经济的影响与制约较大。由于国民经济各部门的生产数量和产品结构经常性地调整变化，原料、燃料和产品的供需情况也在不断变动，外贸市场更是瞬息万变，自然灾害又很难预测。因此，港口生产任务，包括数量、结构、流向不可避免地要受客观因素的影响,随着外界因素的变化而经常变动。

5. 生产的连续性

港口生产活动通常采用 24 小时连续作业方式,一方面要对车船及时装卸,减少车船在港停留时间,提高运输工具的运力利用率,以增加社会总运力;另一方面,通过港口的货物,其目的不是滞留港内,而是尽快地转运,进行货物的生产加工或投入市场,所以,从社会的宏观经济效益出发,港口应对随时来港的船舶、车辆进行及时、高效的装卸,以减少车、船、货在港口的停留时间。

6. 装卸组织的协作性

由于港口是多种运输方式的汇聚点,有许多企业和管理机构在其中运作。从港口企业的外部来看,既要和集疏运部门、船东、货主密切联系,又要和海关、边防检查、检验检疫、海事、引航、船舶供应等部门相协调;从港口企业的内部来看,要协调装卸、库场、理货等部门各工种的作业,使其形成一个有机的整体。所以港口生产是多部门、多环节、多工种内外协作的过程,具有明显的协作性(见图 6-1)。

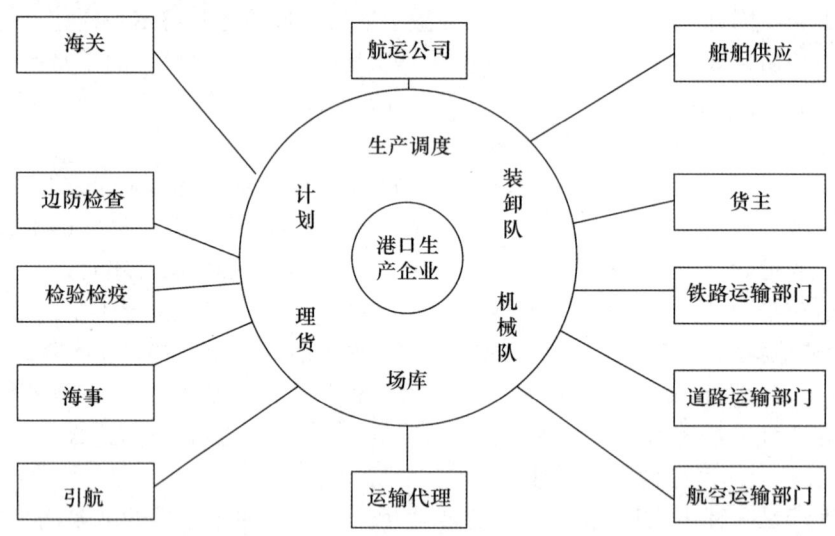

图 6-1　港口生产作业的协作关系

7. 货物运输信息的集聚性

港口作为运输的枢纽、货物的集散地,物流信息聚集于港口并从港口扩散,通过信息引导,使货物有序地转移。因此,港口生产企业对运输过程中所产生的信息流的管理提出了很高的要求,只有港口生产企业的信息流保持通畅,才能保证港口生产的顺利进行,保证来港车、船能及时装卸,减少车船的在港停留时间。

8. 生产调度的层次性

目前,中国港口生产调度方式普遍采用两层管理模式,即港务局(或港口集团公司)和下属装卸分公司。不同层次上的生产调度职能有较明确的分工。虽然这种模式有利于整个港口资源的合理调配,但也对不同层次之间工作协调的有效性和及时性造成困难。

由于港口生产活动具有上述特点,使得港口生产组织变得错综复杂,这就要求有一个能灵活适应港口内外环境变化的生产工艺系统予以支撑，以保证港口生产工作的顺利进行。

二、港口装卸作业及构成

装卸作业是港口最主要的也是最基本的生产作业形式，是指货物从进港到离港在港口所进行的全部作业的综合，由一个或者一个以上的操作过程所组成。货物在港口从一种运输工具卸下并装上另一种工具，完成一次完整位移的整个过程。

（一）港口装卸作业的形式

港口装卸作业一般有两种基本形式，即直接换装形式和间接换装形式。

1. 直接换装形式

直接换装形式也叫作直取作业，就是货物从一种运输工具换装到另一种运输工具上，不经过库场堆存保管。如，船—车，船—驳（船）等，货物由船上卸下直接装上车辆（或船舶），不进入库场，或者按相反程序。

采用直接换装作业，可以减少操作次数、简化作业环节、减少货物换装所耗费的人力和物力、缩短货物在港滞留时间，并且可以减少码头的陆域面积。从这些方面看，理应要减少入库场货物的数量，增加直取比重。但是，采用直取作业时，由于运载工具到港密度和时间的不平衡，车船作业不能很好衔接，往往造成车船在港停留时间的延长，而且由于受码头前沿场地的限制，即使车船作业能够衔接，装卸效率往往也难以提高。

2. 间接换装形式

间接换装形式也叫作间接作业，就是货物从一种运输工具换装到另一种运输工具的过程中，需要经过库场堆存保管。如船—库场—车，船—库场—驳（船）等，货物先从船上卸入库场经过短期堆存，再由库场装上车辆（或船舶），或者按相反程序。

间接换装的优点是不受不同的承载运输工具在衔接方面的影响，可以更高效地进行货物运输工具的换装。由于有库场作为缓冲，可以弥补各装卸作业环节生产的不平衡。

间接换装的缺点是货物在港口的装卸作业是由两个操作过程组成，作业环节多，所用机械设备和人力投入多，对库场需求量大，装卸成本高。货物在港需进行二次生产组织才能完成货物运输方式的转换。

究竟采取间接换装形式还是直接换装形式，要根据具体情况确定。从目前情况来看，由于船、驳（船）、车、货到发的不平衡、船型的大型化、港区码头专业化、经营市场化等特点，高效率高水准的装卸作业成为港口竞争货源的手段。为了保持港口装卸作业的连续性、均衡性，所以港口的装卸作业多以间接换装方式进行，以减少车船在港等待时间，提高作业效率。在不影响整船装卸效率的情况下，也尽可能采用直接换装方式，以降低生产成本，降低生产对机械和人力的需求。

（二）港口装卸作业的操作

货物在港口的换装作业，是由一个或者一个以上的操作过程来完成的（见图6-2）。操作过程是根据一定的装卸工艺，货物在车、船、库场之间完成一次完整位移所进行的装卸搬运作业过程。除船舶、车辆和库场之间的装卸搬运作业外，货物在港口堆存期间，根据需要也可能进行库场之间的搬运,这一类作业也应视为一个单独的操作过程。同一库场内的倒垛、转堆属于库场整理性质,与翻舱、散货的拆、倒灌、绞包、摊晒货物等同属于装卸辅助作业,均不计为操作过程。

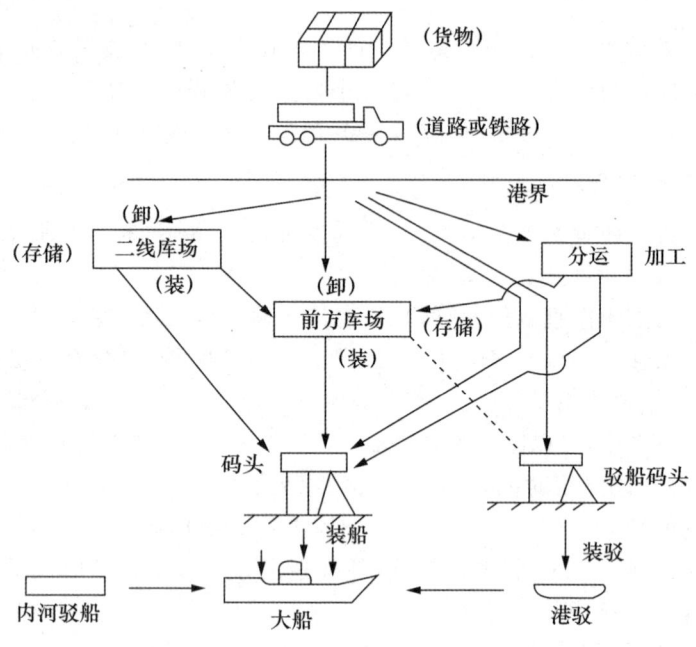

图 6-2　货物在港口的装卸过程

因此,港口货物操作过程可归结为六种:(1) 船—船(卸船装另一艘船);(2) 船—车、驳(卸船装车或装驳、卸车或卸驳装船);(3) 船—库、场(卸船入库场、出库场装船);(4) 车、驳—库场(卸车或卸驳入库场、出库场装车或装车);(5) 车、驳—车、驳(卸车或卸驳装另一辆车或驳);(6) 库场—库场(库场之间的倒载搬运)。

为了做好各环节之间的衔接与配合,实现装卸作业机械化和合理的劳动组织,港口又将操作过程划分为若干个作业工序(又称操作工序)。作业工序一般是指一定数量的码头工人(机械司机)在一个工作地段完成货物局部位移的作业过程。它是操作过程的基本单元。

港口操作过程中的作业工序,主要是依据货物所处的地点(或位置)是否发生变更或转移的运输工具来划分的,是形成装卸工艺流程的基础。

通常,港口的操作过程划分为以下几个作业工序:

(1) 舱内作业工序,是指货物装船和卸船时,在船舱内进行的货物装卸及辅助作业。主要内容包括在舱内的摘挂钩、拆码货组、拆码垛及平舱、清舱等作业。船舱作业工序大多由人力来完成,是整条作业线中劳动强度最大、作业最困难、最易造成"瓶颈"的工序。随着机械化程度的提高,部分工序逐渐由机械来完成。

(2) 起落舱作业工序,是指货物在装船和卸船时,货物从船舱到岸、岸到船舱、船舱到车辆、车辆到船舱以及船舱到船舱的起舱或落舱作业。主要内容是起重机的吊装作业,包括起舱和落舱的摘挂钩等。一般情况下,起落舱作业由机械完成,但有的也需要人力辅助。

（3）水平搬运作业工序，是指货物在码头前沿、库场、车辆之间水平搬运作业。它是连接码头、库场与车辆之间的中间作业工序，在组织船舶装卸作业时，应与起落舱作业工序相互协调。主要内容包括搬运机械的运输搬运和装卸，摘挂钩或人力的肩挑、抬运等，搬运作业分水平作业和上下坡作业。

（4）车内作业工序，是指货物在装车和卸车时，在铁路车辆或汽车车厢内进行的货物装卸及辅助作业。主要内容包括装卸车时货物的上下搬动、摘挂钩、拆码货组、车内的堆拆码垛作业等。

（5）库场作业工序，是指在仓库、货棚或露天货场进行的货物装卸、搬运、堆垛等作业及辅助作业。主要内容包括堆拆码垛、摘挂钩、供喂料、拆做货组等作业。对于高层仓库，还包括上下楼作业。

第二节　港口生产统计指标

一、吞吐量统计指标

（一）吞吐量

港口吞吐量分旅客吞吐量与货物吞吐量。旅客吞吐量是指经水运乘船进、出港区范围的旅客人数，其计量单位为人次；货物吞吐量是指经水运部门运进、运出港区范围并经装卸的货物数量。

货物吞吐量是表明港口规模和能力、综合反映港口生产面貌的指标。它一方面反映了港口在国民经济中以及在国际上的地位；另一方面，吞吐量在一定程度上反映了港口经营管理的综合水平。在港口装卸工艺设计中，货物吞吐量是衡量港口生产任务大小的主要数量指标，也是港口发展规划、码头与装卸工艺扩建和改建的主要依据。

货物吞吐量由出口吞吐量和进口吞吐量两部分组成。出口吞吐量是指从本港装船运出港口的货物数量，进口吞吐量是指由水运运进港口卸下的货物数量。

（二）集装箱吞吐量

集装箱吞吐量基本是按国际标准集装箱统计，计算单位常为 TEU，也可用吨为单位计算。一个标准 20 英尺集装箱计算一个 TEU，其他箱型按换算系数折合成 20 英尺标准箱（TEU）进行统计。

国际标准集装箱换算系数的计算公式为：

$$换算系数 = \frac{集装箱自然长度(ft)}{20\,ft}$$

因此，常用一个 40 英尺箱计 2 个 TEU，一个 45 英尺箱计 2.25 个 TEU。

按重量吨统计时，集装箱应视为货物的外包装箱，不论空箱或重箱，箱的自重一并计算吞吐量。

(三) 吞吐量统计方法

1. 基本统计方法

(1) 由本港装船运出港口的货物,计算一次出口吞吐量;

(2) 由水运运进港口卸下的货物(包括建港物资)计算一次进口吞吐量;

(3) 由水运运进港口经装卸又从水运运出港口(包括船—岸—船,船—船)的转口货物,分别按进口和出口各计算一次吞吐量;

(4) 凡被拖带或流放的竹、木排,在本港进行装卸(包括拆、扎排)者,分别按进、出口计算吞吐量;

(5) 补给国内外运输船舶的燃物料(不包括船用淡水及生活用品),计算一次出口吞吐量;

(6) 对邮件及办理托运手续的行李、包裹,计算进口或出口吞吐量。

货物吞吐量必须以该船需在本港装卸的货物全部卸完、货物装妥并办完交接手续后一次进行统计。

2. 不能计算为货物吞吐量

(1) 由同一船舶运载进港,未经装卸又运载出港的货物(包括原驳换拖);

(2) 由同一船舶卸下,随即又装上同一船舶运出港口的货物;

(3) 由本港装船未运出,复又卸回本港的货物;

(4) 本港港区范围内的轮渡、短途运输货物以及为运输船舶装卸服务的驳运量和各码头之间的驳运量;

(5) 港口进行疏浚运至港外抛弃的泥沙及其他废弃物;

(6) 在同一市区内港与港之间的货物运输;

(7) 路过的竹、木排,在港进行原港加固、小排并大排或大排改小排等加工整理的;

(8) 渔船或其他船舶直接自江、海、船舶中捕捞运进港口的水产品以及挖掘的河泥。

货物吞吐量是按运输单据上记载的实际重量统计的,其计算单位是吨。在某些情况下如按实际重量计算有困难时,也可以根据船舶装卸情况,合理推算或按船舶吃水估算重量。

3. 吞吐量统计的原始资料

港口货物吞吐量统计的原始资料是货物运单、货物交接单和昼夜计划表等。

二、装卸工作统计指标

港口装卸企业的主要生产活动是货物的装卸,港口装卸工作进行得怎样,可以通过港口装卸工作量指标来反映。港口装卸工作指标主要包括装卸自然吨、操作吨、操作系数、直接装卸比重、装卸作业机械化比重、装卸工时效率、装卸工日效率和装卸工班效率。

(一) 装卸自然吨

装卸自然吨是指进、出港区并经装卸的货物数量,计算单位是吨。反映港口装卸货物的理论数量。一吨货物从进港至出港(包括进港后不再出港、在港区内消耗的物资),不论经过几个操作过程,均只计算一个装卸自然吨。

装卸自然吨与吞吐量之间的最大区别在于水运中转货物,在港口进行换装作业时,每一装卸自然吨计算为两个吞吐量。

装卸自然吨不随装卸工艺的变化而改变数值。因此,装卸自然吨通常用来作为计算港口装卸成本的计量单位。

（二）操作吨

操作吨也称操作量,是指每吨货物每完成一个完整的操作过程,则记为一个操作吨。一吨货物操作几次,就记为几个操作吨。

同一库场内的倒垛、转堆属库场整理性质,与翻舱,散货的拆、倒、灌、绞包,摊晒货物等同属于装卸辅助作业,一律不得计算为操作吨。

操作吨是反映装卸工作量大小的数量指标,是港口制定定额、编制生产计划、作业计划,确定劳动力以及机动设备数量的依据。编制计划时,操作吨是根据吞吐量与各种货物操作方案,通过操作系数确定的。在统计时则是根据报告期内实绩累计求得。

（三）操作系数

操作系数是操作吨和与之相应的货物装卸自然吨之比。它是考核港口装卸工作组织是否合理的主要质量指标之一,用以测定每吨货物在本港各作业区内的平均操作次数。

由于每吨货物通过港口至少要经过一次装卸,因此操作系数不会小于1。如果港口内部装卸工作均以直接换装的形式进行(如船—船或船—车),则操作系数等于1。但实际上,由于水路运输工具不能完全衔接换装,因此,必须有一部分货物要入库场暂时保管,然后再运出港口,在这种情况下操作系数大于1。其计算公式为：

$$操作系数 = \frac{操作吨(t)}{装卸自然吨(t)}$$

在一般情况下,操作系数低的港口,直接换装比重就高,需要的库场会相对减少,同时也反映货物在港口进行换装作业耗费的劳动量少,换装的成本也较低,这通常是港口追求的目标。但是这也必须根据实际情况决定,不能盲目地追求这项指标的降低。例如,在车船衔接不好的情况下,为了确保船期或提高装卸车船的效率,港口必须要有适当的堆存能力。

（四）直接装卸比重

直接装卸比重是指直接装卸的装卸自然吨在港口总装卸自然吨中所占的百分比,又称装卸作业直取比重。其计算公式为：

$$直接装卸比重(\%) = \frac{直接装卸量(t)}{港口总装卸量(t)} \times 100\%$$

直接换装比重是反映港口组织工作水平的质量指标之一。装卸作业直取比重的提高,能节约劳动力,加速车、船的周转周期。

（五）装卸作业机械化比重

由于一个完整的操作过程一般由多个作业工序来完成,每经过一个作业工序所装卸搬运的货物数量称为作业工序吨,计算单位是吨。作业工序吨是装卸作业量的计量单位。

在规定的一个作业工序中,完成一吨货物的操作,计算为一个作业工序吨。一个作业工序中装卸操作有机械作业的,也有人工作业的。采用机械作业装卸搬运的货物数量称为机械作业工序吨;采用人力作业装卸搬运的货物数量称为人力作业工序吨。

装卸作业机械化比重是装卸作业中,机械化作业所占的百分比。其计算公式为:

$$装卸作业机械化比重(\%) = \frac{机械作业工序吨(t)}{总工序吨(t)} \times 100\%$$

机械化作业比重反映港口装卸作业的机械化程度。

(六)装卸工时效率

装卸工时效率是指装卸工人、司机等直接作业人员平均每人工作一小时完成的货物操作量。其计算公式为:

$$装卸工时效率(t/h) = \frac{与装卸工时相对应的操作量(t)}{装卸工时(h)}$$

装卸工时效率是反映港口装卸工人生产率的指标之一。货种结构、船型结构和操作过程的组成对装卸工时效率的水平影响很大。

例如:某港口作业区有司机 10 人,操作 20 台机械,统计期为 7 天(一周),统计自己港口的司机装卸效率,在这一周内操作量为 10 万吨,周一至周五正常上班,工作 8 小时,周六、周日因港口船多加班至 10 小时。在这一周内有两个工人因感冒周三下午休息,只工作了 4 小时。求这一周的装卸工时产量。

解:工时数=8×10×5+10×10×2—4×2=592(工时)

装卸工时效率=操作量/工时数= 100 000÷592=168.9(t/工时)

(七)装卸工日效率及装卸工班效率

装卸工日效率是指装卸工人、司机等直接作业人员平均每个装卸工日完成的装卸货物量。其计算公式为:

$$装卸工日效率(t/天) = \frac{操作量(t)}{装卸实际工日(天)}$$

装卸工班效率是指每一装卸工班所完成的操作吨(8 小时为一个工班)。公式为:

$$装卸工班效率(t/班) = \frac{操作量(t)}{装卸工班数(班)}$$

装卸工日效率和装卸工班效率也是反映港口装卸劳动生产率的重要指标。

三、船舶在港作业指标

组织船舶装卸作业的主要依据是船舶配积载图。船舶装卸作业组织的主要任务,是在确保人身安全、船与装卸机械不受损坏、货物完整无损的条件下,最大限度地缩短船舶在港装卸停泊时间。

(一)指标定义和计算方法

1. 船舶在港停留时间

船舶在港停留时间是指船舶从抵港时间开始至离港时间为止的全部时间,也称船舶停时或船舶在港停时。压缩运输工具在港的停留时间,对船方来说,加速了船舶周转,提高了船舶的运输能力;对港方来说,加速了泊位运转,提高了港口通过能力,对双方都具有重大的经济效益。船舶在港停留时间的计量单位为"艘时"或"艘天"。

2. 船舶平均在港时间

船舶平均在港时间是指在一定时间内,船舶从进港时起出港时止,平均每艘船在港的时间,可按下列公式计算:

$$船舶平均在港时间(天/艘次) = \frac{船舶在港总艘天数(天)}{船舶在港总艘次数(艘次)}$$

3. 船舶停泊艘次数

船舶停泊艘次数是指报告期内在港停泊船舶艘次的累计数。一艘船舶从进港时起至出港时止,不论单装、单卸或又装又卸双重作业,不论是否移泊或移泊次数多少,均只计一次船舶停泊艘次。计算单位为"艘次"。

4. 船舶作业艘次

船舶作业艘次是指报告期内在港装卸作业船舶艘次的累计数。一艘船舶在港单装、单卸按一个船舶作业艘次计算,又装又卸双重作业按两个船舶作业艘次计算。计算单位为"艘次"。

5. 船时效率

船时效率是指在港停泊船舶,平均每艘船每小时所装卸的箱(吨)数。计算公式为:

$$船时效率(TEU/h) = \frac{单船箱量(TEU)}{船舶作业时长(h)}$$

船时效率反映了集装箱码头的接卸能力。码头营运公司通常会根据船公司班次的要求,调整合理的作业效率。

6. 单机效率

单机效率是用以衡量集装箱码头岸桥接卸能力的重要指标,直接影响船舶作业效率。计算公式为:

$$单机效率(TEU/h) = \frac{单船箱量(TEU)}{岸桥作业时长(h)}$$

船舶停时和船时效率受船型变化影响大,故按船型分组计算更为合理。也有统计平均舱时量,反映在港装卸的船舶平均每一舱口一小时所装卸的货物吨数。

7. 装卸作业吨(箱)数

装卸作业吨(箱)数是指报告期内在港作业船舶实际装卸货(箱)数量的累计数。计算单位为 TEU 或者吨。

8. 船舶停泊总艘时

船舶停泊总艘时是指报告期内船舶在港停泊时间的总和。它由生产性停时、非生产性停时、自然因素停时三部分组成。计算单位为"艘时或艘天",以小时为统计单位,然后除以 24 折算为艘天。

9. 非生产性停泊所占比重

非生产性停泊所占比重是指船舶在港停泊时间中,非生产性停泊时间所占的比重。计算公式为:

$$\text{非生产性停泊比重}(\%) = \frac{\text{非生产性停泊总艘时(天)}}{\text{船舶停泊总艘时(天)}} \times 100\%$$

该指标一般反映港口对船舶装卸作业各环节衔接与组织的水平,也有统计港方因素停泊时间所占比重,其意义类似。

10. 班轮航次数

班轮航次数是指报告期定期船舶的航次累计数。各定期航线的航次计算应以公布的班期为准。计算单位为"航次"。

11. 准班发航航次数

准班发航航次数指报告期定期航线船的航次中,按公布的班期准班发航的航次数。

12. 作业船舶舱位利用率

作业船舶舱位利用率是指报告期内作业船舶装卸作业吨(箱)数与其定额吨(箱位)数之比。它综合反映船舶负载能力的平均利用情况。计算公式为:

$$\text{船舱利用率}(\%) = \frac{\text{装卸作业吨(t)}}{\text{作业船舶定额吨(t)}} \times 100\%$$

(二) 统计范围及具体规定

船舶在港停时所考核和统计的范围是在港务局管辖的码头、浮筒、锚地上进行装卸货物,其载重定额在500吨以上的运输船舶,但不包括路过及来港避风未装卸货物的船舶。

船舶在港停时的截止时间,一律以月、季、年的最后一天的18点为截止时间。凡18点以前装卸完毕,且已发航的船舶,统计在本报告期内。18点以前虽然已经装卸完毕,但尚未发航的船舶,则不统计在本报告期内。这与吞吐量的统计口径相一致。

船舶在港停时的起讫时间按以下规定计算:

(1) 外贸船舶。从船舶进港联检结束,办妥进港手续时起,至装卸货物完毕,办妥交接手续,出港联检结束,离开码头或锚地、浮筒时止。

(2) 内贸船舶。船舶进港直接靠码头的,从靠好码头时起到装卸货物完毕离开码头时止;船舶进港先在锚地或浮筒停泊的,从在锚地、浮筒泊妥时起,至装卸货物完毕离开锚地、浮筒时止。

在港停泊处于非营运状态的船舶停泊时间不作统计。如重载进港,卸货完毕后转入停航封存、修理或报废拆除的船舶,其在港停泊时间,统计到卸货完毕时为止。在港待命船、新增船以及停航启封、修理完工重新投入营运的船舶,其在港停时,以接到下一航次的装货通知时起算。在装卸时间以外进行清洗锅炉及航次检修的时间,不计入在港停泊时间。

四、生产率

(一) 散货卸船起重机的生产率

散货卸船起重机的生产率可分理论平均生产率、理论最大生产率、实际作业生产率及卸货平均生产率等几种。

1. 理论平均生产率

理论平均生产率是指在抓斗满载的情况下,以规定的速度和加速度,由平均水位和满载船舶中心线交点,按一定的几何曲线计算所得。在装卸工艺的设计中,卸货第一阶段的卸船起重机生产率指理论平均生产率。

2. 理论最大生产率

理论最大生产率是指在抓斗满载的情况下，以规定的速度和加速度，由最高水位和满载船舶的货物表面最有利于卸货的位置，按一定的几何曲线计算所得。在装卸工艺的设计中，与散货卸船起重机衔接的搬运机械设备（如皮带机、皮带秤等）的生产率均应与理论最大生产率相适应。在具体计算时，为简化步骤，常按理论平均生产率增加15%—20%的比例计算。

3. 实际作业生产率

实际作业生产率是指不包括舱底作业等辅助作业的散货卸船起重机实际达到的生产率。

（二）件杂货装卸船起重机的生产率

件杂货装卸船起重机的生产率也可分为理论平均生产率、理论最大生产率等几种，但与散货装卸船不同的是它没有明显的清舱作业和满舱作业之分，所以在实际应用时，因为件杂货货种的复杂性，往往是以各货种理论平均生产率为基础，求得综合平均生产率作为计算其他项目的基础。

（三）多台机械联合多线作业

在多台机械联合多线作业时，要考虑机械的相互干扰，一般情况下，当两台起重机在同一舱作业时，机械效率平均每台下降20%。当一台起重机和一台船吊在同一舱作业时，其中一台船吊的生产效率下降25%。

第三节　港　口　能　力

一、港口通过能力

港口通过能力是港口最重要的营运性能指标。从营运的角度来看，它是港口编制生产计划，合理安排作业人员、使用机械设备的依据。从设计和规划的角度来看，它是确定港口建设的基础。货运量的大小、货物运输周期的长短以及运输费用的高低，都取决于港口通过能力以及利用程度。因此，港口因充分发挥其多功能的作用综合各种生产要素的优势，选择合理的装卸作业线，来扩大和提高港口通过能力。

（一）港口通过能力的概念

港口通过能力是指港口在一定时期（年、月、日）内，在一定的技术装备和劳动组织条件下，所能装卸货物的最大数量。它能综合地反映港口的生产能力。在编制生产计划时，要分析和预测港口通过能力。当港口吞吐任务大于港口通过能力的时候，必须采取提高港口通过能力的措施，才能保证生产任务的完成。港口通过能力过大，生产任务不足，无疑是一种浪费，这也是港口生产成本增加的主要原因之一。

港口通过能力有设计通过能力和实际通过能力之分。设计通过能力，通常是指港口初建时按规划设计要求建设形成的能力。实际通过能力是指港口在营运使用过程中，随

着经济贸易的发展、技术进步和市场供求物流变化,进出港口的种类、构成、流量、流向和港口的技术装备、生产组织水平也会发生相应的变化,由此而重新核定的通过能力。港口的实际通过能力应该随着货源条件变化和港口技术装备的更新、改造和扩大,及时地重新进行核定。

港口通过能力是指泊位、库场、集疏运各环节通过能力合理组合而构成的综合能力,通常分为泊位通过能力、库场通过能力、集疏运通过能力。

1. 泊位通过能力

泊位通过能力是一个泊位在一年中能够装卸货物的最大吞吐量,以吨或者 TEU 表示。泊位通过能力是测算港口通过能力的基础,其大小取决于货物的种类及流向、装卸设备及装卸效率、船舶类型及船舶到港不平衡情况、泊位年工作天数、管理水平等多种因素。确定了泊位通过能力,在港口规划建设中,根据港口吞吐大小,就可以计算需要的泊位数量和码头线的长度。

2. 库场通过能力

库场通过能力是港区仓库或货场在一年中能够通过的最大货物数量,以吨或者 TEU 表示。库场能力是港口通过能力的重要组成部分之一,与库(场)的有效面积、单位面积堆存量及货物平均堆存期等许多因素有关。

3. 集疏运通过能力

集疏运通过能力是港口将货物聚集或疏散的各类运输工具(或方式)的能力。在港口,大量货物由船舶运进、运出港口,需由水路、铁路、道路用运输工具将货物聚集起来或疏散出去。港口的集疏运通过能力与主要水运(一般指长途)能力需要保持平衡或稍有富余,才能使港口经常保持畅通而不致发生阻塞或导致水运能力的浪费。

其中,泊位通过能力是最主要的,其他方面的通过能力一般均应与之配套设置。因此,港口通过能力通常是港口所有泊位通过能力的总和。

(二)影响港口通过能力的主要因素

港口通过能力的大小主要取决于港口的货源条件,包括货物种类、构成以及流量流向,所配置的技术装备水平,包括泊位、库场、道路、铁路专用线、装卸及输送机械等的数量、专用化程度及港口总体布置的合理水平,以及装卸工艺、劳动作业组织、车船衔接、调度等生产组织管理水平。同时,也受港口气象、水文地质、航道、岸线等水域和陆域条件的影响或制约。

影响港口通过能力的主要因素具体表现为:

1. 货物

货物种类对港口通过能力的影响主要表现为,不同种类的货物及其特性,包括货物批量、包装形式、单件重量、运输形式(如散装、包装等)、在流向和时间上的分布特征等。对装卸工艺和装卸条件的要求不同,港口生产作业的复杂程度不同,对港口生产资源的占用也不同。

货物到港的不平衡程度对设计通过能力不会产生影响,但会影响到实际通过能力。吞吐量一定时,货物到港越均衡,设备的合理利用率也就越高。

在相同的装卸设备条件下,不同种类的货物或不同流向的同类货物,其装卸效率是不同的。所以,为解决货物对港口通过能力的影响,在计算港口通过能力时,总是以货物种类和流向结构一定作为前提条件。

2. 港口总体布局和码头专业化程度

港口的总体布置包括码头的布置,水域、陆域面积的大小,库场与码头泊位的相对位置,作业区的划分以及港内交通线路的布置等。港口的总体布置合理,可以充分利用港区的自然条件,使船舶方便安全地进出港区、靠离码头、进行作业。由于水陆运输线路在港内衔接良好,使港口与内陆和城市有便利的交通联系,内河船和海船、车辆与船舶能尽可能靠近,这就有可能提高船舶装卸效率,充分利用泊位生产能力。港区布置紊乱,不仅会造成船舶在港作业过程中的多次移泊,而且也可能造成多作业环节的相互干扰,进而影响到装卸效率,限制港口的通过能力。因此,港口总体布局关系到装卸效率和泊位生产能力,并直接影响到港口的通过能力。

码头专业化是建立在码头专业分工基础上的,专业化的目的是显著地提高装卸船舶的效率,降低装卸与运输成本。由于结合了货种、流向以及船型、车型,选择了完善的高效率装卸机械设备,装卸船舶效率必然会成倍提高。例如,集装箱码头装卸集装箱船舶的通过能力高于普通杂货码头的通过能力的数倍,就是这方面最好的说明。但专业化也是有条件的,这个条件就是必须要有一定数量的吞吐量,否则的话,通过能力虽然很大,也不能很好地发挥作用。

3. 港口设施与设备

港口的设施和设备是港口企业进行生产经营活动的物质基础,包括码头、泊位、仓库、堆场、装卸机械、锚地、港池、进港航道等。其规模、类型、数量、性能和技术状态等是影响港口通过能力的主要因素,都直接影响港口生产系统各环节的能力大小,并决定港口的通过能力。

4. 运输工具

港口装卸运输工具主要是船舶和车辆。这些运输工具的类型、性能和作业条件等也是影响港口通过能力的重要因素。

船舶的主要尺度、载重量、舱口数、各船舱载货的不平衡程度,船舱结构、舱口面积及其与船舱面积之比,船上装卸设备的类型、数量、起重量与速度等,车辆的车型、载重量、长度以及车辆来港后的管理方式等,影响港口的装卸效率,从而影响港口通过能力。

5. 装卸工人及装卸司机的数量和素质

直接参加装卸作业的装卸工人和装卸机械司机,在生产中起着主导作用。他们的作用通过设备在时间上的利用程度以及装卸效率的高低体现出来。因此,他们的技术水平、数量、积极性的发挥程度,以及劳动组织形式都会直接影响到通过能力。

6. 港口自然条件

风、雨、雾、雪、气温、水位和潮汐等自然因素,将直接影响到港口工作的时间和营运期的长短,并对船舶靠泊作业、作业条件和作业时间等产生很大影响,从而直接影响装卸效率和港口通过能力。

7. 企业领导素质和生产经营管理水平

企业领导素质和生产经营管理水平,决定着生产组织的合理与否,并关系到港口技术

设备能否发挥其效能和劳动力能否合理安排,同时也关系到港口企业内部和外部各环节的衔接和协调,这些都直接影响到港口通过能力。

8. 其他

港口的作业班次、港口内外协作的好坏等,都直接或间接地影响装卸作业的时间和装卸效率,也会影响到港口通过能力。

(三)提高港口通过能力的途径

提高港口通过能力的主要途径可归纳为两方面:一方面是扩大和加速港口基本建设规模。例如,增加建设具有先进水平的码头泊位和库场、增加先进的装卸设备数量。另一方面是挖掘企业潜力。挖掘企业潜力是一项经常性的措施,也是投资少、见效快的措施,在港口管理中占有重要的地位,包括加强生产组织、提高管理水平、充分调动职工和有关单位的积极性、开展技术革新、充分发挥各项设施和设备的生产能力等。

挖掘企业潜力提高港口通过能力的主要途径有:

1. 提高企业领导和职工的素质

只有提高企业领导和职工的素质,才能提高广大员工的生产组织能力、创新能力、竞争能力,提高工作效率和技术水平,从而提高港口的通过能力。

2. 加强生产组织能力

加强生产组织,合理制定装卸工艺流程和货物装卸操作规程,按劳动定额组织装卸生产,缩短车、船在港停留时间,提高企业管理水平,从而提高港口各环节的通过能力。

3. 加强装卸设备的技术管理

加强装卸设备的技术管理,提高设备的完好率和利用率,保证设备处于良好的技术状态,为提高装卸机械能力和港口通过能力创造条件。

4. 加强港口集疏运工作

提高集疏运通过能力和库场通过能力,缩短货物平均堆存期,按时集中和疏运货物,并制定切实可行的管理方法,保证货主及时提货。

5. 加强港口内部和港口外部各环节之间的协作

加强港口内外部各环节之间的协作,保证港口生产的连续性,组织均衡运输和均衡生产,提高工作效率、设备效率和劳动效率,减少港口工作的不平衡性,提高港口通过能力。

6. 注重港口合理布局

建设专业化和通用化的泊位,使大、中、小泊位合理配套。既满足不同船型、不同货物装卸作业的不同要求,又大大地提高船舶装卸效率,压缩车、船在港停泊时间,从而提高港口通过能力。

二、集装箱港口能力

(一)常用指标

港口能力是港口业的一个关键问题,除了可以利用港口的能力来粗算吞吐量和可能的收益之外,还可以用来确定在何时需要规划新的岸线和堆场以避免船舶拥堵情况的出现。很显然,投资者或港口的规划部门希望有关港口能力的数据越精确越好,然而,有关港口能力的数据通常是模棱两可的,而且在这个行业目前还没有一个通用的标准能力计算公式或方法。例如,在 1980 年规划澳大利亚布里斯班港的渔人岛码头(Fisherman Islands Terminal, Port of Brisbane, Australia)时,使用的数据是 280 TEU/(米·年);但在 2000 年前后规划韩国光阳港(Kwangyang Port, Korea)时,使用的数据为 1 600—1 800 TEU/(米·年)。计算公式为:

$$港口能力(TEU/m \cdot 年) = \frac{年吞吐量(TEU)}{岸线长度(m)}$$

港口能力的弹性是如此之大,若不能够对其有很好的把握,则可能带来一系列不良后果。例如,港口运营商可能投资失误;银行可能会减少贷款额度;政府可能会推迟新港口设施的建设直到为时已晚,也可能会在供大于求的情况下反而提高关税水平,从而进一步恶化港口的运营。

港口的能力非常类似于 DNA,每个港口都与其他的港口不同,似乎对港口的能力无从把握。然而,德鲁里咨询公司通过广泛的调查研究发现,港口的规划者通常使用岸线的长度作为港口能力的重要测试。例外情形是在北美,规划者使用堆场面积作为港口能力的测度,这应该与北美港口仍然使用底盘操作有关。从长远来看,堆场可以扩展,但岸线的资源则是受天然的条件所限制,因此,以岸线的长度作为港口能力的测度是适宜的。

为了对港口行业的现实情况有实质性的把握,德鲁里咨询公司对 130 多个码头的绩效进行了抽样分析,结果表明 2001 年 75%的港口或码头的绩效低于 750 TEU/(米·年)(见表 6-1)。实际绩效如此低的原因很多,包括同一港口同时处理件杂货和集装箱以及装卸桥设备陈旧等。关于这次抽样分析,以下要点要予以注意:

(1)绩效最好的港口分布在亚洲,是世界范围内增长速度最快的港口;

(2)抽样中表现较好的美国港口是洛杉矶港,其绩效为 880 TEU/(米·年);

(3)马士基海陆有限公司在阿尔赫西拉斯(Algeciras)码头的绩效为 1 200 TEU/(米·年),仅次于中国香港港的水平。

表 6-1 不同地区港口岸线的实际绩效

地区	2001 年实际吞吐量(TEU/米)								百分比(%)
	0—250	251—500	501—750	751—1 000	1 001—1 250	1 251—1 500	1 501—1 750	1 781—2 000	1 751+	
北欧	6	3	5	3	1				18	13.6
南欧	9	11	4	1	1				26	19.7
拉丁美洲	5	7	7	2					21	15.9
北美	1	4	3	1					9	6.8
澳大利亚	2	2	2						6	4.5
非洲	2	3	2						7	5.3
中东		2	3	2	1				8	6.1
南亚			1	1		1			3	2.3
东南亚	1	1	3			2		1	10	7.6
东亚	1	4	5	4	5	2	1	2	24	18.2
总计	27	37	35	16	8	5	1	3	132	100
百分比(%)	20.5	28	26.5	12.1	6.1	3.8	0.8	2.3	100	

在亚洲常用 TEU/(泊位·年)来衡量港口能力,行业通行标准为 45 万/(泊位·年)[①]。图 6-3 为亚洲主要港口能力,通过测算,中国香港港的泊位能力最强,为 98 万 TEU/(泊位·年),而日本各港口能力最低,基本上都低于行业通行标准。港口能力的计算公式为:

$$港口能力(TEU/泊位·年) = \frac{年吞吐量(TEU)}{泊位个数(个)}$$

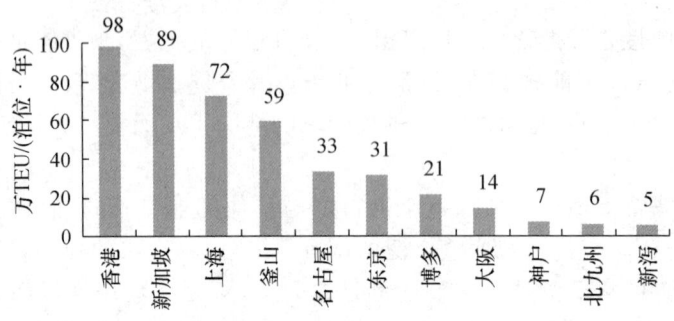

图 6-3 亚洲各主要港口能力

(二)港口绩效标杆

自 1976 年 Rendel 和 Partners 提出利用仿真模型分析港口绩效之后,人们陆续开发一些行之有效的港口仿真模型,为港口决策部门分析停靠时间、船舶到达以及货物构成乃至分析港口阻塞临界点提供了有效的方法。然而,在缺乏必要的数据以至于仿真方法不能有效工作的情况下,行业的标杆借鉴仍然不失为一种选择。德鲁里咨询公司根据船舶预期到达与随机到达的比例、政府关税、转港货物所占的比例等因素,将港口分为不同的类型,进而提供了不同情形下的港口绩效标杆。

关于港口的效率或绩效,影响因素很多,德鲁里的前期研究已经表明港口绩效变化中的 60%—70%是由码头运营商所不能够控制的要素所左右的,例如船舶的大小和类型以及船舶到达的规律等。然而,由于某一地区处于竞争地位的港口均面临类似的市场环境,所以仍然是那些港口运营商能够掌控的因素决定了哪些港口的实际绩效要比其竞争对手高。

影响港口绩效的因素可以归纳如表 6-2 所示。

表 6-2 影响大、小港口集装箱动作绩效的典型因素

	大港口	小港口
码头	集装箱专用码头	处理杂货或者多用途码头
装卸机械	超级巴拿马型集装箱岸壁式装卸桥	岸壁式装卸桥或者龙门吊
堆垛高度	重箱最高可达 7 层	低
信息系统	EDI、GPS、多重信息平台,或者全自动化管理	没有或者很少,覆盖率低

---

① 高玲:「日本海沿岸コンテナ港の現状と発展策の考察——北陸 5 港の「選択と集中」の経営戦略——」,"海運経済研究"第 42 号,2008 年 10 月。

（续表）

	大港口	小港口
作业时长	365 天 24 小时	非全天候
到港船舶	预期到达、随即到达或者两者混合	随即到达较多
挂靠班轮类型	本船	支线船或小型船舶
处理的货物量	巨大	少

复习思考题

1. 具体阐述港口生产活动的多样性和复杂性，请举例说明。
2. 货物吞吐量反映了港口的哪些能力？为什么？哪些不能计算为吞吐量？
3. 操作系数反映了港口的什么情况？为什么说港口追求的目标是操作系数低？
4. 什么是港口通过能力？什么是港口吞吐量？影响港口通过能力有哪些因素？
5. 什么是港口绩效？试分析表 6-2 影响港口绩效的典型因素。

21世纪经济与管理规划教材

物流管理系列

第七章

中国主要集装箱港口发展

知识要求

- 掌握中国集装箱港口的发展历程和标志性数据
- 掌握中国集装箱港口的发展特点
- 掌握五大港口群的基本情况
- 掌握东北部集装箱港口群的竞争态势
- 掌握中国集装箱港口面临的问题及产生的原因
- 理解东南部和南部集装箱港口群的竞争态势
- 理解世界集装箱港口的发展趋势
- 理解未来港口建设的关注点

第一节　中国集装箱港的发展阶段及特点

一、发展的历史沿革

中国集装箱港口的发展经历了以下五个阶段,每个阶段都有其发展特点和标志性的事件。

(一)黎明期(1973—1980)

中国的集装箱运输起步于20世纪70年代,这个阶段的标志性事件是1980年中国大陆第一座国际集装箱专用码头——天津港三港池21段集装箱泊位试投产。

1. 集装箱航线的开辟

中国国际集装箱运输从20世纪70年代起步。1972年天津港开辟了两条从日本中转的国际集装箱航线,一条到澳大利亚,另一条到北美。1973年"渤海一号"轮由日本神户港装载小型集装箱驶抵天津港,标志着中国从此进入国际海上集装箱运输时代。1973—1975年中日两国集装箱共89航次,运输2 449箱、7 503吨货物。1978年天津港开通了中国—澳大利亚直航航线;上海港开通了中—日、中—澳直航航线。1979年开辟了中国—西雅图航线。

到20世纪80年代中国已形成了十余条通往北美、澳大利亚、日本的国际集装箱航线,但是总体而言海上集装箱运输仍处于起步阶段,集装箱航线的运量规模仍十分有限。

2. 集装箱港口的建设

20世纪70年代初期,中国国际集装箱航线开航时,还没有专业化的集装箱港,集装箱港的建设是在集装箱航线已经开辟数年以后才开始进行建设的。70年代中国利用世界银行首批贷款在天津港、上海港、广州港开始建设第一批可接卸第二、三代集装箱船的专业化集装箱码头。上海港将第十作业区改进为半集装箱泊位,1980年第十作业区的4、5号集装箱泊位由杂货码头改建投产。

随着集装箱港口的建设,港口集装箱吞吐量增长迅猛,1978—1980年,中国集装箱货物吞吐量的年平均增长率高达60%。但是由于整个集装箱货物运输仍处于起步阶段,专业化的集装箱港口尚未建成,所以集装箱货物的吞吐量仍极为有限。1980年中国集装箱货物吞吐量仅为6.43万TEU,港口集装箱化比率仅为3.2%,全国拥有岸壁式集装箱装卸桥两台。

3. 集装箱海运企业的发展

中国的集装箱海运企业的发展始于20世纪70年代后期。1961年中国第一家国际海运企业中国远洋运输总公司成立,1978年中远从日本购入中国第一艘滚装船"南口"轮,开辟了中国第一条国际集装箱班轮航线,即中国—澳大利亚航线。

1979年1月,中美两国正式建立大使级外交关系。同年3月25日,中远货轮"柳林海"号从上海港出发,横跨太平洋,4月18日抵达美国西雅图港停靠91号码头,成为中美建交后第一艘抵达美国的中国商船(见图7-1),恢复了中断30年的两国海上运输航线。

总体而言,在这个阶段,中国国际海上集装箱运输取得了显著进展。但是从集装箱运

图 7-1 "柳林海"号货轮(1979)

输的规模、集装箱专业码头基础设施建设、国际集装箱航线开辟及相应的政策管理来看,中国的集装箱运输都处于初始阶段。

(二) 成长期(1981—1989)

20 世纪 80 年代,随着国际海上货物集装箱化率的上升,中国也逐渐认识到集装箱港的重要性,开始规划、布局和建设沿海集装箱港。其中,以上海为龙头,以天津、广州、青岛、大连为主要据点的中国集装箱港进入快速发展期,上海与环渤海港口群基本上瓜分了中国的集装箱业务(占总量 85% 以上),珠三角港口群的发展远远滞后于以上两大区域。

1989 年中国大陆集装箱吞吐量超过 100 万 TEU,这个阶段主要有以下三个特点:(1) 认识到集装箱港口的重要性;(2) 规划、布局和建设沿海的集装箱港口;(3) 集装箱吞吐量的快速增长,实现了百万箱量的突破。

(三) 发展期(1990—1997)

1995 年深圳港第一次进入国内集装箱吞吐量十强,此后的快速增长使得珠三角港口群的发展为世界所瞩目,至 1997 年初步形成以上海港为龙头的长三角区域,以深圳、广州两港为主体的珠三角区域和以天津、青岛、大连三港为主体的环渤海区域的三足鼎立的中国集装箱港口格局。

1997 年中国大陆集装箱吞吐量超过 1 000 万 TEU,从 100 万 TEU 增长到 1 000 万 TEU,用了 8 年时间。

这个阶段的主要特点是:(1) 中国集装箱港口数量的快速增长,港口布局基本形成;(2) 集装箱货物吞吐量进入高速发展期,中国港口开始进入全球视野;(3) 与城市发展联动效应快速显现。

(四) 规模成长期(1998—2008)

这个阶段,中国港口建设和中国经济增长一样,处于快速发展时期(见表 7-1)。2007 年 11 月 28 日,中国集装箱港口吞吐量突破 1 亿 TEU。从 1 000 万 TEU 到 1 亿 TEU,大约用了十年时间,中国成为名副其实的世界集装箱"大港"之国。从此之后,中国集装箱港进入从"大港"向"强港"的战略调整。

这一时期的特点是:(1)几乎所有的大中型港口都有宏伟的发展计划。(2)投资金额大。港口建设的投资,动辄以百亿计。(3)目标高。每个港口都提出了相当高的发展目标,不少港口都提出了建设国际航运中心和国际物流中心的口号。(4)开发新港址。从北面的营口港选址仙人岛作为第二港区,到南面的深圳港开发大铲湾,各个港口都积极开发新的港区。

例如,天津港提出滨海新区建设北方国际航运中心和国际物流中心。天津港"十一五"整体规划,计划投资367亿元扩展港口功能,而在"十五"期间,天津港的投资是128亿元,"九五"期间的投资只有30多亿元。

大连港则提出建立东北亚航运中心。在港口建设方面,在"十五"期间大连市港口完成总投资171亿元,是"九五"期间投资的5.83倍。大连港核心港区新增泊位31个,新增港口通过能力4880万吨/年,新增集装箱通过能力112万TEU/年。

表 7-1　1997—2007 年中国十大集装箱港口排名及吞吐量

年份	1	2	3	4	5	6	7	8	9	10	合计(万 TEU)	10 港比重(%)
1979	上海 1.59	天津 0.91	青岛 0.54	黄埔 0.25							3.29	100
1980	上海 3.16	天津 1.58	青岛 0.87	黄埔 0.73							6.43	100
1981	上海 4.95	天津 2.43	广州 2.26	青岛 1.18	大连 0.55	福州 0.06					11.41	100
1982	上海 6.61	天津 4.09	广州 2.32	青岛 1.5	大连 1.25	福州 0.09					15.93	100
1983	上海 8.04	天津 6.09	广州 3.49	青岛 1.91	大连 1.57	厦门 0.33	湛江 0.19	福州 0.14			22.85	100
1984	上海 11.5	天津 8.35	广州 5.3	大连 2.43	青岛 2.33	张家港 1.24	厦门 0.83	福州 0.5	湛江 0.39	海口 9.25	33.12	97.35
1985	上海 20.18	天津 14.79	广州 9.36	青岛 3.34	大连 3.01	张家港 2.08	厦门 1.93	福州 1.06	海口 0.77	南通 0.26	56.78	99.14
1986	上海 20.38	天津 16.75	广州 8.05	青岛 5.04	大连 5.05	张家港 3.29	厦门 1.43	福州 1.13	南通 0.51	宁波 0.41	62.04	99.01
1987	上海 22.42	天津 16.21	广州 9.59	青岛 6.1	大连 5.4	张家港 3.59	厦门 1.43	福州 1.23	南通 1.15	宁波 0.53	67.65	98.14
1988	上海 31.29	天津 21.39	广州 12.39	青岛 8.63	大连 7.49	张家港 3.83	厦门 2.11	福州 2.01	南通 1.73	宁波 1.2	92.08	97.24
1989	上海 35.38	天津 26.55	广州 11.66	青岛 11.27	大连 10.9	张家港 4.8	厦门 2.75	福州 2.45	南京 2.37	蛇口 1.84	109.97	93.97

(续表)

年份	1	2	3	4	5	6	7	8	9	10	合计(万TEU)	10港比重(%)
1990	上海 45.61	天津 28.6	青岛 13.54	大连 13.13	广州 10.94	张家港 4.77	厦门 4.53	南京 4.18	福州 2.91	宁波 2.21	130.42	83.43
1991	上海 57.68	天津 39.95	青岛 18.43	大连 17.25	广州 16.16	珠海 14.33	厦门 7.47	张家港 6.04	南京 5.21	福州 3.68	186.2	85.71
1992	上海 73.05	天津 39.35	青岛 22.28	大连 21.75	珠海 18.19	广州 18.04	厦门 10.65	南京 7.33	张家港 6.7	福州 4.57	221.91	80.03
1993	上海 93.47	天津 48.19	青岛 30.33	大连 25.62	珠海 21.12	广州 18.76	厦门 15.46	南京 10.91	张家港 8.2	宁波 7.88	279.94	73.62
1994	上海 119.91	天津 63.09	青岛 43.02	大连 30.5	珠海 26.77	厦门 22.47	广州 22.07	南京 12.62	宁波 12.51	福州 10.39	363.35	71.62
1995	上海 152.65	天津 70.21	青岛 60.3	广州 54.5	大连 37.43	厦门 30.97	深圳 28.37	珠海 27.46	宁波 16	福州 15.09	492.98	74.28
1996	上海 191.14	天津 82.29	青岛 81.01	深圳 58.28	广州 55.75	大连 42.08	厦门 40.02	珠海 27.08	中山 21.79	福州 17.69	623.13	77.58
1997	上海 251.96	深圳 114.93	青岛 103.31	天津 93.55	广州 68.73	厦门 54.6	大连 45.2	中山 31.9	珠海 26.19	宁波 25.7	816.07	75.81
1998	上海 306.58	深圳 195.17	青岛 121.3	天津 101.84	广州 84.6	厦门 65.38	大连 62.6	中山 37.86	宁波 35.25	珠海 25.76	1 036.34	78.76
1999	上海 421.6	深圳 298.6	青岛 154.25	天津 130.19	广州 117.7	厦门 84.85	大连 73.6	宁波 60.14	中山 43.28	福州 31.79	1416	81.72
2000	上海 561.23	深圳 399.37	青岛 212.01	天津 170.84	广州 143.09	厦门 108.46	大连 101.1	宁波 90.22	中山 50.58	福州 40.02	1 876.92	82.93
2001	上海 633.99	深圳 507.86	青岛 263.85	天津 201.1	广州 162.83	厦门 129.48	宁波 121.31	大连 120.89	中山 54.64	福州 41.76	2 237.31	83.95
2002	上海 861.2	深圳 761.37	青岛 341	天津 240.8	广州 218	宁波 185.9	厦门 175.4	大连 135.2	中山 62	福州 48.15	2 848.22	91.88
2003	上海 1 128.17	深圳 1 061.49	青岛 423.86	天津 301.54	宁波 276.26	广州 276.17	厦门 233.11	大连 167.93	中山 75.61	江门 74.42	4 017.56	82.55
2004	上海 1 355.72	深圳 1 361.52	青岛 513.97	宁波 400.55	天津 381.4	广州 330.82	厦门 334.23	大连 265.5	中山 107.59	福州 70.7	5 115.2	82.77
2005	上海 1 808.4	深圳 1 566	青岛 630.7	宁波 520.8	天津 480.1	广州 468.3	厦门 334.23	大连 265.5	中山 107.59	连云港 100.53	6 282.15	83.05
2006	上海 2 171	深圳 1 846.8	青岛 770.2	宁波 706.8	广州 660	天津 595	厦门 401.87	大连 321.2	连云港 130.23	中山 117.34	7 720.44	82.47

(续表)

年份	1	2	3	4	5	6	7	8	9	10	合计(万TEU)	10港比重(%)
	上海	深圳	青岛	宁波	广州	天津	厦门	大连	连云港	苏州		
2007	2 615.2	2 109.91	946.2	943	926	710.29	462.7	382.3	200.06	190	9 484.66	83.19
±%		20.46	14.24	22.85	33.41	40.3	19.37	15.29	18.7	53.62	52.94	

资料来源:根据中国港口年鉴各年度数据整理。

(五)成熟期(2008—)

2008年,中国港口数量为413个,其中年吞吐量在1 000万TEU以上的沿海港口为36个,200万TEU以上的内河港口为87个。2010年,中国港口持续发展,大型专业化原油、铁矿石、煤炭、集装箱码头和深水航道建设步伐不断加快。码头泊位大型化水平不断提升,全国万吨级及以上泊位1 661个,其中沿海港口万吨级及以上泊位1 343个,内河万吨级及以上泊位318个。

"十一五"期间,全国港口完成货物吞吐量89.32亿吨,其中沿海港口完成56.45亿吨,内河港口完成32.88亿吨。

2011年,全国港口完成集装箱吞吐量1.64亿TEU,较十年前增加了3.4倍,其中,沿海港口完成1.46亿TEU,增加了3.3倍,内河港口完成1 736万TEU,增加了4倍,集装箱吞吐量超过100万TEU的港口由8个增加到19个。受经济增速放缓的影响,2015年,我国货物进出口总额为245 741亿元,同比下降7.0%,港口货物吞吐量和集装箱吞吐量增速也明显放慢。全国港口完成集装箱吞吐量2.10亿TEU,比上年增长4.5%。其中,吞吐量排名前十位的港口吞吐量总和为1.6亿TEU,占总吞吐量的76.2%(见表7-2)。除了上海港、深圳港、宁波—舟山港等国际型港口之外,内贸港的苏州港以510万TEU的吞吐量取代连云港港,首次进入前十的行列,增幅达到14.6%。

同年,全球十大集装箱港口排序依次为上海港、新加坡港、深圳港、宁波—舟山港、香港港、釜山港、青岛港、广州港、迪拜港、天津港,其中中国大陆港口有六个,上海港继续保持世界第一集装箱港口的地位。

表7-2 2015年中国十大港口集装箱吞吐量

港口名	排名	吞吐量(万TEU)	增幅(%)	港口名	排名	吞吐量(万TEU)	增幅(%)
上海港	1	3 653.7	3.6	天津港	6	1 411.13	0.4
深圳港	2	2 421.00	0.7	大连港	7	944.86	−6.7
宁波—舟山港	3	2 062.90	6.4	厦门港	8	918.28	7.1
青岛港	4	1 743.56	5.2	营口港	9	592.25	5.5
广州港	5	1 739.66	6.2	苏州港*	10	510.00	14.6

注:苏州港是内贸港,于2015年取代连云港港进入前10,同年,连云港港吞吐量为500.92 TEU,增幅0.08%。

二、中国集装箱港口的发展特点

（一）集装箱吞吐量高速增长

近40年来，在改革开放政策的推动下，中国国民经济和对外贸易迅速发展，国内生产总值①和对外贸易额②持续保持8%和10%以上的增长速度，适箱货大量生成，中国海运船队规模进一步扩大，这些都为中国港口集装箱运输的迅速发展提供了先决条件。

反映港口外贸集装箱货物量占港口全部外贸件杂货物比重大小的港口集装箱化率，近年来逐步提高至75%，距85%的国际水平差距已经不大。自20世纪80年代改革开放以来，尤其是进入90年代，中国沿海港口国际集装箱吞吐量一直保持在年均30%以上的速度高速发展，其增长速度居各货种之首，这和中国国民经济与对外贸易的持续高速增长是分不开的，这种发展适应了中国改革开放和对外贸易迅速发展的需要。

（二）港口经济对宏观经济和区域发展的特殊作用明显

随着经济全球化及经济一体化的进展，国际贸易迅速发展，近几年全球经济年均增长4%左右，国际贸易增长8%左右。港口产业对进出口的贡献日益增长，港口产业的发展推动了国际贸易的增长，从而促进了宏观经济的发展。

计量分析表明，中国港口每万吨吞吐量创造GDP的贡献约为116万元，港口生产经营与其他相关产业及间接诱发经济贡献为1：5.2，提供就业比值为1：9.3。

从中国区域经济发展的特点来看，经济发展较快的地区主要集中在东部沿海，特别是东南沿海的珠江三角洲地区、华东地区的长江三角洲地区以及华北的环渤海京津冀地区。

改革开放以来，这些地区快速发展的一个重要因素就是拥有大规模的港口群。换言之，港口经济对中国区域发展的带动作用十分明显，港口的发展既带动了港区仓储、运输、物流、加工、贸易、金融、保险、代理、信息、口岸等相关服务的发展，也极大地带动了腹地经济的发展。

（三）港口集装箱化率呈上升趋势

港口集装箱化率是指港口实际装箱的货物总量与港口外贸件杂货物总量的比值，反映了港口外贸集装箱货量占外贸件杂货的比重。

1980年中国沿海港口的集装箱化率仅为3.2%，1985年上升到6.2%，2000年已达到63%。总体而言，中国沿海港口的集装箱化率是在逐年增长。90年代中期以来，增长幅度不断加大。

从目前世界上海运发达国际港口的集装箱化率水平来看，鹿特丹港为72%，神户港为82%，汉堡港为80%，新加坡为90%，中国沿海港口的集装箱化率已达到或接近国际先

---

① 国内生产总值（Gross Domestic Product，GDP）是指在一定时期内（一个季度或一年），一个国家或地区的经济中所生产出的全部最终产品和劳务的价值，常被公认为衡量国家经济状况的最佳指标。国民生产总值（Gross National Product，GNP）是最重要的宏观经济指标，指一个国家（地区）所有常驻机构单位在一定时期内（一年或一个季度）收入初次分配的最终成果，是一国所拥有的生产要素所生产的最终产品价值。

② 一个国家或地区在一定时期（一年、一个季度或一个月）内出口额和进口额的总和，也称对外贸易值，反映一个国家或地区对外贸易规模的重要指标之一。计算一国的对外贸易额，一般采用本国货币或国际上通用的货币。目前，联合国和许多国家编制的对外贸易额以美元计算。

进水平。

(四) 差异化定位的需求日益显著

从目前沿海各省份的规划方案来看,同质化现象在一定程度上存在。如果这样发展下去,港口产业可能重蹈传统产业重复建设、大而不强的覆辙。因此,各地区港口的差异化定位显得尤为重要。目前,基本的定位:天津市位于环渤海地区的中心位置,是中国北方地区面向东北亚和太平洋的重要门户;河北省位于环渤海地区,在促进京津冀区域协调发展中具有重要地位;辽宁省位于中国沿海最北部,是振兴东北老工业基地和面向东北亚开放合作的重要区域;江苏省位于中国东部沿海经济发达地区,区位优势独特;浙江省位于长江三角洲南翼、东南沿海中部,涉海产业基础较好;福建省位于中国东南沿海,在海峡西岸经济区中居主体地位;山东省濒临黄渤海,拥有黄河入海口和中国最大的半岛;广西壮族自治区位于中国沿海西南端,是西部地区唯一的沿海省份。

(五) 主要港口集装箱码头作业能力达到世界先进水平

从作业能力和装卸效率上看,中国港口的发展也是很快的,和欧美港口相比,已明显略胜一筹。目前国内的上海、深圳、青岛、天津、宁波等港口都具备接纳1万TEU以上船舶的能力,不断兴建的—15米深水港区,可以充分适应集装箱运输快速发展的需求。而欧美国家因港口基础建设滞后,部分港口拥堵严重。

中国港口普遍采用365天24小时作业制度,工作效率极高。2007年5月上海洋山港区更是创造了7.5小时完成5 182 TEU装卸作业的新纪录,平均每小时装卸690.93 TEU,桥吊单机最高效率达到97 TEU/小时。而欧美国家受劳工成本高等因素影响,效率明显要低一些。

(六) 集装箱码头投资建设和经营主体多元化

20世纪80年代以来,中国在港口建设和经营上实行开放政策,积极引进外资以及先进的管理和技术,先后利用世界银行、亚洲银行和外国政府贷款,在大连、秦皇岛、天津、青岛、连云港、上海、广州等港口建设了一批现代化的集装箱码头;吸引国外财团采取合资、合作经营或租赁经营方式投资集装箱码头建设。还通过挖潜和技术改造措施把通用泊位改建为集装箱泊位。

目前中外合资、合作或租赁经营的集装箱码头泊位有40多个,设计年吞吐能力超过700万TEU,约占总能力的70%。

(七) 软硬环境不断改善

港口集装箱运输既涉及船舶运输、装卸、集疏运等硬环境,也涉及海关、进出口检验、信息传递和政府管理等软环境。发挥集装箱运输的优势,离不开各部门各环节的密切协作和配合,而港口集装箱运输的迅速发展,更有赖于软硬两方面环境的不断改善。

长期以来,为推动集装箱运输的发展,国家及相关主管部门相继出台了一系列政策和法律、法规,进一步规范和加强了集装箱运输市场的管理,加快与国际接轨。建立上海、青岛、天津等国际航运中心,为客户提供集中报关报验、便利货柜交接和结算、沟通船舶和货物信息等项服务;围绕"一票到底,全程负责"的"门到门"服务要求,铁路、公路、沿海和内河运输部门积极开展集装箱多式联运;海关在加强监督的同时,努力改善通关服务、提高通关效率；各主要港口利用现代信息技术，致力于在集装箱运输中实现单证传递电子化。这些都为中国港口集装箱事业的迅速发展创造了良好的环境。

第二节 中国集装箱港口布局及竞争

一、中国集装箱港口的整体布局

由于集装箱港口集聚了一个城市稀缺的岸线资源、土地资源以及环境资源，因而与城市的发展、规划、布局以及经济活动的开展有着极为密切的关系，使得这个行业具有城市公用事业的一般特性，具有准公共物品性质，即它的产品与服务有一定程度的非竞争性或非排他性。

近40年来，中国沿海地区已基本形成了布局合理、层次分明、功能齐全、优势互补的港口体系。2006年通过的《全国沿海港口布局规划》，根据不同地区的经济发展状况及特点、区域内港口现状及港口间运输关系和主要货类运输的经济合理性，将全国沿海港口从北到南划分为环渤海、长江三角洲、东南沿海、珠江三角洲和西南沿海五个港口群，强化群体内综合性、大型港口的主体作用，形成煤炭、石油、铁矿石、集装箱、粮食、商品汽车、陆岛滚装和旅客运输等八个运输系统的布局。基本确定了以大连、天津、青岛、上海、宁波、苏州、厦门、深圳、广州等九大龙头港为主，相应发展沿海地区港和辅助港的港口集装箱运输系统。

（一）环渤海地区集装箱港口群

环渤海地区港口群体由辽宁、津冀和山东沿海港口群组成，服务于中国北方沿海和内陆地区的社会经济发展。

辽宁沿海港口群以大连港为主布局集装箱龙头港，相应布局营口、锦州、丹东等地区港或辅助港口；津冀沿海港口群以天津港为主布局集装箱龙头港，相应布局秦皇岛、黄骅、唐山港等地区港或辅助港；山东沿海港口群以青岛港为主布局集装箱龙头港，相应布局烟台、日照、威海等地区港或辅助港口，主要服务于山东半岛及其西向延伸的部分地区。

环渤海地区集装箱港口的发展由腹地经济发展带动，腹地经济的增长是港口发展最主要的驱动因素之一。进入21世纪，随着中国进入工业化加速阶段，重化工业基础条件较好的环渤海经济圈获得新的发展，为此相对应的是中国区域经济重心北移趋势非常明显，区域经济重心北移为环渤海地区港口群带来发展机遇。

（二）长江三角洲地区集装箱港口群

长江三角洲地区港口群依托上海国际航运中心，以宁波港、连云港为两翼，充分发挥舟山、温州、南京、镇江、南通、苏州等沿海和长江下游港口的作用，服务于长江三角洲以及长江沿线地区的经济社会发展。

（三）东南沿海地区集装箱港口群

东南沿海地区港口群以厦门、福州港为主，包括泉州、莆田、漳州等港口组成，服务于福建省和江西等内陆省份部分地区的经济社会发展和对台物流的需要。

福建沿海地区港口群集装箱运输系统布局以厦门港为龙头港,相应布局福州、泉州、莆田、漳州等支线港。2009年,福建省规划整合了三大港口群——北部福州与宁德两市港口整合,以福州港为主体,覆盖三都澳、罗源湾、福清湾、兴化湾北岸;中部莆田和泉州两市港口整合,以湄洲湾港为主体,覆盖湄洲湾、兴化湾南岸、泉州湾;南部厦门和漳州两市港口整合,以厦门港为主体,覆盖厦门湾、东山湾。

2012年福建通过了《福建省人民政府关于加快发展港口群促进"三群"联动的若干意见》(以下简称《意见》)。《意见》强调要加快"大港口、大通道、大物流"建设,进一步发挥港口群内拓外扩作用,促进与产业群、城市群有效衔接和良性互动,带动经济社会跨越发展,重点突出厦门东南国际航运中心和福州江阴汽车整车进口规划布局,优化开发福州马尾、泉州后渚等临近城市中心的老港区,为城市提供宝贵发展空间,推进福州江阴、宁德环三都澳等临港新城建设。具体发展目标为:

(1) 科学规划,力争到2020年全省港口吞吐量达7.5亿吨,集装箱2300万TEU,厦门港率先成为3亿吨大港。

(2) 突出重点,全力打造厦门东南国际航运中心,推进大型班轮企业、航运金融、航运代理、高端航运人才等要素集聚。

(3) 完善设施,增强港口保障能力。加大建设力度,为城市发展提供宝贵岸线,到2020年沿海港口深水泊位超过230个。

(4) 提升功能,着力推动港口转型升级。发展港口现代物流,降低港口收费,吸引更多中西部省份来闽设立飞地港。

(5) 改善服务,优化港口发展环境,关、检及海事、税务等部门要实行促进口岸大通关便利化措施,港口部门要推行管理信息化、服务标准化。

(6) 改革创新,完善体制机制。培育引进大型港口企业,创新港口开发模式,提高港口规模化现代化水平。

(四) 珠江三角洲地区港口群

珠江三角洲地区港口群由粤东和珠江三角洲地区港口组成。该地区港口群依托香港经济、贸易、金融、信息和国际航运中心的优势,在巩固香港国际航运中心地位的同时,以广州、深圳、珠海、汕头港为主,相应发展津冀、惠州、虎门、茂名、阳江等港口,服务于华南、西南部分地区,加强内地与港、澳地区的交流。

该地区集装箱运输系统以深圳、广州两港为龙头港,汕尾、惠州、虎门、珠海、中山、阳江、茂名等港为支线港或者喂给港。

(五) 西南沿海地区港口群

西南沿海地区港口群由粤西、广西沿海和海南省的港口组成。该地区港口的布局以湛江、防城、海口港为主,相应发展北海、钦州、洋浦、八所、三亚等港口,服务于西部地区开发,为海南省扩大与岛外的物资交流提供运输保障。

该地区港口集装箱运输系统布局以湛江、防城、海口及北海、钦州、洋浦、三亚等港口组成集装箱支线港或辅助港。

二、中国港口在东亚港口圈面临的竞争态势

东亚地区的港口分成东北部、东南部、南部三个竞争圈。

东北部港口竞争圈以上海港为界,包括上海以北的中国港口,韩国和日本的主要港口[①];东南部的港口竞争圈包括香港以北,宁波以南的浙江、福建、广东及珠江三角洲诸港,包括中国台湾港口在内;而南部港口竞争圈包括新加坡、马来西亚、菲律宾、泰国和印度尼西亚及周围其他国家的港口。

(一) 东北部港口竞争圈

从 20 世纪 70 年代中期到 90 年代末期是中国港口迅速崛起、韩国港口枢纽港地位明确、日本港口国际竞争力下降的时代。这一时期,在中、日、韩三国港口关系中,韩、日港口处于竞争状态,主要是竞争中国的中转货物,以韩国港口为主导。

随着保税港区的建立,中国北方青岛、天津、大连三港开始具备国际竞争力,三个港口能力的扩大使日、韩港口吸引中转货规划目标难以实现,而且还有可能吸引其他国家的中转货物。

2008 年,青岛前湾保税港区正式获准建设。保税港区运营,贸易公司的货物只要经过青岛港就算出口,使保税中转成为现实。在三港中,青岛港地理位置最优,水深条件好,腹地货源足,离国际主航线最近。按照青岛市的规划,青岛将建成北方国际航运中心、国际物流中心、信息中心和加工增值中心,其吞吐量和釜山港的差距已经不大。

天津港是中国北方最大的综合性港口,位于京、津、塘经济区的最有利位置,货源丰富,具有较好的发展前景。天津港在国内 12 个省份建立了 23 个陆港口岸,其中,京津冀地区占了五个,包括北京的朝阳、平谷以及河北的石家庄、张家口、保定的口岸。天津港集装箱货源中,京津冀地区占到 80% 以上。但是天津港位于渤海湾最里端,离国际主航线最远,是终端型国际集装箱大港。大连港的地理位置优于天津港而劣于青岛港,但其最大的不足之处是其腹地——中国东北地区集装箱货源不及青岛港和天津港。

2008 年,三港合计吞吐量超过 2 300 万 TEU,这种箱量足以留住中国北方多数中小港口运往釜山港中转的欧美货物,对韩国港口构成极大的挑战。当年,釜山港吞吐的货物中,有 48% 的货物为中转货物,其中来自中国北方港口的货物高达 55%,这种状况随着中国北方港口的发展而逐渐改善。

2015 年,青岛港、天津港和大连港集装箱吞吐量分别为 1 743 万 TEU、1 411 万 TEU 和 944 万 TEU,其中,青岛港和天津港都进入世界排名前十的港口。

上海港是本竞争圈最大规模的港口,2009 年起,上海港货物吞吐量、集装箱吞吐量均居世界第一位。上海港的优势主要在于处在经济繁荣的长江三角洲地带,加上高水平的管理,上海港几乎承运了长江三角洲及长江流域绝大部分的货物。大洋山、小洋山港的建设彻底改变了上海港水深条件的制约,极大地增强了吸引国际中转货的能力。

---

① 东亚地区按照地理位置,包括俄罗斯远东地区、朝鲜和蒙古。但是俄罗斯远东东方港、海参崴、纳霍德卡等港口,以及朝鲜的罗津港、清津港,港口规模较小,货物吞吐量较少,辐射周边地区的能力弱,不具备相应的竞争力,因此在本章中不包含在内。

目前上海港把运往北美、欧洲的货物集中在大洋山、小洋山；运往东南亚、中东、日韩等近洋货物集中在长江口内，这对环球航线的超大型集装箱班轮有着较大的吸引力，对釜山港和东南部的高雄港、香港港甚至新加坡港都构成强有力的挑战。

（二）东南部港口竞争圈

20世纪70年代至80年代中期，香港港和高雄港互相成为强大的竞争对手。珠江三角洲是中国内地经济发展最快、进出口货物和外贸进出额最大的地区，其产生的集装箱货量增长最快。

1999年香港大约有1000万TEU是由广东省供给的。如果加上广州、深圳及其他港，珠江三角洲的集装箱货源占到内地产生货源的50%以上，因此珠江三角洲不仅保证了香港集装箱运输的持续繁荣，继续确立其全球大港的地位，同时也给深圳港的迅速崛起提供了货源保证。

深圳港是该地区吞吐量最大的港口。1986年还没有开展集装箱运输的深圳港，到2004年集装箱吞吐量已居世界第四位，2015年集装箱吞吐量为2421万TEU，次于上海港和新加坡港，位居世界第三位。同年，宁波—舟山港货物吞吐量为8.89亿吨，连续四年排名世界第一，吞吐量2062万TEU，排名世界第四，仅次于深圳港。

高雄港是传统的东亚中转港，其中转货已达到总量的40%，约300万TEU。高雄港的中转货物来自内地港口及其他东南亚国家。内地货物以厦门、福州方向为多，但从今后的发展趋势看，高雄港的竞争对手会越来越多。

（三）南部港口竞争圈

南部地区多属于东盟国家，其中新加坡、马来西亚、印度尼西亚、泰国、菲律宾是主要的集装箱货物生成国。

新加坡的地理位置，是东南亚各国到中东、非洲、地中海及欧洲的必经之地，同时距离马来西亚、印度尼西亚、泰国港口很近。距离马尼拉虽然较远（1340海里），但马尼拉往中东、非洲和欧洲的货运是同方向的。在这种情况下，在其他国家港口集装箱量不大时无疑都是该港的辅助港，新加坡可增加航班和航线密度，使其吸引力更强。

1986—1996年10年间，新加坡集装箱的吞吐量年递增率达到19.4%，超过马来西亚、印度尼西亚、泰国等国港口集装箱增长率16.6%的水平。2013年吞吐量已达3166万TEU，2015年为3092万TEU，排名世界第二。

从今后的发展趋势看，新加坡约80%是周围国家地区的中转货物，这些国家正在力求发展自己的港口能力，尽可能摆脱作为新加坡港的支线港地位。泰国的林查班港实际是曼谷的深水外港，曼谷港是河口港，地理和水深条件的限制阻碍了其发展，林查班港的迅速崛起正是泰国要建设自己枢纽港政策的结果。

同样，马来西亚也在大力加快本国港口的发展，其中普莱河河口东侧的丹戎帕拉帕斯港有可能成为新加坡最强劲的对手。2000年该港已有三个泊位投产，最终将建设六个集装箱专用泊位，每个泊位长360米，水深－15米。2000年多家全球航运公司在该港定期挂靠，如商船三井、美国总统轮船公司、马士基海陆公司。丹戎帕拉帕斯港现已是马来西亚最大、最成功的港口，2007年集装箱吞吐量达到550万TEU，增长率为15.3%。2015

年丹戎帕拉帕斯港吞吐量为900万TEU,在世界集装箱港口吞吐量排名中排在第19位。但是,虽然周边港口的发展对新加坡港的发展产生了极大的威胁,但新加坡作为本地区第一大港的地位在一段时期内不会改变。

第三节 中国集装箱港口的问题及发展趋势

一、发展存在的主要问题

(一)资源短缺

对应于港口尤其是国际集装箱港口发展而言,资源短缺的含义主要表现在三个方面:(1)岸线资源短缺,尤其是深水岸线资源更加短缺;(2)土地资源短缺,尤其是沿海土地资源更加短缺;(3)环境资源短缺,尤其是港口城市环境资源更加短缺。

中国是海洋大国,从拥有海洋资源的绝对数量来看,海岸线北起辽宁鸭绿江口,南达广西的北仑河口,全长18 400千米,岛屿海岸线14 217.8千米,居世界第四位;大陆架面积居世界第五位,200海里专属经济区面积为世界第十位。

但是中国又不是个海洋大国。从单位陆地面积平均拥有的海岸线长度来看,中国只居世界第94位(海岸线长度/国土面积)(见表7-3),深水岸线只有大约400千米,深水港址60多处,而且分布在经济发达地区的岸线资源相当稀缺,加之中国改革开放以来的经济社会发展对岸线资源已有开发利用,所剩的可利用的资源越来越少。

表7-3 主要国家海岸线密度

国家	国土面积(万平方千米)	海岸线(千米)	海岸线密度(米/平方千米)
美国	962.9091	19 924	2.175
俄罗斯	1 699.58	37 653	2.215
新西兰	26.8	15 134	56.466
英国	24.29	12 429	51.447
韩国	10.02	2 413	24.575
澳大利亚	768.23	25 760	3.381
德国	34.92	2 389	6.841
印度	297.319	6 083	2.354
中国	963.41	18 400	1.923

资料来源:根据世界地图等资料整理计算。

目前中国正处于向海洋要土地、要资源的阶段,海洋将面临着有史以来的最大规模的再开发和利用,海洋岸线资源变得更加稀缺。

中国三大经济区域发展已经达到国际中等发达国家水平。长三角、珠三角和京津冀三大都市圈占全国GDP的份额接近40%,占全国工业的份额高达46.2%,成为经济发展最具活力的地区和增长极,同时港口吞吐量占中国集装箱吞吐量的绝大部分。经济的发展给该区域的资源带来很大的压力,港口的开发和工业等其他用途的岸线利用使得该区域的深水岸线资源更加短缺(见表7-4)。

表 7-4　2013 中国三大经济区域比较

指标		珠三角经济区	长三角经济区	环渤海经济区
吞吐量	集装箱货物（万 TEU）	4 138	3 910	4 392
	外贸货物（万吨）	31 594	48 579	131 312
	货物（万吨）	73 751	107 170	310 071
	集装箱货物占全国比重（%）	21.68	20.49	23.01
GDP 总量（亿元）		50 360	97 760	38 000
人口规模（万人）		5 616.39	7 500	26 000
城市个数（个/平方千米）		9	15	157
城市化率（%）		80	45	68
土地面积（平方千米）		56 000	210 700	518 000

资料来源：中国统计年鉴及各省统计年鉴。

（二）盲目扩大港口投资规模

2003 年下半年以来，中国沿海港口城市掀起了新一轮港口建设热潮。随着 2004 年《港口法》的颁布实施及港口管理体制的深化改革，港口成为地方政府对外招商引资的重要砝码，港口业投资狂潮也愈演愈烈。

"十五"期间，全国沿海港口建设共完成投资 1 323 亿元，是"九五"期间的 3.18 倍和新中国成立以来至 2000 年港口总投资额的 1.5 倍。

在"港口群体布局"内，虽然相应在国家层面规划了枢纽港—支线港—辅助港，但在实际运行中尚未形成差异化、分工有序的垄断竞争模式。同时，各地方政府为了实现各自提出的经济发展目标，投资力度不断加大。当然，其中一部分是为了顺应日益增长的吞吐量需求，但是在一些区域内，尤其是同属一个经济腹地的不同地方政府，同时加大对港口建设的投资，由此形成的区域内港口投资规模超过实际需求。

此外，港口设计能力的标准滞后，使得新建港口的实际通过能力与设计能力不符，往往超过集装箱生成量的增长。而基于政治目的和地方保护主义的考虑，出现了港口吞吐量排名的盲目攀比现象，由此导致港口建设投资规模不断加大，甚至有些二、三线港口不顾自身的经济腹地的实际需要和客观条件约束，一味扩大港口的建设规模，加剧中国集装箱港口投资热。

（三）出现"恶性竞争"

地方政府为了实现各自提出的目标，近几年在港口投资建设中不断加大力度，各地方港口到处是领导者、追随者、挑战者和利益者，通过吞吐量、价格及优惠政策展开竞争关系，这绝不是"有序竞争"，而是"恶性竞争"，主要表现在三个方面。

1. 吞吐量竞争

中国目前集装箱港口存在"吞吐量排名"竞争的严重现象，各地相互攀比"吞吐量"，地方政府在港口产业发展规划中，明确地将吞吐量作为一个重要的规划指标。有些地方政府将"吞吐量"作为主管官员的主要考核指标，忽视了港口功能的全面提升，这种情况与唯 GDP 的政绩观极为相似。关于港口竞争力的排名，实际上对吞吐量排名起了推波助澜的作用。

2. 价格战竞争

为了追求箱量,争抢货源,码头之间竞相杀价。加上中国集装箱港口国有码头仍然数目众多,且规模小,在缺少行业自律能力的情况下,国有码头之间价格战和竞争无序的情况普遍发生。

由于政府定价未能反映真实的供求状况,同时过度竞争和秩序混乱、不计成本地竞相杀价,令政府在维护政府定价,维护行业规则方面的努力失效,致使恶性竞争越演越烈。省与省、地方与地方、同一港区内不同码头,甚至同一岸线上的不同码头全部卷入价格战。全方位的价格竞争令行业规则遭到破坏,同时也降低了整个行业的利润水平。

3. 优惠政策竞争

港口的建设是资金密集型行业,港口的建设动辄数十亿元,乃至上百亿元的投入。目前中国港口的投资主体还是国有资产占绝对优势,当地政府直接或间接投资港口建设,或者用行政命令方法强迫金融机构贷款给投资者,在以政府为主投资的国有港口码头,其经营直接受制于地域及行政区划的局限。为了留住各行政区划内的货源,并争取其他地区的货源,力求在周边地区形成"中心"地位,各级政府纷纷制定各种各样的优惠政策,结果导致地区之间、码头之间的恶性竞争。

(四)资源浪费导致传统发展模式难以为继

中国港口群建设已经出现同一经济腹地内不同程度的重复建设现象,有实力的城市港口工程中超规模、超标准建设的现象也比较普遍,而区域内规模较小的城市港口建设码头数目众多,且规模小,技术装备雷同,呈现一种重规模、重建设,而轻管理、轻效益的产业发展态势,是一种典型的粗放式经营。

传统发展模式导致资源浪费,不利于港口城市经济增长方式的转变,具有不可持续性。大规模的港口建设面临资源和环境的双重压力。总体上中国港口岸线资源丰而不富,近年来在沿海各地区大规模的港口建设中,对岸线的粗放型开发利用,已经导致一些港口岸线资源的浪费。从区域角度看,港口的建设看似优化、合理,但从整个国家来说,就可能大量占用有限的海洋、土地资源,最终影响国家的可持续性发展。

二、世界集装箱港口的发展趋势

从世界集装箱港口发展趋势来看,全球的竞争态势越来越激烈,在技术变革的推动下,集装箱港口的核心竞争能力发生了深刻的变化,如果不能准确地把握这种变化趋势,中国港口就无法参与国际竞争,适应全球化的需要。世界集装箱港口发展趋势主要表现在以下几个方面。

(一)由"吞吐量规模"向"综合竞争能力"转变

所谓"综合竞争能力"就是整个供应链的竞争。其优势应体现在提供优质增值服务的分拨配送能力、信息管理能力及所在区域供应链网络的竞争力上。港口企业在发挥自身作为交通基础设施作用的同时,整合现有资源、利用物流节点优势、参与全球供应链的运作已成为当务之急。

现代港口已经从一般基础产业发展到多元功能产业,从单一陆地向腹地发展到向周边共同腹地发展,并且向社会经济各系统进行全方位辐射。集装箱港口功能的进一步整合,使其成为供应链全程创造价值的重要环节。集装箱群体港口新型合作关系的确立,将进一步推进以港口为中心的向海陆两侧内外辐射的无缝隙运输链延伸。

(二)越来越受到"大船规律"的影响

目前超巴拿马运输船只所占比重越来越高,因此水深和作业效率是决定集装箱港口竞争能力的两个重要基本因素。

20世纪80年代末,随着国际集装箱运输的成熟发展,集装箱船大型化的进程明显加快。进入21世纪,在集装箱运输强劲发展的过程中,横跨大洋的贸易和集装箱运输量的迅速增长导致了船公司对运输规模经济的不断追求,以船舶的不断大型化来降低集装箱运输成本也就成了船公司追求的重要目标。

数据表明,6 000 TEU集装箱船比4 000 TEU集装箱船节省20%的成本。1995年年底全世界共有超巴拿马型集装箱运输船32艘,2006年年底已达783艘,占全球集装箱总运力的48.6%。2007年,8 000 TEU装载量的超巴拿马型集装箱船已经大规模就航基干航线。超大型集装箱船的规模不断扩大,不仅对全球航运业格局产生深远影响,而且将对全球集装箱港口带来新的机遇和挑战。

2011年2月21日,马士基集团与韩国大宇造船海洋株式会社(DSME)签订合同,斥资约19亿美元订造10艘全球规模最大的集装箱船,马士基集团此次订造的集装箱船长400米、宽59米、高73米,设计装载能力为1.8万TEU,比目前世界最大的集装箱船"Emma Maersk"号装载能力大2 500 TEU,扩容约16%,首艘船于2014年前后交付。

船公司在增加航线密度的同时,对降低海上运输成本提出更高的要求,因此船舶大型化成了船公司对港口提出进一步要求的筹码,也是船公司以选择国际枢纽港为理由,对港口的基础设施、操作模式、集疏运系统等方面提出了更高的要求,这将促使集装箱港口运输模式向更高层次的规模化、集约化运输模式转变。

(三)港口"分工规律"更加明显

集装箱港口竞争促进了若干个国际枢纽港的形成。围绕着国际枢纽港—区域龙头港—地区港—辅助港的差异化分工,有序竞争的格局会更加明显,船舶大型化的发展规律也将促进更高层次的中心枢纽港形成,将会引发港口格局的深层次改革。

集装箱船大型化必须要以充足稳定的货源、船舱的高效利用为前提,超大型船舶通过减少挂靠港数量,选择挂靠中心枢纽港的方式,最大限度地发挥规模效益,促使全球航运业出现新的格局;中心枢纽港之间依靠超大型船舶连接,支线港的货物通过中小型船舶集散至中心枢纽港;同时船舶大型化将推动枢纽港的升级,进一步优化区域港口的分工和资源配置。

(四)"集疏运系统"的完善程度更加重要

如何降低成本,开展多式联运,拓展和延伸腹地,已经成为集装箱港口竞争能力的核心要素。

超大型船舶的挂靠,不仅需要码头快速装卸货物,更需要后方集疏运系统达到货物快速集散、快速分拨、准确可靠的要求,为航线确保货源输送的稳定性。作为现有公路、内河运输集疏运方式的重要拓展,海铁联运集装箱能够迅速提升陆路货物运输通过能力,为港口提供持续的货源保障。

船舶大型化趋势以及中心枢纽港的功能日益提升,导致物流集中化程度越来越高,物流操作日益由分散趋向集中,产生了跨国采购、国际配送等多样化的物流服务需求,港口竞争也演变为整个物流供应链的竞争。

三、未来中国港口建设的几个关注点

近几年中国港口呈现粗放式发展,港口建设主管部门需冷静对待,审视其中的"过热"现象,以免产生混乱。

港口建设的目的是优化中国全面的物流系统,增强中国的综合竞争力。港口发展的规模不能过多超过市场的需求或超过建港城市基础设施的承载能力,否则设备不能充分发挥其效能,在这种情况下可以称之为"过热"。为了把握好港口建设规模的"度",就需要把握好以下几个环节。

(一)正确估算市场需求

在预测目标期的市场需求时总是以历史数据作为依据,但历史数据不一定符合预测的需求,必须预先对这些数据进行处理,使之符合预测的要求,否则预测不可能正确。例如,在预测珠江三角洲年集装箱生成量时,不能把珠江三角洲所有港口的集装箱吞吐量之和作为珠江三角洲的集装箱生成量。这是因为在珠江三角洲内部有支线运输存在,而每一只集装箱的货物,经过支线装卸、运输后被统计为三个集装箱的货量,即装(卸)货港一个,中转港两个,在预测时应加以处理。

(二)充分估计竞争形势

在同一个港口群中的港口,总是会拥有共同的腹地,竞争是无法避免的。如果对自己的竞争力估计过高,就很可能出现"建港热"的现象。香港港在确立建港时间表时,充分估计竞争影响的做法可以作为内地港口业者的借鉴。由于深圳港拥有比香港港优越得多的区位优势,自建港以来,在一定程度上分流了香港港的集装箱货流。

业界认为香港港当前的处境是深圳港分流造成的,深圳港之所以能分流香港港的货流是因为深圳港的区位条件优于香港港,而不是因为香港港能力不足,所以10号码头的建设不是当务之急。虽然香港港缓建10号码头引来不少非议,但至今仍未提上议事日程。

(三)正确计算港口能力

港口能力的利用程度是确定港口发展时间表最重要的依据。港口通过能力是港口装卸船舶能力、堆场堆存能力与集疏运能力等环节能力综合的结果。

近年来,由于中国的集装箱货流大量增加,欧美有些港口发生堵塞,堵塞的原因并不是装卸船舶的能力不足,而是由于疏运能力不足,堆场堆满了集装箱而使船舶无法卸货。在这种情况下,解决问题的途径是扩大集疏运能力或加大储存能力。但是,加大储存能力只能缓解集疏运能力不足的矛盾,只有扩大集疏运能力才能彻底解决问题。而当集疏运

能力不足时,再高的码头能力也无法发挥其效能,在这种情况下增加泊位显然于事无补。

对港口通过能力的计算需要从综合视角去考虑,而不能仅仅局限于港口本身。在建设港口的过程中不仅要充分考虑现有科技水平对港口装卸能力的影响,还要客观地评估港口储存能力以及集疏运能力。

复习思考题

1. 请阐述 2003 年之后,中国各地为什么出现了港口投资建设的热潮?这股投资热潮为今后中国沿海港口协调发展全面布局造成怎样的后果?
2. 为什么说环渤海港口群是中国五大港口群中竞争最激烈的?请从港口间、港口群间、东亚港口间这三个不同层次分析环渤海港口群所面临的竞争态势。
3. 请分析上海洋山港开港之后对东亚港口的竞争格局有怎样的影响?
4. 为什么说集疏运系统的完善程度是评价港口竞争力的重要指标?
5. 请阐述中国集装箱港口吞吐量飞速增长的主要因素是什么?为什么?
6. 请分析东北亚港口竞争圈的竞争态势,阐述釜山港在这种状况下所发挥的作用。未来中国北方港口应该采取怎样的措施才能防止本港腹地的货物流失到釜山港?
7. 请分析为什么说集装箱港口的"竞合关系"以竞争为主,以合作为辅?为什么集装箱港口间的竞争不可避免?请举例自己熟悉的港口进行阐述。

21世纪经济与管理规划教材

物流管理系列

第八章

中国港口物流政策及管理体制

知识要求

- 掌握"双重领导"管理体制的内涵
- 掌握现行港口管理体制的积极意义和作用
- 掌握政府对港口物流活动的干预行为
- 理解港口法的积极意义
- 理解港口管理模式的演进变迁
- 了解中国港口产业政策的变迁
- 了解政策环境对港口物流业的影响

第一节 港口发展的政策环境

政策环境是指国家或政府为实现全社会物流的高效运行与健康发展而营造的公共政策环境,以及政府对全社会物流活动的干预行为。具体包括有关物流的法律、法规、规划、计划、措施,以及政府对全社会物流活动的直接指导等。物流政策具有公共物品的属性,完善的物流政策体系一方面可以减少或降低物流的外部不经济;另一方面可以扶持与促进物流事业发展,加速物流基础建设和完善,从而提高微观物流效率。

一、中国港口产业政策的变迁

交通运输业作为物流发展的前提,是国家重点扶持的对象,国家提出要优先发展包括港口在内的基础设施产业。从国家宏观经济发展布局看,目前沿海省份率先发展,地方政府通过制定"以港兴城,以城兴港"战略,把港口作为城市经济发展的重要依托。改革开放以来,一系列相关港口产业政策的出台,引导着中国港口的模式变革,有力地促进了中国港口业的发展。

(一)《当前国家重点鼓励发展的产业、产品和技术目录》

1997年,国务院颁布《当前国家重点鼓励发展的产业、产品和技术目录》,确定当前国家重点鼓励发展的产业、产品和技术的原则是:

(1) 符合当前和今后一个时期的市场需求,有比较广阔的发展前景;

(2) 有比较高的技术含量,有利于企业设备更新,加快对传统产业的技术改造,促进产业结构的优化和升级,全面提高经济效益;

(3) 国内存在从研究开发到实现产业化的潜在技术基础,经过努力,可以填补国内产业和技术空白,有利于形成新的经济增长点;

(4) 符合可持续发展战略,有利于资源节约以及生态和环境保护;

(5) 供给能力相对滞后,提高其供给能力,有利于促进产业结构的合理化,保持国民经济的持续快速健康发展。

本着上述原则,国家重点鼓励29个领域,共440种产品、技术及部分基础设施和服务的发展,于1998年1月正式实施。

沿海主要枢纽港建设、大型港口装卸自动化工程、水上集装箱运输、集装箱多式联运、水上滚装多式联运等均为当前中国重点鼓励发展的产业和优化领域。此外,从国家宏观经济发展布局看,目前沿海省份率先发展,地方政府通过制定"以港兴城,以城兴港"战略,把港口作为城市经济发展的重要依托。特别是国务院颁发[2001]91号通知,决定将由中央管理以及中央与地方政府双重领导的港口管理体制全部下放地方管理,有力地推动了港口企业的规范化发展,提高了港口企业核心竞争力。产业政策的支持成为促进中国港口业发展的有利因素。

(二)"十五"规划中基础设施产业目标的设定与修改

"十五"期间,沿海港口计划投资700亿元,新增深水泊位135个,改造深水泊位45

个,到2005年深水泊位将达到800个,总吞吐量能力将达到14.5亿吨以上,到"十五"末沿海港口吞吐量将达到16.8亿吨,年均增长5.5%,其中外贸吞吐量达到7.5亿吨,年均增长7.5%,主枢纽港吞吐量年均增长6.5%,占总吞吐量的86%,国际标准集装箱吞吐量达到4000万TEU,比"九五"末增长一倍,主枢纽港集装箱吞吐量达到3600万TEU。内河航道建设投资276亿元(含长江口续建工程90亿元),改善航道里程3350千米,其中三级航道950千米,四级航道900千米,五级航道1500千米,改善内河水运主通道2500千米,到2005年水运主通道中符合规划标准的里程达到7940千米,占54.2%;改造和新建内河泊位200个,新增吞吐能力2500万吨。

2004年1月,交通部根据港口业发展的现状,对"十五"计划中港口业的有关内容进行了修正(见表8-1)。

表8-1 港口业修正内容

项目	调整前	调整后
新增深水泊位(个)	135	164
其中:新增集装箱泊位(个)	54	69
新增吞吐能力(亿吨)	2.31	3.4
其中:新增集装箱吞吐能力(万TEU)	1200	1940
沿海港口深水泊位(个)	800	820
其中:新增集装箱专业化泊位(个)	—	152
总吞吐能力(亿吨)	14.5	17
其中:集装箱通过能力(万TEU)	—	3735
沿海港口吞吐量(亿吨)	16.8	大于20
沿海港口集装箱吞吐量(万TEU)	4000	超过5800
内河港口泊位(个)	200	248
内河港口新增吞吐能力(万吨)	2500	3500

资料来源:交通部。

(三)《关于贯彻落实胡锦涛总书记指示精神,进一步推进沿海港口发展的意见》

交通部于2003年8月正式下发了《关于贯彻落实胡锦涛总书记指示精神,进一步推进沿海港口发展的意见》(以下简称《意见》)。

《意见》对中国沿海港口的发展状况及发展面临的形式和问题进行了分析,提出了21世纪前20年沿海港口的发展思路、前10年的基本设想和近期建设的实施意见。

(1) 21世纪前20年沿海港口发展的基本思路:从全面建设小康社会的目标出发,坚持速度、结构、质量、服务、管理、效益和可持续发展相统一,以国际、国内航运市场为导向,适应经济全球化的发展趋势,满足国际现代化建设的需要,通过资源整合形成竞争优势,建成架构合理、层次分明、功能完善、信息畅通、优质安全、便捷高效、文明环保的现代化港口体系。到2010年,沿海港口总体能力基本适应国民经济的发展要求;到2020年,沿海港口总体能力适度超前国民经济的发展要求。

(2) 21世纪前10年沿海港口发展的基本设想:加快主枢纽港的发展,尽快提高码头泊位大型化和专业化水平，进一步增深进出港航道，规划建设集约化程度高、融现代港口功能于一体的大规模专业化港区，实现公路、内河、铁路及管道等多种集疏运方式和保税、仓储、物流、加工及配送等多种功能在港口的有机衔接。在区域经济发展中有重大作用和影响的主枢纽港，要发展成为区域性中心港口，并进一步发展成为国家综合运输的核心枢纽。

实现以上目标和基本设想的途径具体主要有以下三个方面：

（1）推进区域内港口资源的整合。按照市场经济规律和经济的内在联系，突破行政区划界限，发挥港口群体优势，提高港口效率和服务水平，对长江三角洲地区、环渤海地区、华南及东南沿海地区、西南地区（粤西及广西）港口资源的整合提出具体要求。

（2）强化重要物资运输和集装箱运输系统的建设。根据中国石化和钢铁工业的布局和发展规划，结合港口的水深优势，优化现有大型原油和矿石码头的布局。集装箱运输应形成干线港、支线港、喂给港层次分明、分工合理的港口布局。

（3）大力推进港口结构调整，扩展港口功能，加快港口产业升级。加快大型专业化码头和深水航道的建设；大力发展临港工业，积极推进港口与工业的结合；抓紧做好港口物流发展规划，拓展港口功能，积极推动港口的现代化步伐；对与城市发展矛盾突出的港口，鼓励以资源置换的方式，积极开辟具有发展潜力，集约化程度高、集现代港口功能于一体的新港区，实现港口的可持续发展。

（四）《2001—2010年公路水路交通行业政策及产业发展序列目录》

为指导各级交通行政主管部门加强行业管理，改善宏观调控，调整和优化产业结构，进行资源合理配置，引导公路、水路交通事业的健康发展，2001年，交通部颁布了《2001—2010年公路水路交通行业政策及产业发展序列目录》，这是交通部对于公路水路交通行业政策的第一次完整的阐述。

该目录分六个部分，96条，内容涉及公路、水运交通的各个方面，其中与港口业发展相关的行业政策主要包括以下几个方面：

1. 政策目标与重点

2010年前，水路交通政策重点是，加快水路交通基础设施建设和水路运输结构调整步伐，充分开发和利用水运资源，加强沿海枢纽港建设和内河航道治理，建设国际航运中心，大力发展海洋运输，充分发挥内河航运的优势，强化水路交通在外贸运输和大宗散货运输中的主力地位，以港口为依托，重点加快港口集装箱中转、仓储和货物分拨中心的建设，开拓港口的中转、仓储和分拨功能，完善港口物流信息系统，使港口成为现代物流中心。

2. 港口建设和管理政策

（1）加强港口布局规划管理，促进港口协调发展，按照统一规划、合理分工、大中小结合和专业化配套的原则，从经济、社会发展的全局出发，与国土规划、生产力布局和自然条件密切结合，进一步完善港口总体布局规划，调整码头布局结构、流向变化的要求，以国家交通行政主管部门为主，会同相关部门编制全国岸线使用规划，岸线使用坚持深水深用、浅水浅用的原则，合理使用，综合开发，建立港口岸线使用许可证制度，确保岸线有效利用。各级政府交通主管部门应严格执行经批准的港口总体布局规划和岸线使用规划，促进港口协调发展。

(2) 调整港口结构,拓展港口功能。要加强主枢纽港的建设,相应发展地区性重要港口,适度建设中小型港口;发展大型矿石、原油码头,以及滚装、液化石油气、液化天然气码头,适度发展旅游客运码头,限制新建杂货码头;重点建设集装箱干线港,相应发展支线港,完善集装箱集疏运系统;加快港口配套设施建设,促进港口向多功能方向发展,重点加快大型港口集装箱中转站和货物分拨中心建设,使之成为多式联运的枢纽。

(3) 加大港口技术改造力度,发挥现有设施能力,要坚持新建和技术改造并举的港口发展方针,遵循港口功能与城市功能协调发展的原则,以货源和船型变化为依据,加大技术改造力度,提高港口通过能力,提高对新货种、新工艺以及船舶大型化的适应能力,重点鼓励港口大型集装箱码头以及大型原油、矿石专业化泊位扩容改造,多用途、散杂和件杂货泊位专业化改造,老港区技术改造和功能调整,集装箱管理系统、信息网络系统和自动化装卸系统的改造,矿石、煤炭等大宗散货泊位自动控制及信息管理系统的改造,中小通用型泊位和内河港口的技术改造,提高专业水平和装卸效率。

(4) 加强港口管理,实行政企分开的管理体制,港口的政府职能要进入政府行政管理序列。港口企业按照企业制度的要求,成为自主经营、自负盈亏、自我发展、自我约束的市场行为主体。建立竞争有序的经营市场,规范港口企业的经营行为,进一步加强港口市场准入的监管和企业专用码头的管理。充分发挥港口行业协会在行业管理中的协调、监督和服务功能。全面推行港口建设招投标制和工程监理制,进一步规范港口建设市场,提高港口工程质量,简化港口建设项目审批程序。

(5) 支持内河主要港口建设,加速内河港口发展。根据流域经济发展需要,确定内河的重点发展港口,调整内河港口结构,对内河重点港口建设实行倾斜政策,加大资金投入。鼓励建设企业专用码头,鼓励集装箱支线港口建设,重点是长江和珠江三角洲地区集装箱港口的建设。

(6) 推进技术进步,实现港口现代化。要加快信息技术、网络技术和电子商务在港口建设和经营管理中的应用,进一步建立和完善港口管理信息系统,提高港口管理水平,实现港口管理现代化。开发大型深水港设计建设技术、深水防波堤建设技术、码头结构防护与施工技术、水工建筑物耐久性及检测维修技术、水下软基加固技术等筑港新技术。鼓励采用新工艺、新技术、新设备,以提高装卸效率、保障安全和降低货损为目标,不断提高港口装卸工艺系统的水平。鼓励研制大型、高效集装箱及大宗散货装卸机械,提高港口装卸效率,鼓励开发港口生产作业优化与自动控制技术;鼓励开发集装箱码头智能信息系统技术;加速港口机械设备的技术改造和更新换代,重视港口机械设备的现代化管理、养护和维修,积极推广港口机械设备的状态监测和故障诊断技术,提高设备的完好率和利用率。

3. 港口投资融资政策

(1) 投资方向和重点。水路交通基础设施投资的重点是沿海主枢纽港及出海航道、长江口、珠江口深水航道、"两幅一纵两网"主航道、国际河流主航道和内河主要港口,以及支持保障系统,并向中西部地区的水路交通基础设施倾斜。鼓励各级政府通过营造土地、置换土地或直接划拨土地以及"以工代赈"和"以粮代赈"等方式,对水路交通基础设施建设给予政策性优惠。

(2) 多方筹集建设资金，加速水路交通基础设施建设，通过中央投资、地方筹资、社会融资、利用外资等渠道，增加水路交通建设投入。鼓励通过发行债券、股票等方式，拓宽融资渠道，继续按国家规定征收港口建设费。内河航道建设以政府投资为主，鼓励各级政府加大对港口和内河航道建设的投入，或采取其他优惠政策支持水路交通基础设施建设。鼓励外商投资建设水路交通经营性项目。

(3) 实行"谁投资、谁决策、谁受益、谁承担风险"的投资机制，规范投融资行为。对于符合国家产业政策的项目，均可以由各类投资主体自主决策进行投资与融资，并承担相应的投融资风险。明确责任主体，构筑水路交通投资主体的风险约束机制，规范各类投资主体的投融资行为。政府投融资管理部门与交通行政主管部门对水路交通行业的投融资活动进行宏观管理。

(五)《国务院关于促进海运业健康发展的若干意见》

《国务院关于促进海运业健康发展的若干意见》(以下简称《海运意见》)确立了海运业在经济社会发展中重要的基础产业地位，明确提出到2020年基本建成安全、便捷、高效、绿色、具有国际竞争力的现代海运体系的发展目标。为积极推进海运强国建设，按照依法落实、开放性落实、创造性落实的要求，深入贯彻《海运意见》，简略概括如下。

1. 加快海运结构的调整

(1) 着力建设现代化海运船队。认真落实老旧运输船舶和单壳油轮提前报废更新实施方案，鼓励建造符合国际新规范和新标准的船舶。

(2) 严格执行船舶强制报废制度，完善船舶技术政策和标准规范，大力发展节能环保、经济高效的船舶。鼓励符合条件的国内航运企业和船舶从事国际运输，促进干、支线运输联动发展，提高集装箱班轮运输国际竞争力。

(3) 在天津、上海、福建、海南等地开展邮轮运输创新试点示范工作，拓展邮轮航线，逐步发展中资邮轮运力，培育本土邮轮运输品牌。到2020年，邮轮航班、航线显著增加，形成2—3个有影响力的邮轮母港。

2. 优化市场主体结构

(1) 引导鼓励符合条件的民营企业从事海运业务，有序发展中小海运企业，支持民营企业、中小海运企业合作发展和联合、联盟经营。完善市场准入和退出机制，采取综合调控手段，促进客船、危险品运输企业结构优化。

(2) 加强与相关主管部门的沟通协调，研究出台相关制度和方法，推动海运企业兼并重组，促进专业化，规模化经营。支持海运企业在做强做优海运主业的同时，适度开展多元化经营，拓展服务产业链，平抑海运市场大幅波动风险，构建有效的风险防范体系。

3. 加快航运服务业转型升级

(1) 大力发展现代航运服务业，推动传统航运服务业转型升级，优化航运交易服务机构区域布局，推进航运交易信息共享，编制发布运价指数、船舶交易价格指数等，推动建立一批有影响力的航运研究咨询机构，支持航运法律服务机构和仲裁机构的发展，积极发展船舶租赁，鼓励海运企业参与组建船舶融资租赁公司，支持保险企业开展航运保险业务。

(2) 引导港航及相关产业集聚，完善组合港协调机制，推进建立国际航运发展综合试验区，打造国际航运中心。积极探索开展航运衍生品，完善信息发布机制，提高海运交易和定价的国际影响力。

（3）推动港口管理部门、海事管理机构与其他口岸部门建立信息互换、监管互认、执法互助合作机制。健全与海关总署、质检总局的合作机制，推进港航电子数据交换中心和交通电子口岸建设，加快建设进出境船舶联合查验单一窗口系统。

4. 加强港口基础设施建设

（1）完善全国沿海港口布局规划和主要港口总体规划，优化煤炭、石油、矿石、集装箱、粮食等主要货类运输系统，有序推进沿海新港区开发和港口重点项目建设，鼓励发展公共码头，加强深水航道、防波堤、锚地等公共设施建设，建立区域港口航道、锚地共享共用机制。

（2）加强港口集疏运体系建设，加快主要集装箱港区疏港专用公路建设，推进港口铁路集疏运通畅及场站建设。鼓励港航企业与公路、铁路、航空运输企业深化合作，培育多式联运经营人，推进"门到门""一票到底"的一体化运输模式。制定完善联运单证、标准和集装箱铁水联运规则，大力发展铁水联运、江海联运、滚装甩挂运输，推广应用江海直达船型和联运设施。大力发展以港口为枢纽的物流业务，开展冷链、汽车、化工等专业物流业务，积极推进与港口衔接的物流园区、保税区、内陆"无水港"建设。

5. 构建改革开放新优势

（1）加强与相关主管部门的沟通协调，推动海运企业健全现代企业制度，深化国有海运企业改革，积极发展混合所有制海运企业。在中国（上海）自由贸易试验区稳妥开展外商成立独资船舶管理公司、控股合资海运公司、海员外派机构等对外开放试点，总结评估效果并形成可复制、可推广的经验，建立海运领域外商投资准入前国民待遇加负面清单管理模式。

（2）支持符合条件的中资海运企业对外投资和跨国投资，与资源能源企业、制造企业合作拓展海外业务。积极参与国际相关基础设施的投资建设和运营，构建海上支点和服务网络，形成具有较强国际竞争力的港口建设和运营商、全球物流经营人。积极推动海上丝绸之路的建设，加大重要国际海运通道和北极事物的研究和参与力度，支持企业参与北极航线的运行，加强国际海运保障能力建设。积极参与相关国际组织工作，提高参与制定国际公约、规则、标准和规范的能力和水平，推进国内海运标准规范的国际化工作，树立负责任的海运大国形象。深化双边、多边海运领域国际合作，积极开展海运会谈，维护我国海运和海员的合法权益。

二、《港口法》及其基本内容

（一）产生背景

1954年，中国制定了《中华人民共和国海港管理暂行条例》，1987年废止，此后一直没有出台相关条例和法规。中国港口管理一直处于无法可依的状态。改革开放以来，尤其是近十几年，中国港口建设取得了显著成就。但与此同时中国港口结构性矛盾比较突出，港口吞吐能力总量严重不足，沿海主枢纽港公用码头在超负荷运转。

据统计，目前中国沿海港口有15%的深水泊位承担着85%的货物吞吐量，而另外85%的中小泊位仅完成15%的吞吐量。因此，港口业的立法现状与中国港口的改革深度和市场化程度很不适应,与中国经济的不断发展对港口的要求形成鲜明的反差。

2003年6月28日,十届全国人大常委会第三次会议审议通过了《中华人民共和国港口法》,并由国家主席胡锦涛签署的第五号主席令予以公布。《港口法》是新中国成立以来第一部对港口业进行全面、系统规范的法律,制定工作历时10年,由两届全国人大常委会进行了三次审议。《港口法》于2004年1月1日起实施,结束了中国港口行业长期以来无法可依的历史,填补了港口立法的空白,对中国港口业的发展产生了深远的影响。

(二) 基本内容

《港口法》共包括6章61条。分别是,第1章总则;第2章港口规划与建设;第3章港口经营;第4章港口安全与监督管理;第5章法律责任;第6章附则。总体而言,重要的内容有以下几个方面。

1. 明确了试用范围

《港口法》的适应范围有两个突出问题:

(1) 渔港问题。渔港可以是用于经济目的的港口,但目前渔港的管理并没有纳入国家港口管理机构的行政管理范围。针对这种情况,《港口法》第59条规定,"渔业港口的管理工作由县级以上渔业行政管理部门负责,具体办法由国务院规定"。

(2) 货主码头问题。《港口法》没有对公共码头和货主码头进行划分,而是对所有从事港口业务的经营人都一视同仁。只要符合"港口经营"一章中关于市场准入的条件,取得"经营许可证",都是"港口经营人",无论其原来是公共码头还是货主码头。

2. 确立了新的管理体制

中国对沿海和内河主要港口一直实行的是政企合一、高度集中的管理模式,从而形成了政府集中管理、直接指挥和组织企业生产活动的管理体制。

从1984年到1987年,中国主要港口的管理体制演变有3种类型:交通部直属港口;交通部与地方政府双重领导的港口;地方政府管理的港口。

从2001年开始,中国进行了港口管理体制改革,把港口全部下放到地方政府直接管理,实行政企分开,这一港口管理新体制通过《港口法》得以确立。这一新的管理体制的核心是,政企分开,多家经营,"一港一政",统一管理。

港口的政企关系是港口管理体制的另一个热点问题。中国在计划经济体制下形成了政企合一的港口管理已经无法适应市场经济发展的需要。只有政企分开,港口才能实现港口经营人的多元化和平等竞争,保证各经营者拥有明确的财产权利,并保存港口经营者独立地承担民事责任;政府才能维持港口经营者之间及港口经营者与其他市场主体之间公开、公平、平等、自主、合作、竞争的关系,并进行有效的宏观调控和宏观管理。政企分开是《港口法》中的一项重要原则,并在法律条文中得到充分体现。

3. 理顺了管理权限

《港口法》中理顺了各级政府的港口规划管理权限。作为国家专门的港口法律,《港口法》必须确立该法在国民经济中的地位,明确国家对港口的基本政策。为此,《港口法》第4条规定:"国务院和有关县级以上地方人民政府应当在国民经济和社会发展计划中体现港口的发展和规划要求,并依法保护和合理利用港口资源。"

《港口法》确立了港口规划体系,根据该法第8条规定,港口规划包括港口布局规划和港口总体规划。其中港口布局规划又分为全国港口布局规划和省级港口布局规划两级。一般来说,港口布局规划包括规划范围内港口的分布体系、水陆域利用、岸线利用和各港口的位置、规模、性质、功能等内容。港口总体规划是指一个港口在一定时期的具体规划,包括港口的水陆域利用、港区划分、吞吐量和到港船型、港口性质和功能、港航设施建设岸线使用、建设用地配置以及分期建设序列等内容。

4. 确定了港口投融资政策

《港口法》中明确了投资主体多元化的港口投融资政策。《港口法》第5条规定国家鼓励国内外经济组织和个人依法投资建设港口,一方面是指港口的经营性设施,另一方面也包括港口基础设施。在港口建设资金的筹措方面,港口经营一章中对此有明确的规定。《港口法》第20条明确规定,港口公用基础设施的建设与维护主要由政府负责。保护必要的资金投入,用于港口公用的航道、防波堤、锚地等基础设施的建设和维护,促进港口发展是相关政府的一项法定义务。

《港口法》积极鼓励投资建设港口设施,经营港口业务,通过市场法则取得回报。在未来一个时期内,外资仍然是港口建设的重要资金来源。2003年3月,原国家计委、国家经贸委、国家外经贸部联合发布的《外商投资产业指导目录》中,将港口公共码头设施的建设、经营列为鼓励外商投资的项目,且在投资比例方面没有任何限制。《港口法》在第20条中规定,各级人民政府进行港口基础设施建设和维护资金的有关问题由国务院另行规定,这表明政府还可以通过财政投资、发行债券和采取一定的行政手段建立专项基金作为港口建设的资金,例如目前正在实施的征收港口建设费政策。

因此,无论是政府还是国内外经济组织和个人,都可以运用一切合法的手段筹集资金,投入港口基础设施的建设。这些法律规定,必将引起新一轮的外资和国内民营资金进入港口业发展的热潮。

5. 确立了准入制度和竞争制度

《港口法》中确立了港口业务经营者的准入制度和公开公平的竞争制度。《港口法》确定了港口业务(包括为旅客和货物提供的码头、仓储、港作、理货以及物流服务等)要在政府的宏观管理下多元主体经营、平等竞争的原则。在这一原则的指导下,《港口法》在第3章中明确规定了"游戏规则"。如从第22条到第25条规定了从事港口经营业务的准入规则,确定了市场准入的基本条件包括相关的设施、合格的人员和完善的制度等,无论什么人,也无论本国资本还是外国资本,只要符合条件都可以从事港口经营。从第26条到第29条规定了港口经营的行为规则,包括要对被服务者提供公平服务、明码标价、不得强制服务等。目的是体现市场经济的公平竞争原则,确立港口经营人之间的竞争机制,从而推动港口服务水平和竞争能力的提高,实现港口为经济和社会发展服务的目的。

6. 确立了保护和安全管理制度

《港口法》中确立了对港口的保护和安全管理制度。《港口法》对港口管理者、港口经营者、港口使用者以及其他相关人在港口基础设施保护和港口安全生产监督管理方面相关的职责与义务做了十分详尽的规定。确立了船舶进出港口和港口内危险货物作业的报告制度、对可能危及港口安全的活动的禁止和审批制度、解决突发安全事故的应急制度、

引航制度、港口行政管理部门对港口安全生产情况监督检查制度等,特别是对于港口行政管理部门与海事管理机构在相关工作上的职责和分工,做出了更加明确的规定。

第二节 港口管理体制的变迁

一、当前中国港口管理模式的历史演进

每一种港口管理模式的形成和发展都受到国家或地区的历史、经济、政治、文化诸多因素的影响,同一国家不同港口、同一港口在不同时期的港口管理模式也有所差异。中国的港口管理模式是在特定的社会历史时期当中形成的,特别是在中国各种制度的逐渐完善、经济生产力的长足发展以及借鉴国外港口的管理模式中,中国的港口管理模式日趋完善,逐渐提高了港口的资源利用率和整个区域港口的竞争力,极大地推进了地区经济的发展,顺利完成港口功能的换代。大致说来,中国港口管理模式的历史演进可分为计划经济体制、港口过渡性体制、现行管理体制三个阶段。

(一)计划经济体制阶段

这一时期,由于中国实行的是计划经济管理模式,中央政府对经济实行高度的集权化管理。因此,当时的大型海港都归交通部直接管理,内河主要港口则由交通部的派出机构运行管理(如在中国几大水系设置的长江航运管理局、珠江航运管理局以及黑龙江航运管理局等),小型港口则归地方的交通局或航运管理局管理。港口管理机构为港务局,港务局行使对本港区内的行政管理和生产管理的职能。即在港口管理上,基本实行"高度集中,统一管理,一家独办,全国垄断"的管理模式。

虽然是在计划经济阶段,但是期间由于中国国内政治经济的影响,港口管理模式出现了4次大的变更和反复:

(1) 1958年"大跃进"期间中央把港口管理权下放地方,前后六年中由于国民经济比例严重失调,港口发展停滞。

(2) 1964年中央强调集中统一,港口管理权重新上交中央,此时的状态为港政一体、区域经营。

(3) 1968年由于"文化大革命"港口管理权再次下放地方,当时国内政治局势不稳定,港口处于无人管理状态。

(4) 1973年中央号召"三年改变港口面貌",港口管理权再次收缴中央,实行集中管理制。港口建设取得了历史性进步,为以后的发展改革做了重要的铺垫。

从这一时期的港口管理权在中央和地方之间的反复交替可以看出计划经济体制阶段港口管理受政治因素影响较为突出,政策变化较为频繁,地方政府和中央政府管理港口的进程经常中断,导致港口规划难以延续甚至不合理。同时,这一时期基本上政府单一为港口投资主体,包揽了各行各业、大大小小的建设活动,在建设资金渠道方面基本上是国家财政预算内的拨款的单一渠道。总体而言,计划经济体制阶段港口发展较为缓慢。

(二)港口过渡性体制阶段

这一时期国家根据不同的地理位置、港口职能、港口成熟程度、岸线资源等为依据,港

口管理模式的改革分沿海和内河分别进行。

1. 内河港口管理体制改革

长江干线运输一直由交通部所属的长江航运管理局经营,其港口主要为交通部直属船舶服务。

交通部于1984年1月撤销了长江航运管理局,分别组建了长江航务管理局和长江轮船总公司。长江航务管理局为交通部的派出机构,对长江航运进行行政和行业管理与宏观控制。长江轮船总公司为交通部直属的航运企业,主要经营长江干线的客货运输和船舶修造业务。

为了调动各方面建设和利用港口管理体制改革中的过度投资趋势研究长江航运的积极性,加快港口建设,发展港口生产,加强港口活力,提高港口的经济效益和社会效益,促进长江水系航运事业的发展,1987年8月国务院批准了国家经委、交通部《关于长江管理体制改革的请示》,确定将长江水系的重庆、武汉等23个主要港口全部移交给所在城市,实行交通部与地方政府双重领导,以地方为主的管理体制。与此同时,珠江水系和黑龙江水系的港口管理体制也相应进行了调整。

2. "双重领导"管理体制

1984年,中共中央、国务院批复交通部、天津市市委市政府《关于天津港管理体制改革试点问题的请示》,同意在天津港进行体制改革试点,实行交通部与地方"双重领导,以地方领导为主"的管理体制,在财务上实行"以港养港,以收抵支,定额上缴,一定几年不变"。

体制改变后,交通部负责统一制定、修改和颁发全国性的港口管理法规、规定,并对执行情况进行监督、检查,按照全国港口建设和分工布局的总规划,提出天津港建设方向和要求,综合平衡天津港的年、月度货物吞吐量计划,监督、检查执行情况,协调、调度国家下达的重要物资的运输及跨省份的进出口货物运输等项工作。天津市主要负责编制港口生产建设的长期规划、中期计划和年度生产经营综合计划,编制港口基建计划和大中型技术措施计划,报国家计委、经委和交通部审批后,由天津市组织实施,领导、组织天津港及各下放单位的行政业务、生产和安全质量工作。

从1986年1月起,中国沿海的港口管理体制改革全面铺开。1986年12月国务院再次主持召开了港口管理体制改革会议,要求有关部门和省份抓紧各项准备工作,成熟一个下放一个,整个沿海港口管理体制改革工作从1984年到1988年共分四批完成,除秦皇岛外沿海14个港口均改为双重领导的港口。

港口管理体制改革后,交通部对港口实行行业管理,对港口生产发展建设的方针、政策、法规等实行统一领导和监督;对国家指令性计划和支农、救灾、军运等重点物资运输直接管理,以保障关系国计民生的物资运输畅通。

沿海主要港口(除天津港外)固定资产投资和计划管理,仍以交通部为主,实行以港养港,以收抵支的办法。由交通部编制五年运输生产、固定资产投资计划,编报、下达年度运输生产、固定资产投资计划。基本建设投资仍由中央筹措,包括养港资金、经营资金、专用资金等。交通部负责全国沿海、长江干线主要港口布局规划,区域性规划和主要港口总体布局规划。以交通部为主负责报批港口大中型及限额以上基本建设项目和重点建设项目

的前期工作。基本建设投资从1986年起由国家预算内拨款改为"拨改贷"的有偿使用政策。建设资金有国家计委、交通部负责管理。

1988—1994年,国家成立了交通投资公司,港口基本建设投资中的"拨改贷"改为经营基金,由国家交通投资公司安排。1994年,国家对计划投资体制又进行了改革,撤销了国家专业投资公司,成立了国家开发银行,只负责安排基础设施大中型基本建设项目的资金配置,不再具有投资计划管理职能。

这次改革初步调动了中央和地方两个积极性,特别是沿海港口所在地的城市政府较之过去对港口给予了更多的关心和支持,扩大了港口企业的自主权;拓宽了港口建设资金的来源渠道,从而使港口基础设施得到了明显改善。以前压港压船的现象基本得到解决,港口生产保持稳步增长的势头。它对中国港口在数量上和规模上的迅速发展起到了积极作用。

据统计,1986—1999年,全国沿海主要港口生产用泊位数从686个增加到1 392个,增长系数为103%;集装箱吞吐量从59.1万TEU增加到1 559.5万TEU,增加16.4倍。同期内,全国内河主要港口生产用泊位数从1 436个增加到7 826个,增加4.45倍。

虽然在"双重领导"港口模式下中国的港口建设取得了巨大的进步,但是如果客观评价港口在20世纪八九十年代所取得的进步还应当注意到当时的一些外在条件。

(1) 自改革开放以来中国奉行以经济建设为中心的基本国策,对外贸易额的迅速攀升、资源的迅速流动为港口的发展提供了有力的外部条件;

(2) 深入考察发现那一时期港口的发展很大程度上依赖于国家的政策调整和激励,对本身功能和竞争力的提升有限,特别是相对于国外的港口来说效率低下、竞争力严重不足。

随着中国经济体制的进一步深化改革,"双重领导"港口的现行模式逐渐暴露其弊端,难以符合社会经济发展的要求。

(1) 港口管理者"缺位"。实行"双重领导、地方为主"的管理机制后,港口管理者名义上是以地方为主,但实际上仍是属于中央政府,大多数地方政府只有人事任免权,对于港口的规划、发展、建设等没有实际权力,重大投资和经营决策权仍由中央政府决定。

港口管理权下放不彻底,使城市难以全面履行对港口的行政管理和监督,致使港口的生产经营不能全面适应社会主义市场经济发展的需要,满足不了城市现代化建设和区域经济发展对港口的需要。

此外,一些地方政府不把双重领导的港口码头作为自己的码头,借助信息不对称,一味地进行低水平的重复建设,造成岸线资源极大浪费以及经营管理混乱,因此该管理模式的结果是所有者主体"缺位",即没有真正的有效管理者。

(2) 双重领导的港务局政企不分,既是"球员",又是"裁判"。港口管理模式改革的主要思路是实行政企职责分开,所有权与经营权适当分离,明确企业是自主经营、自负盈亏的经济组织,并在此基础上建立各种形式的经济责任制。改革的主要措施是对大多数国有企业实行经营承包责任制,通过契约形式确定了国家和企业的关系。然而双重领导下的港务局是"政企合一"的单位,既从事港口的经营业务又有部分"政"的功能。

因此,在进行规划、建设的时候就不可能完全脱离自身经营而站在整个港口的发展高度上,难免会利用手中的"政"的职能保护自身利益,导致的结果是港口市场难以规范。从另一个角度来说,作为一个资金密集型的大企业,如果受政治干预过多就难以发挥其真正的社会职能。

(3) 港口企业负担沉重,发展缓慢。"双重领导"制的一个重要思想是"以港养港,以收抵支,定额上缴,一定几年不变",这样的财务管理制度在一开始的时候收到了良好的效果,大部分港口发展势头良好。但在国家税制改革后,原本列入养港的一些资金被取消,只剩下港口所得税用于港口基础设施的建设以及其他相关项目开支,造成的结果就是港口企业负担沉重,资金来源短缺,很多合理的基础设施规划建设停留在设计阶段,影响了港口的健康发展。

此外,在一些业务上港口的经营体制也与国际惯例相悖,这些弊端也在一定程度上说明了"双重领导"管理模式已经不再适合社会经济发展的要求。

(三) 现行管理体制阶段

由于"双重领导"模式的种种弊端,中央针对已有模式的漏洞和不足提出了政企分开、地方管理的新型管理模式。该模式进一步适应了中国社会主义市场经济发展的要求,促进中国港口在新形势下的发展。

1994年进一步对海南省港口管理体制进行改革,将双重领导港口全部下放海南省管理。1995年在国家体改委和国家经贸委牵头进行的深圳口岸管理体制改革中,在港口方面实行了政企分开。1995年交通部选定重庆市作为港口体制改革的试点。

在历经了八年之久的酝酿、调查研究和试点之后,2001年11月23日国务院办公厅发布了《国务院办公厅转发交通部等部门关于深化中央直属和双重领导港口管理体制改革意见的通知》文件,转发了交通部、国家计委、国家经贸委、财政部、中央企业工委《关于深化中央直属和双重领导港口管理体制改革的意见》。

该《意见》规定,新一轮港口管理体制改革的主要内容是将现由中央管理的秦皇岛港以及中央与地方政府的双重两个港口全部下放地方管理。港口下放后原则上交由港口所在地城市人民政府管理;需要由省级人民政府管理的按照"一港一政"的原则自行确定管理形式。港口下放之后,实行政企分开,港口企业不再承担行政管理职能,并按照建立现代企业制度的要求,进一步深化企业内部改革,成为自主经营、自负盈亏的法人实体。

同时,港口现行的计划、财务管理体制也进行了相应的改革,其中计划管理由中央计划管理改为地方管理,财务管理则由"以港养港,以收抵支"改为"收支两条线",取消港口企业定额上缴、以收抵支的办法,同时按照国家税收管理有关规定征收港口企业所得税。港口下放时,其财务关系相应划转。港口的资产无偿划转地方管理,其债权、债务一并随之发生转移。

现阶段港口管理体制改革的核心内容有:

(1) 改原由中央直接管理和中央与地方政府"双重管理"为地方政府管理。

(2) 实行政企分开。通过政企分开,进一步转变政府职能,完善港口行政管理体制;促进港口建立现代企业制度,使港口企业成为自负盈亏、自主经营的经济实体。

(3) 理顺港口内各方面的关系,提高外国港口综合服务水平和竞争能力。

此次改革的目的是：

（1）充分调动中央和地方以及社会各个方面建设、管理港口的积极性，特别是提高港口所在城市人民政府对建设和管理港口的积极性；

（2）使港口行政管理机构专事港口行政管理事权；

（3）减轻港口生产经营企业的责任和义务，专门从事企业经营发展。

二、现代港口管理体制模式

所有原双重领导和中央直属港口无一例外地全部下放到地方，并实行政企分开，然而各港下放的程度和具体管理模式则有所不同。从下放的程度看，有的下放到省一级管理，例如秦皇岛、上海、天津和重庆港，大多数下放到省以下级别管理。关于各港具体管理模式，实质上有以下三种情况（见表8-2）。

表 8-2　各港口管理模式特点

管理模式	多元投资、分散经营	政企协同、企业主导开发	政企分开、企业自主开发
管控主体	政府部门	政府、企业共同管理	港口经营企业
基础设施投资主体	政府部门	公共设施：政府 经营设施：企业	港口经营企业
优点	保证国家对土地、岸线等资源的有效控制； 吸引各投资方参与港口建设和经营	保证了政府对港口的公共投入； 保证了港口企业的主导权	有利于发挥港口企业的主动性和积极性； 同时也有益于港口内部资源的整合
缺点	港口经营企业的积极性差	容易出现"强政弱企"的局面	港口经营企业承担较大资金压力

（一）多元投资、分散经营模式

多元投资、分散经营模式的基本特征是政府采用先招商后投资经营的方式，港口经营权分散。这与国外现行的地主港基本一致，也可以称为"万国码头"。

该种管理模式是通过直接出售、转让或租赁港口所有权，使港口服务或港口经营等实现私有化的一种港口融资和港口管理的一种做法。租赁港口使用者与港口使用者签订协议，使用者在规定时期内，使用港口的现有设施，同时向港口使用者支付一定数额的港口土地和设施的使用费。

在这种情况下，政府通常把单个码头租赁给私营部门或某些集装箱航运公司，国家一般会资助港口基础设施部分的建设，甚至有时对港口货物装卸设备的购置也提供一些补贴，但土地所有权和港口管理功能则一直通过港口管理局由国家进行控制和管理，并由港口管理当局收取管理费。

在多元投资、分散经营模式下，土地和基础设施的所有权和开发权都属于港口管理当局。因此，这种模式既可保证国家对土地、岸线等资源的有效控制，又能吸引投资方参与港口建设和经营，是一种比较好的模式（如青岛港和厦门港）。

（二）政企协同、企业主导开发的管理模式

港区一体、政企协同、企业主导开发管理的模式是指按照第四代港口功能，港口的临港产业区与生产作业区实行一体化开发运营；公共基础设施和港口集疏运体系等方面由政府担负，港口经营设施以港口企业投资为主，并且政府从发展区域经济角度出发，通过注资、减免税费、提供土地等手段予以大力扶持。

这种模式使得港口的集疏运体系顺利开展，较之以往在效率方面提高不少，同时把政府的导向和市场的实际需求结合起来，在保证社会利益的前提下把企业的利益最大化。

总的来说，该模式结合了国外前两种模式的优点：保证了政府对港口的公共投入；保证了港口企业的主导权（如天津港、营口港）。

这种模式具有以下优势：

（1）能够兼顾政府振兴区域经济的投资发展导向与市场规律要求，以市场为导向，合理引入社会资本，实现港口发展速度与效益、规模与服务功能、发展与环境资源的合理开发利用；

（2）简化经营性设施投资项目审批、审核程序，解决多头多层执法；

（3）搭建信息平台，改进服务方式方法，协调引航、理货、拖轮、船供等海运辅助服务；

（4）协调口岸实现宽松、有效的管理；

（5）有效建设连接港区的集疏运通道，组织多式联运，采取多种渠道，运用多种形式实行政务公开等。

因此，这种模式既确立了地方政府与港口的责任，又明确了投资、建设、维护和港政管理、口岸公务设施和港口公用基础设施的管理机制；既有利于发挥港口企业的主动性，又避免了港口企业负担过重致使经营困难的局面，同时，也确保了政府对港口发展目标和要求的实现。

但这种模式下中国港口和地方政府主管部门的主导程度也有差异。广州港就是"强政弱企"模式的代表，政府不仅主导港口的规划建设，甚至直接干预经营管理，企业只有很少的自主权和自由度。从港口发展角度看，这种模式不利于按照市场规律和需求发展港口，也不符合企业主导的基本原则。

（三）政企分开、企业自主开发的管理模式

政企分开、企业自主开发的管理模式是指港口政府管理部门按照区域经济发展需求主导规划，港口企业既包揽港区内一切建设经营项目投资，也承担了大量涉港公共基础设施建设。港口下放初期，这种现象比较严重，随着港口管理体制的逐步理顺，各地政府逐渐加大了港口公用基础设施投入，这种情况在一定程度上得到了改善（例如上海港、大连港）。

政企分开、企业自主开发的管理模式相对于前一种管理模式来说有自己的特征，该模式的优点是港口企业将保持对港口的控制力，有利于发挥港口企业的主动性和积极性，同时也有益于港口内部资源的整合。但是该模式对港口企业的要求较高，港口企业将承担较大的投资压力，导致港口企业资产负债恶化，严重的会影响到港口企业的经营绩效和持续发展能力。

港口、航道属于社会基础设施，投资大、周期长、直接经济效益较低，对社会风险资本和民间资本吸引力不够，随着国家对港航基础设施的投入逐渐减少，资金短缺的矛盾越来越突出，直接影响港口航业的发展后劲。

就目前而言,公共基础设施的投资缺口比较大,很多时候本该由政府投资的部分让港口企业承担,加重了港口企业的债务负担,加大了还贷压力,导致建设资金紧张,影响港口企业后续发展。在企业自主开发模式下,为了实现港口的可持续发展,满足港口企业在港口建设和港口开发方面的需要,必须提高港口的资源获取和利用能力。

因此无论是港口建设,还是股权投资,均需要大量的岸线、土地、资金等资源作为保证,而有效开发、合理利用资源,是实现可持续发展、规避风险的根本保障。因此,需要政府加大对港口企业资金、土地和政策的投入力度。

第三节 政策环境及体制改革对港口物流的影响

一、政策环境对港口物流业的影响

(一)出口退税改革对港口物流业的影响

中国从 2004 年 1 月 1 日开始执行新的出口退税政策。这次改革使出口综合退税率从 15% 下降到 12%。出口退税率平均水平下降,虽然可能会间接影响港口吞吐量的增长,但影响程度不会太大。因为出口增量虽然减少了,但进口增量的增加能够抵消部分负面影响。

2008 年,为扶持劳动密集型中小企业,支持产业优化升级,财政部、国家税务总局发布了《财政部国家税务总局关于提高劳动密集型产品等商品增值税出口退税率的通知》,进一步提高部分劳动密集型产品、机电产品和其他受影响较大产口的出口退税率。通知中明确了 3 770 项提高退税率产品的具体范围,约占全部出口产品的 27.9%。2009 年 4 月,出口退税政策进一步调整,提高纺织品、服装、轻工、电子信息、钢铁等商品的出口退税率,其中,纺织品、服装的出口退税率提高到 16%。

2014 年,财政部、海关总署、国家税务总局根据《国务院关于印发中国(上海)自由贸易试验区总体方案的通知》的相关规定,决定扩大启运港退税政策试点。以上政策促进了出口企业的对外贸易,简化了出口退税的手续和流程,在一定程度上提高了港口的货物通过量。

(二)关税与配额变动对港口物流业的影响

根据中国签订的《入世议定书》中有关关税减让的承诺,2002 年中国的关税总水平为 12.7%,2003 年则降至 11.5%,2004 年要降到 10.6%,到 2008 年降为 9.8%。

2003 年取消了汽车关键零部件的配额,但整车进口在配额和关税双重限制下,该年进口车仍呈大幅上升势头。全年共进口各类汽车整车(含成套散件)172 683 辆,同比增长 34.6%。其中,进口小轿车 10.3 万辆,同比增长 46.4%。2005 年整车配额取消,2006 年整车关税最终降至 25%。

2004 年 1 月 1 日中国取消了成品油的进口配额。2004 年国内豆油的关税配额从 2003 年的 260 万吨增加到 311.8 万吨。在进口配额限制下的食用油进口税率 2004 年降到 9%。由于这些产品的国内价格高于国际价格,关税下降与配额增加或者取消能够极大地刺激这些产品的进口,进口的增加对提高港口的货物周转量有积极作用。

2008年,中国关税总水平下调为9.8%,其中,农产品平均税率为15.2%,工业品平均税率为8.9%。为进一步限制高耗能、高污染产品出口,继续以暂定税率的方式对煤炭、原油、金属矿砂等产品征收出口关税,并对木浆、焦炭、铁合金、钢坯、部分钢材等生产能耗高、对环境影响大的产品开征或者提高出口关税。为扩大双边多边经贸合作,促进国家经济发展,对原产于东盟十国、智利、巴基斯坦、印度、韩国、斯里兰卡等国家进口商品实行比最惠国税率更低的协定税率。关税总水平的持续下降,将对中国对外贸易量特别是对国内外价格差距较大的部分商品,如汽车、成品油等的贸易量发生较大影响,从而对港口物流业发展产生重要影响。

2015年中国关税总水平依然保持在9.8%,实施进口暂定税率的商品共计749项,平均税率为4.4%,相对于最惠国税率,优惠幅度为60%。为满足国内生产和生活需要,降低部分商品的进口关税,新增17项商品实施较低暂定税率,包括部分药品及一般消费品,如降脂原料药、夏威夷果、单反相机等。

（三）提前开放的港口对港口物流业的影响

2003年年初深圳向国务院及相关部委提交报告,要求将20个领域的开放时间提前。中央批准深圳提前开放的具体内容因行业而异,主要原则有两个:(1)原本不允许外商控股或独资的行业,在深圳可以先行独资;(2)将开放的时间表提前1—2年。

例如,原本在2004年才可由外商独资经营的进出口贸易公司,在深圳已可独资,但7项涉及国家安全及民生的重要物资;再如报章杂志、石油产品、药品等,开放步伐仍与全国一致,须到2005年才开放。深圳获准提前开放的领域不仅包括港口,还涉及金融、商贸服务业,如保险、证券、商业批发、进出口贸易、物流、运输等。

这一改革对港口物流业的影响表现在两个方面:(1)进一步加快了外资在中国港口的投资,加剧了国内港口之间的竞争;(2)其他领域的提前开放可以为港口物流业带来更多的业务量。如深圳可以在一些领域提前对外资开放的消息传出后,立刻引来了20余家跨国公司争相申请在深圳成立独资的区域性或全球采购中心,以便在中国采购的商品销往全球据点,包括沃尔玛、IBM、日本住友等。

（四）自由贸易区政策的影响

自由贸易区是一国或地区对外经济活动中,在货物监管、外汇管理和企业设立等领域,实行特殊经济管理体制、政策的特定区域,包括自由港、自由经济区、对外贸易区等多种类型。独立的监管、自由的进出、发达的离岸金融和高效的物流是自贸区的主要特征。当下,自贸区是各国在全球范围内集聚生产要素、参与国际竞争、推动经济发展的重要载体。

中国建设自由贸易试验区将从以下方面对开放格局带来影响:(1)进一步扩大服务业开放,形成新的开放举措;(2)形成新的行政管理体制,大幅度减少行政审批事项,强化事中事后监管;(3)进一步实现扩大开放的法制保障和制度保障;(4)在区内放松金融管制,实行金融自由化;(5)简化审批手续,不受入世承诺的开放时间表限制,允许外资提早进入。

二、体制改革极大地促进了港口的发展

(一)港口规模设施建设得到长足发展

近四十多年来,中国港口的经营环境发生了深刻的变化。传统的港口治理体制由于种种弊端无法适应激烈的市场竞争,也无法满足经济的高速发展和对外贸易的需求,因此,在中央对港口治理机制进行改革后,港口被作为一个兼有盈利性和公益性的组织存在,其商业功能逐渐被认识和重视。实行政企分开的管理体制可以带来很多益处。

四十多年来中国港口在国内外经济、贸易、科技发展的环境下,逐步发展壮大,从数量增长走向质量和效益的发展阶段。"十五"期间,沿海相继建成投产集装箱、原油、矿石、煤炭等专业化码头泊位920个,其中万吨级以上泊位188个,新增港口吞吐能力5.4亿吨。2009年,规模港口泊位数从14 205个迅速增加到20 091个,此后每年都在稳步增长。2012年,中国拥有规模以上港口码头泊位20 450个,其中包括1 822个万吨级及以上港口码头泊位,18 825个生产用码头泊位。专业化泊位比重超过50%,具备靠泊装卸30万吨级散货船、35万吨级油轮、10 000万TEU集装箱的能力。2014年年末,全国港口外贸吞吐量为35.9亿吨,集装箱吞吐量为2.12亿TEU。全国拥有生产用码头泊位31 750个,其中,沿海港口生产用码头泊位25 871。万吨级及以上泊位2 110个,比上年同期增加109个;沿海万吨级及以上泊位1 704个,比上年增加97个;内河港口万吨级及以上泊位406个,比上年增加12个(见表8-3)。

表8-3 我国主要规模以上港口码头泊位数　　　　　　　　　　单位:个

年份	港口泊位数	其中:万吨级以上	沿海港口泊位数	其中:万吨级以上	内河港口泊位数	其中:万吨级以上
2004	9 787	837	2 849	687	6 938	150
2005	10 652	955	3 641	769	7 011	186
2006	10 848	1 108	3 804	883	7 044	225
2007	12 131	1 217	3 970	967	8 161	250
2008	14 205	1 335	4 914	1 076	9 291	259
2009	20 091	1 507	5 372	1 214	14 719	293
2010	20 333	1 611	5 529	1 293	14 804	318
2011	20 524	1 706	5 612	1 366	14 912	340
2012	20 450	1 822	5 715	1 453	14 735	369
2013	31 760	2 001	5 675	1 607	26 085	394
2014	31 705	2 110	5 834	1 704	25 871	406

资料来源:中国国家统计局及《中国港口年鉴》。

(二)水运体系得到合理规划

水运行业按照"突出重点、注重效益"的原则,围绕长江水运干线、珠江水运干线、京杭运河、长江三角洲、珠江三角洲"两横一纵两网"水运主通道建设为重点,稳步推进内河航

运基础设施建设,主要港口面貌有了较大改观,港口机械化和专业化不断提高。2014年,全国内河航道通航里程126 280千米,其中等级航道65 362千米,占总里程51.8%,等外航道60 918千米,新增及改善内河航道2 000千米。各水系内河航道通航里程分别为长江水系64 374千米、珠江水系16 444千米、黄河水系3 488千米、黑龙江水系8 211千米、京杭运河1 438千米、闽江水系1 973千米、淮河水系17 338千米。

(三)港口体系得到合理构建

目前,中国已经形成布局合理、层次分明、功能齐全、河海兼顾、内外开放的港口体系,基本建立了主要港口、地区性重要港口和其他一般港口三个层次的港口,在长江三角洲、珠江三角洲、环渤海湾、东南沿海、西南沿海五大区域形成了规模庞大并相对集中的港口群。在长江、珠海、黑龙江、淮河水系和京杭运河形成了绵延的沿岸港口带。以集装箱、煤炭、矿石、油品、粮食五大货种和客运为重点,构架了具有中国特色的水路客货港口运输装卸系统。内河主要港口面貌有较大改观。三峡库区码头淹没复建工程全部完成,在长江、西江干线和长三角、珠三角地区建成了一批集装箱、大宗散货和汽车滚装等专业化泊位,港口机械化和专业化水平不断提高。

(四)港口功能得到充分拓展

中国港口功能由客货运输换装和中转,逐步向工业和商业领域拓展,在促进经济和配置资源中的作用日益增强,对中国扩大对外交往,调整产业结构,发展外向型经济产生了重要影响。发挥港口区位优势,在港口周边地带发展临港工业和现代物流,是中国水运地区发展经济的重要方式。依托港口建设物流园区、保税区、高新技术产业区、经济开发区,成为港口和区域新的经济增长点。中国港口在传统的装卸、转运业务基础上,向包装、加工、仓储、配送、提供信息服务等高附加值综合物流功能延伸。随着中国重化工业的发展,围绕港口建立和发展临港工业的力度不断加大,中国港口功能和服务能力正得到不断拓展与提高。

▶ 课后阅读

天津港"政企分离"引关注

天津"8·12"事故过去5天的时间里,核心事实尚未全部呈现,各方质疑仍未停息,天津港政企分离后"剪不断,理还乱"的各方关系也引发关注。

在此次爆炸事故中,瑞海国际物流公司作为天津港内的物流企业,其业务审批、安全监管到底谁来负责至今尚无定论;天津市分管安监、环评等方面工作的领导则一直没有现身给予回应;天津港公安局作为维护港区治安的公安机关,该局和其下设的消防支队的行政归属也不见权威解释。

1. "双重领导"二十载

1984年之前,受制于计划经济体制,天津的港口和城市在体制上一直处于分离的状态,虽然新港的建设、发展取得了巨大成绩,但港口与城市的经济发展未能融为一体,出现了诸如城市临港地区道路堵塞、空间构成杂乱、新建的城市基础设施不符合港口集疏运要求,以及港口内河疏运航程被迫缩短等反常现象。1984年6月1日,天津港开始实行体制改革试点。

在此次改革后,天津港由中央和地方政府"双重领导,以地方为主"。同时,交通部还将包括天津港务局在内的5家企业单位一并下放给天津市人民政府。

改革方案中提出,"关于下放后的机构体制的调整改革,按政企分开的原则,由天津市负责办理""为加快天津港的开发和管理现代化,应当扩大港口的管理权限"。天津港的政企分离,由此开始。

在改革实行的20年里,港口的多数决策由天津市政府主导,港口本身却仍归属于交通运输部,直至今日,天津港包括港区公安在内的一些职能部门,依旧存在权力分割不清的问题。此外,天津市政府仅对港口的人事、公安和财务实行管理权,而重大投资和经营决策权仍由中央政府决定。天津市在"双重领导"模式下,仍然难以全面履行对港口的行政管理和监督。

2. "政企分离"带来新商机

2001年11月,国务院决定对"双重领导"港口管理体制进行新一轮改革。其核心是将"双重领导"的港口改为地方政府直接管理,并进一步实行政企分开,加强港口的行政管理,促进港口现代企业制度的建立,进一步解放和发展港口生产力。

2003年11月15日,经天津市市委批准,天津港务局将行政职能转交给天津市交通委员会,转制为天津港(集团)有限公司。2004年6月3日,天津港(集团)有限公司正式挂牌,成为符合现代企业制度要求的港口企业集团。天津港从计划经济时期政企合一的单位,成为市场经济条件下符合现代企业制度要求的国有特大型企业。

随之而来的还有一系列的优惠政策:天津港享有经天津市人民政府批准的国有资产授权经营资格、融资等经营活动的独立决策权和开发建设权、使用权及经营收益权等。

而与此同时,滨海新区的总体规划中,将天津港定位为中国北方最大的石化产品储运和集散基地。天津港在随后几年入驻的企业中,确实有很多该类型企业,如孚宝渤化(天津)仓储有限公司、天津国际石油储运有限公司和中化天津滨海物流有限公司,其经营范围涵盖了石油化工品仓储、中转、危化品的批发、储存等。另一方面,在天津市的规划中,滨海新区同时被定位为"宜居的生态城区"。

3. 权力分割,割不断?

2004年的政企分离,还有另一个关键点:天津港务局向天津市交通委员会移交了其行政职能。2004年1月1日起实施的《中华人民共和国港口法》第六条规定:国务院交通主管部门主管全国的港口工作。地方人民政府对本行政区域内港口的管理,按照国务院关于港口管理体制的规定确定。依照前款确定的港口管理体制,由港口所在地的市、县人民政府管理的港口,由市、县人民政府确定一个部门具体实施对港口的行政管理;由省、自治区、直辖市人民政府管理的港口,由省、自治区、直辖市人民政府确定一个部门具体实施对港口的行政管理。根据法律规定,天津市的港口管理部门,即天津市交通运输委员会,在"政企分离"后,依法对港口实施行政管理。而港口企业作为独立的市场主体,则依法从事经营活动。但记者发现,所谓"政企分离"后行政和经营职能各归一方,似乎并没有那么容易实现。

资料来源:卫佳铭、刘旭、刘彤丹、刘伟,"'独立王国'天津港的前世今生:政企分离引关注",《南方都市报》,2015 年 8 月 17 日节选。

复习思考题

1. 结合实际案例分析,中国港口产业政策的变迁对港口业有哪些影响?
2. 《港口法》对中国港口业的发展有哪些方面的重大意义?
3. "双重领导"管理体制形成的原因是什么?在 10 余年的发展过程中发挥了怎样的积极作用,又暴露出哪些弊端?
4. 中国港口物流管理体制的变革经历了哪些阶段?各阶段的特点是什么?体制改革从哪些方面促进了中国港口的发展?
5. 参考中国港口各阶段的发展政策,阐述中国港口政策中心的转移方向以及原因。
6. 请阐述政府通过哪些行为对全社会物流活动进行干预?请举例。

21世纪经济与管理规划教材

物流管理系列

第九章

世界主要港口物流管理模式

知识要求

- 掌握地主港的管理模式
- 掌握 BOT 管理模式的内涵
- 掌握公设民营模式的内涵
- 掌握政府在港口管理上所起的作用
- 理解港口管理模式的分类
- 理解港口管理民营化的背景因素
- 理解国际物流中心建设的意义
- 了解世界主要集装箱港口的基本情况

第一节 世界主要集装箱港

一、鹿特丹港

鹿特丹港位于荷兰西南沿海莱茵河和马斯河入海的三角洲上,濒临世界海运最繁忙的多佛尔海峡,是国际水陆交通的重要枢纽,素有"欧洲门户"之称,也是欧洲最大的集装箱港口,是西欧的商品集散中心。美国向欧洲市场出口货物的43%,日本向西欧市场出口货物的34%都经过鹿特丹港中转,德国经鹿特丹港的进出口货物几乎超过了其国内港口的总吞吐量。

鹿特丹港是典型的河口港,属温带海洋性气候,冬温夏凉,年平均气温最低1月份2—3℃,最高7月份17—19℃,全年平均降雨量约700毫米,平均潮差大汛1.7米,小汛为1.5米,一年四季船只进出港口都可畅通无阻。港口总面积超过100平方千米,码头总长42千米,吃水最深处达22米,可停泊54.5万吨的特大油轮。鹿特丹港共分七个港区,其中博特莱克港、欧罗港、马斯弗拉科特港构成了鹿特丹港的主体。

鹿特丹港是欧洲最大的集装箱港,大部分集装箱货物在马斯河沿岸的ECT三角洲码头装卸,装卸过程完全由电脑控制。鹿特丹港的集装箱运输形式主要有公路集装箱运输、铁路集装箱运输和驳船集装箱运输。

鹿特丹也是重要的炼油和化工工业基地,港区内有多种工业园区,其大型炼油厂的炼油能力占荷兰总炼油能力的50%以上,是世界三大炼油中心之一。对于不直接中转去欧洲内陆的货物,鹿特丹港还能提供存储和疏运设施,其中最典型的就是保税区和配送园区。鹿特丹港保税区仓库早在1815年就开展了自由贸易,该保税仓库集中在港口内,公共保税仓库面积达4.3万平方米,再加上私营、商行、工厂的保税仓库,形成了庞大的保税网。与此同时,鹿特丹港在货物码头和联运设施附近发展了个性化的配送园区,以满足日益增长的配送要求,实现由货运中心向国际物流中心的转变。2008—2015年鹿特丹港的货物吞吐量和集装箱吞吐量如图9-1所示。

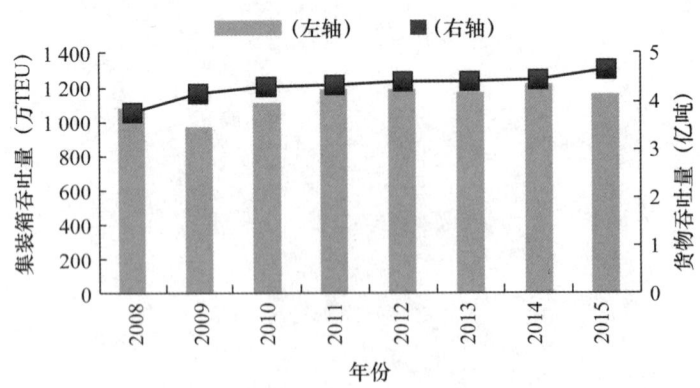

图 9-1 鹿特丹港货物及集装箱吞吐量

资料来源:中国航运数据库。

鹿特丹港于 2008 年 9 月启动了马斯平原港区二期建设项目,总投资额为 30 亿欧元,于 2013 年建成。马斯平原二期位于深水航道岸边,吃水深度超过 20 米,可向客户提供 1 000 公顷的新港区及工业场地,其中 600 公顷将用作集装箱码头。目前,鹿特丹门户联合体 RWG、APMT 和 EUROMAX 三家码头运营商已在该项目上获得了地盘分配,并将进行投资开发。从长远看,马斯平原港区二期至少还会有可供两个大型集装箱码头使用的空间。在所有分配给集装箱作业的地方全部被使用后,该新港区最大的年操作容量将达到 1 700 万 TEU。根据规划,到 2020 年鹿特丹港口的集装箱吞吐量将增加到 2 200 万 TEU。

二、汉堡港

汉堡港是德国最大和最重要的港口,也是仅次于鹿特丹港的欧洲第二大集装箱港和世界著名的亿吨大港。汉堡港历史最悠久,位于德国西北部的汉堡市内易北河下游,阿尔斯特河和比勒河汇合处,地处欧洲南北和东西航线的交汇点,素有"德国门户"之称。

汉堡港港区占地面积约为 7 399 万平方米,其中陆域面积约为 4 331 万平方米,水域面积约为 3 068 万平方米。在港区陆域占地中,包括集装箱作业区在内的杂货码头面积为 996 万平方米,约占 23%;散货作业区为 823 万平方米,约占 19%;原材料和石油加工工业占地 786 万平方米,约占 18%;其他工业和商业用地约 1 126 万平方米,约占 26%;交通基础设施占地 606 万平方米,约占 14%(见图 9-2)。汉堡港可停靠海船的码头岸壁全长约 41 千米,海船泊位约 320 个,其中集装箱码头 38 个,一般杂货和散货码头 199 个,其他 83 个。河岸线长达 288 千米,有大小码头 75 座,总长约 65 千米,可供 250 艘船舶同时停靠和装卸。

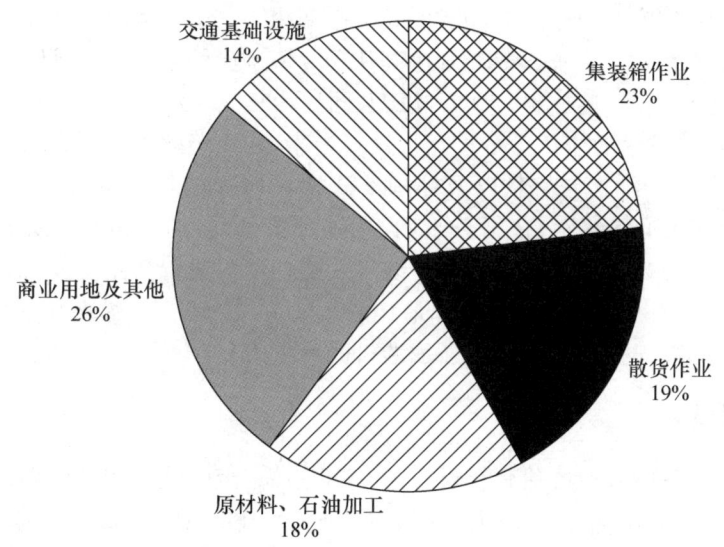

图 9-2　汉堡港陆域面积使用情况

汉堡港是世界上最大的自由港,其开放的航运市场和自由贸易政策为港口物流的发展创造了最有利的软环境。汉堡港运输市场中的运输价格是开放竞争的,并且有一个完善的与之相配套的规范市场,包括国际船舶买卖市场、国际租船业务市场等。此外,汉堡港拥有世界上最大的免税区,占地面积约 1 600 万平方米,其中仓库面积达 60 万平方米,拥有货棚面积达 76 万平方米。在自由港区内,港口海关对报关货物不做检查也不征收关税,对货物的堆存期限也没有规定,只需按要求支付堆场费和装卸费即可。

汉堡港港区内基础设施完备,不仅拥有长约 170 千米的公路线和 350 千米的铁路线,而且还有 12 个雷达站,长约 60 千米的信息传输网络,8 座闸门和 3 座水门,另外还有 130 座灯塔和 8 个水位航标。港口内配有各种装卸设备,有各种岸壁式装卸桥、桥吊、可移式吊、抓斗吊、汽车吊、浮吊、吸扬机、输送带、铲车及滚装设施等,其中大型浮吊的最大起重能力达 1 200 吨,吸扬机装卸谷物的效率可达 1 300 吨/小时。集装箱码头有超巴拿马型集装箱装卸桥,可负荷 80 吨,吊臂伸展跨距至岸边铁道外 48 米,向内可伸展 23.5 米,码头上露天堆场约为 82 万平方米,货棚面积约 105 万平方米,油库容量达 380 万吨,粮仓容量为 74 万吨。在易北河的大船锚地水深达 36 米,可泊特大型油船,此外还建有 21 个浮船坞,升举能力达 13 万吨,干船坞最大可容纳 32 万吨的船舶。

汉堡港有近 300 条航线连接世界 1 100 多个主要港口,每年进出港口的船只达 1.8 万艘以上,从该港出发的班轮有 200 多次,其中 100 多次集装箱班轮以及装船运输和环球服务向世界各地行驶 1.2 万次左右。

汉堡港的货物吞吐量始终居世界前列。2012 年汉堡港海运货物吞吐总量达到 1.309 亿吨,增长率基本与 2011 年持平。集装箱业务吞吐量为 890 万 TEU,同比下降 1.7%,居世界集装箱港口第 14 位。其中出口集装箱 380 万 TEU,相比上一年增长 4.4%;进口集装箱 380 万 TEU,比上年同期下降 3.6%。集装箱吞吐总量的轻微下浮主要归因于较低的空箱吞吐量,2012 年空箱吞吐量为 120 万 TEU,同比减少 12.1%。

2014 年汉堡港货物吞吐量创下历史最高纪录,相比 2013 年同比增长 4.8% 至 1.457 亿吨。其中散杂货吞吐量增长 6.1% 达到 1.027 亿吨,件杂货吞吐量增长 1.7% 达到 4 300 万吨。集装箱吞吐量达到 970 万 TEU,同比增长 5.1%。

汉堡港对信息技术的应用十分广泛。汉堡港于 1983 年就投资建设 EDI 中心,目前可传输海运行业中的各种业务信息以及处理 200 多种格式的与海运有关的电子单证。该 EDI 中心有 80 多条通信线路,包括分组网、专线及拨号线,拥有包括海关、铁路、港务局、货代、码头等在内的 200 多家用户。该系统不仅能在港内进行数据交换,而且可用于各种运输手段之间的协作,有利于货主选择最佳的运输方式。另外,高效、信息化的港口管理方式大大提高了港口的运作效率,增强了港口的竞争力。

三、迪拜港

迪拜港位于阿联酋(阿拉伯联合酋长国)东北沿海,濒临波斯湾的南侧,又名拉什德港(Mina Rashid),与 1981 年新建的杰贝拉里港(Mina Jebel Ali)同属迪拜港务局管辖,是阿联酋最大的港口,也是集装箱大港之一。该港地处亚欧非三大洲的交汇点,是中东地区最大的自由贸易港。它是海湾地区的修船中心,主要工业有造船、塑料、炼铝、海水淡化、轧钢及车辆装配等,还有年产 50 万吨的水泥厂。

迪拜港属热带沙漠气候,年平均气温 20—30℃,最高曾达 46℃。全年平均降雨量约

100毫米,12—2月雨量最多,约占全年降雨量的2/3。平均潮高高潮为2米,低潮为0.8米。

1991年5月,迪拜成立了港口专业管理机构——迪拜港务局,对位于迪拜市区的拉什德港和郊外35千米的杰贝拉里港实行统一管理。自此,迪拜港步入了有序而正规化的发展道路。1999年,迪拜港集装箱吞吐量达到300万TEU,创历史最高纪录。同年,约有10 200艘船舶停靠迪拜的两座港口,其中4 000艘为集装箱船。约有125家海运公司的航班经过迪拜港。自2004年起,迪拜港进入全球集装箱吞吐量前十名的行列,为642.89万TEU,仅次于汉堡港之后,排名第十。到2015年为止,迪拜港的全球排名一直位于前十之内,成为世界首屈一指的中转贸易港口(见表9-1)。

表9-1 迪拜港集装箱吞吐量及排名

年份	全球排名	集装箱吞吐量 (万TEU)	年份	全球排名	集装箱吞吐量 (万TEU)
2004	10	642.89	2010	9	1 160
2005	9	761.92	2011	9	1 190
2006	8	892	2012	9	1 327
2007	7	1 065	2013	9	1 363
2008	6	1 180	2014	9	1 525
2009	7	1 112	2015	9	1 559

(一)拉什德港

拉什德港是迪拜的传统港口,始建于20世纪60年代,靠近迪拜商业中心,属海岸港,位于平直的海岸上,在海湾中或海岸前有沙洲掩护,不需要建筑防护建筑物,但要另外加筑外堤防护。拉什德港有36个泊位,5个集装箱码头,可容纳2万只双层标准集装箱,可存放3—5层空箱,400只冷柜,还拥有15.8万平方米的室内仓库和49万平方米的露天仓库。拉什德港距迪拜国际机场仅15分钟的车程,是阿联酋最现代化的、地区最重要的传统集装箱货运港之一。

(二)杰贝拉里港

拉什德港是传统港口,重视外延扩大,看重泊位数量上的增加,而建设的码头泊位普遍存在码头前沿与后方堆场上机械配置少,后方陆域狭窄的问题,严重制约了货物通过港口的效率;杰贝拉里港比较重视码头前沿与后方堆场上的机械配置,提高港区信息平台与外界的连通性,极大地提高了单位泊位通过能力。

该港集装箱装卸作业区域长为900米,宽为60米,集装箱存放量达1.2万只。另外还有7万平方米的室内仓库、75万平方米的露天仓库和4万平方米的冷库。港区主要码头泊位有18个,岸线长4 265米,最大水深14米。装卸设备有可移式吊机、集装箱门吊、装卸桥、跨运车及滚装设施等,其中集装箱岸壁式装卸桥最大起重能力达40吨。油码头可停靠大型油轮,有油管与油罐相接。港区的钢架转运货棚长达1.5千米,部分集装箱仓库还带有空调,外加能承接与分流各种商品的货场,包括石油制品、易腐烂品、汽车、冷藏品及木材等。

迪拜港务局直属迪拜政府,在迪拜地方政府领导下,管理迪拜港。它既有地方政府机关的职能,又有企业运作的性质,负责拉什德港和杰贝拉里港的港口运作以及杰贝拉里自由贸易区的管理,也担负上述功能区的基础设施建设和港口发展工作。

迪拜港务局的远期目标是把迪拜港建设成为类似于香港港和新加坡港的航运枢纽。为此,在未来10年,迪拜港将继续进行必要的港口基础设施建设,开辟第三座人工港口。同时,加大港口运营的技术含量,引进包括数据处理、货物监控、信息传输、码头管理等各项功能在内的航运系统和技术,力争集"货物吞吐港"和"物流信息港"于一体。

四、新加坡港

新加坡港位于新加坡岛南部沿海,西临马六甲海峡东南侧,南临新加坡海峡北侧,扼太平洋及印度洋之间的航运要道,战略地位十分重要。近年来,新加坡港已成为世界上最繁忙的港口之一,共有250多条航线来往世界各地,约有80个国家和地区的130多家船公司的各种船舶日夜进出该港,大约平均每12分钟就有一艘船舶进出,一年之内相当于世界现有货船都在新加坡停泊一次,每年平均约有14万艘船舶在该港停靠,与此同时该港每天还有30多个国家和地区的航空公司的200多个航班在新加坡机场频繁起降,因此,新加坡港又有"世界利用率最高的港口"之称。

新加坡港属于热带雨林气候,年平均气温为24—27℃,全年平均降雨量2 000毫米以上,属全日潮港,平均潮差为2.2米。该港自然条件优越,水域宽敞,很少受风暴影响,船只进出港口一年四季畅通无阻,主要码头(见表9-2)由新加坡港务集团(The Port of Singapore Authority Company,PSA)经营,可以装卸集装箱与各种普通杂货。

表 9-2 新加坡港集装箱码头基本数据

泊位名	使用年份	岸壁长度(m)	最大水深(m)	泊位(个)		装卸桥(台)
				本船	支线船	
丹戎巴葛	1972	2 330	14.6	6	2	27
布拉尼	1972	2 330	15	5	4	31
吉宝	1991—1995	2 627	14.6	4	10	36
巴实潘江	1998—2008	3 585	16	18	0	49
总计				28	16	143

资料来源:作者调研。

新加坡港是世界最重要的航运中心之一。2012年,该港货物吞吐量为5.376亿吨,同比增长1.2%;港口的集装箱吞吐量首次超越3000万TEU,达到3160万TEU,同比增长5.7%;2013年,新加坡港货物吞吐量5 058亿吨,集装箱吞吐量3 224万TEU;2014年,新加坡港货物吞吐总量达到5.76亿吨,同比增加3.2%,集装箱吞吐量比上一年增长2.9%,达到创纪录的3 390万TEU。这一数字仅次于上海港的3 528.53万TEU。2015年,该港集装箱吞吐量3 092.23万TEU,比上年降低8.78%,排名世界第二(见表9-3)。

表 9-3　新加坡港集装箱吞吐量及排名

年份	全球排名	集装箱吞吐量（万 TEU）	年份	全球排名	集装箱吞吐量（万 TEU）
2004	2	2 060	2010	2	2 842
2005	1	2 319	2011	2	2 993
2006	1	2 480	2012	2	3 166
2007	1	2 790	2013	2	3 260
2008	1	2 997	2014	2	3 390
2009	1	2 587	2015	2	3 092

注：2010年上海港跃居集装箱吞吐量全球排名第一，同年吞吐量2 905 万 TEU。直到2015年，一直保持第一的排位。

作为国际贸易和世界主要航线的交汇点，新加坡港不仅是国际航运中心，也是一系列国际海事服务机构的所在地，诸如货运代理公司、海事保险公司、国际货物分类协会以及海事律师事务所等。新加坡港拥有亚洲最大，同时也是世界第6大的商业船队。新加坡港注册船舶的旗帜成为质量保证的标志，可为运输公司带来很多便利，截至2011年4月底，该国注册船舶数量已达4 047艘。此外，新加坡港还拥有40万吨级的巨型旱船坞和两个30万吨级的旱船坞，可以修理世界上最大的超级油轮，并能够同时修理总吨位达204万吨的船只，是亚洲最大的修船基地。

新加坡港充分发挥港口的综合区位优势，利用其作为物资集散中心各项生产要素非常集中的优越条件发展临港工业。目前新加坡港已成为全国的经济中心，在裕廊码头周围建成了新加坡最大的工业区——裕廊工业区，形成了以电子电器、炼油和船舶修造为3大支柱的工业产业。该港不仅是世界上电脑磁盘和集成电路的主要生产地，而且炼油业也很发达，是仅次于休斯敦、鹿特丹的世界第三炼油中心。

新加坡港为满足第三代物流发展和顾客的需要，目前已在裕廊码头建立了物流中心，该物流中心是一个现代的多层直升式仓库，可在任何气候条件下将高达45英尺的集装箱运送至任何一层的顾客。其地理位置十分优越，距离新加坡港、裕廊港及裕廊工业中心都只有数分钟路程。裕廊物流中心是一个超现代化的物流中心，包括118 000 平方米的仓库面积和6 200 平方米的办公场地，其顾客主要包括世界各大跨国公司以及物流提供商，如索尼、沃尔沃、戴尔、Translink、LTH、Loreal等。此外，在樟宜机场附近也开设物流园，吸引国际第三方物流公司在新加坡设立总部及地区性物流中心。新加坡政府已建成"港口网络""贸易网络"等公共信息平台，并将推出空运业电子发票、电子付款系统及空运业电子数据交换系统等，以期通过信息技术全面提高物流业技术水平。

五、东京港

东京港位于日本本州东南部，处于荒川、江户川及多摩川的河口，濒临东京湾的西北侧，是日本最大的集装箱港口。东京港作为日本首都圈地区和国内及海外各地运输的节点，其腹地为拥有3 000万人口的东京圈以及周边的关东北部、甲信越等广大地区。东京港负担着东京的产业活动和居民生活所必需的物资流通，通过该港口进口的货物主要包括小麦、水产品、蔬菜、纸类等与城市生活密切相关的必需品，东京城市及周边地区生产的机械制品、食品加工制品以及玩具制品等通过该港运往世界各地。东京港是名副其实支撑日本产业和国民生活的物流中心。

东京港是西太平洋和亚洲国际集装箱枢纽港之一。港区面积约为6533万平方米,其中水域5453万平方米,陆域1080万平方米。港区防波堤总长约7070米,港口泊位岸线总长约24003米,总泊位数为182个,其中集装箱泊位岸线4498米,泊位15个;浮码头岸线长3631米,此外还有6个木材港区。港口系泊设施包括3个系泊浮筒和49个系泊桩柱,港区转口货棚面积约23.33万平方米,露天储存堆场7.17万平方米,直升机机场面积14.7万平方米。东京港2013年集装箱吞吐量为435.3万TEU,比2012年的423.5万TEU增长2.79%,在亚洲集装箱港口排名第17。

东京港有三个国际集装箱码头,分别是大井码头、青海码头和品川码头。大井码头规模最大,担负整个东京首都圈物流中心的职能。大井集装箱岸线总长2300米,有7个泊位,设有18台装卸桥。在7个新泊位中,由日本三大海运企业(NYK、MOL、K-Line)各租用2个,余下的新5号泊位由万海航运公司租借,这种专用专租制度保证了物资输送的安全和效率。在大井码头的后方有5栋海运货物仓库以及由5家民间企业经营的与集装箱有关的仓库,是日本规模最大的国际物流中心。

青海码头是东京港为适应大型集装箱船而于1992年投产的最新集装箱码头,是长荣海运、韩进海运等大型海运企业的专用码头,目前已与大井码头并驾齐驱。品川码头主要为韩日航线服务,是亚洲区域内船公司的重要码头。从1996年到2000年该码头实施了防止液状化改造,目前有3个泊位运营,设有4台装卸桥。

东京港是日本首都圈最大的国内海上货物枢纽,与北部的北海道、南部的四国、九州、冲绳等都有定期航线,尤其是最近几年海陆联运得到迅速发展,其内贸码头主要包括10号码头、轮渡码头、品川内贸码头、芝浦码头、日出码头和15号码头等。

东京港的公路交通网非常发达,从东京港中心到有明、青海、台场以及市中心方向建有双层公路,总长3.75千米,上层为首都高速11号台场线,下层为普通公路。2001年年末还开通了东京临海公路,该公路经由中央防波堤外侧新生地和新海面处理场,将青海集装箱码头与大井码头连接起来,大大方便了青海码头的集装箱集疏运。

六、釜山港

釜山港位于韩国东南沿海,东南面向朝鲜海峡,西临洛东(Naktong)江,与日本对马(Tsushima)岛相峙,扼守东北亚主干航线要道,是韩国最大的港口,也是世界第五大集装箱港。釜山港始建于1876年,在20世纪初由于京釜铁路的通车而迅速发展起来,是韩国海陆空交通的枢纽,又是金融和商业中心,在韩国的对外贸易中发挥重要作用。釜山港港区工业仅次于首尔,有纺织、汽车轮胎、石油加工、机械、化工、食品、木材加工、水产品加工、造船和汽车等,其中机械工业尤为发达,而造船、轮胎生产居韩国首位,水产品的出口在韩国出口贸易中占有重要位置。

釜山港共有四个港区:北港、南港、甘川和多大浦港区。20世纪90年代以来,发展速度明显加快,建成集装箱专用码头6个,其中北港有5个,即子城台码头、神仙台码头、戢蛮码头、牛岩码头、新戢蛮码头;甘川码头则位于甘泉港。现已陆续建成的集装箱码头泊位20个。各码头的位置及泊位基本情况如图9-3和表9-4所示。

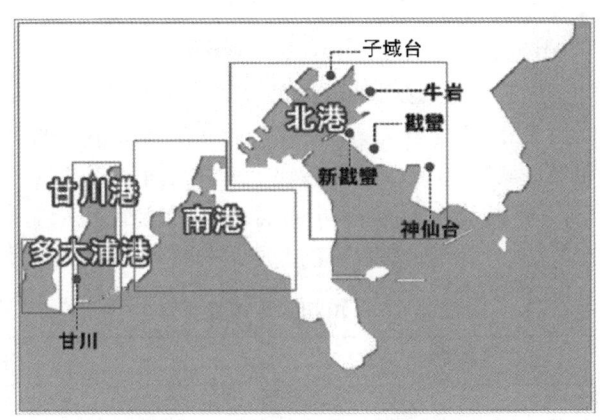

图 9-3 釜山港各码头分布情况图

表 9-4 釜山港已建成集装箱码头、泊位情况

码头名	泊位数（个）	年处理能力（万 TEU）	水深（m）	建成时间
子城台	5	120	15—16	1982
神仙台	4	160	14—17	1991
戡蛮	4	120	15	1997
牛岩	2	27	11	1996
新戡蛮	3	65	15	2002
甘川	2	34	15	1997
总计	20	526		

资料来源：作者调研。

2013 年釜山港集装箱吞吐量计 1 767 万 TEU，同比增长 3%，连续 11 年排名全球港口集装箱吞吐量第五位。其中，进出口货物 891 万 TEU，增加 1.2%；中转货物 868 万 TEU，增加 6.6%。港口主要出口货物为工业机械、水产品、电子、石化产品、纺织品等；进口货物主要有原油、粮食、煤、焦炭、原棉、原糖、铝、原木及化学原浆等。除了服务本国的进出口货物外，釜山港是中国大陆、美国和日本外贸货物的重要中转港。其中，50%以上的中国转运货物来自或者运往上海、大连、天津和青岛。随着东南亚地区港口建设的蓬勃展开，中日韩港口之间的竞争压力日趋明显。与周边大港相比，釜山港强势和弱势兼有，机遇和风险并存。

2014 年釜山港集装箱吞吐量为 1 842 万 TEU，同比增长 4.6%，其中，进港 453.6 万 TEU，同比上升 2.7%；出港 458.8 万 TEU，同比上升 2.3%；进港中转 467.2 万 TEU，同比上升 5.9%；出港中转 462 万 TEU，同比上升 7.5%。2015 年集装箱吞吐量为 1 943 万 TEU，连续两年排名第六。

为使釜山港发展成为东北亚物流枢纽港，韩国政府持续加大港口基础设施投资力度，并于 1997 年开工建设釜山新港，计划投入 9.1542 万亿韩元，建设 33 个泊位，水深 15 米，岸壁总长 11 700 米。工程共计五期，到 2011 年全部完成，增加集装箱处理能力 804 万 TEU（见表 9-5）。

为促进港口基础设施建设，韩国政府给予各种政策支持。韩国港口设施原属于国营组织形式经营,为了提升经营绩效,建立东北亚货物转运港及物流中心的枢纽地位,政府通过立法程序成立了釜山港务局,并赋予其港口经营权。该港务局属于非政府机构组织,不直接从事装卸生产业务,但可以运用市场手段进行投融资招商或采取财务借贷方式扩充或改良港口设施,以提升港口竞争力。正在建设的新港就由三星集团、CSX环球码头公司、现代重工集团和韩进集团等参股投资建造,其中民间投资达4.9803万亿韩元,占总投资的54.4%。近年来,韩国政府和釜山方面通过各种方式和措施,促进港口基础设施建设,其最终目标是在2020年前把釜山港建设成为东北亚国际航运及物流中心。

表9-5 釜山新港基础数据表

	总计	1期	2期	3期	4期
开发年	1987—2011	1987—1997	1996—2004	1999—2008	2002—2011
泊位(个)	33	4	8	7	14
岸壁长度(m)	11 700	1 400	2 300	2 450	5 500
水深(m)	15	15	15	15	15

资料来源:作者调研。

七、长滩港

长滩港坐落于美国圣佩德罗湾,位于洛杉矶市南约30千米,和洛杉矶港毗邻,始建于1911年6月,面积为3 078万平方米。长滩港是美国西海岸重要的港口城市,曾经是美国太平洋舰队的母港,后被圣迭戈取代。长滩港建市初期的中心产业是渔业,自发现大油田以来成为飞速发展的工业城市。现在,不仅石油精炼、飞机、造船、汽车等重工业发达,石膏、肥皂、石油、罐头等轻工业也齐头并进。经过100多年的发展,长滩港和洛杉矶港并称为美西海岸两大集装箱港口,吞吐量已经超过美国东部第一大港纽约—新泽西港(见图9-4)。

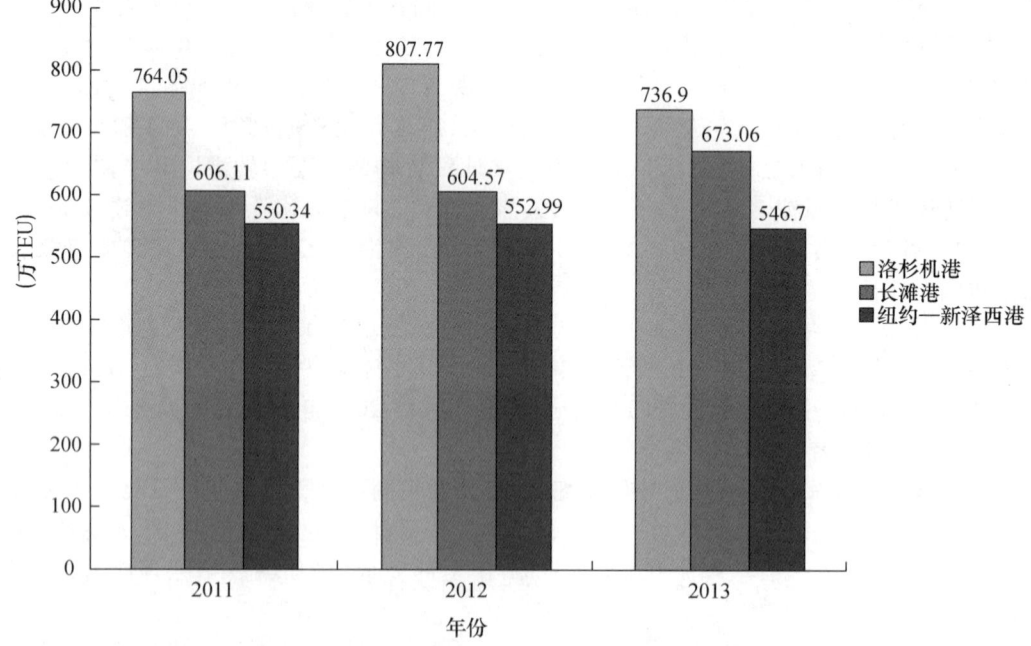

图9-4 美国三大港口2011—2013年的集装箱吞吐量

长滩港拥有优越的自然条件,港内最浅水深 13.7 米,潮差 2 米,泊位线长 13.3 千米,深水泊位 67 个。长滩港分内、中、外港三部分。中港为主要港区,由东南港池、东港池和西港池组成。进港航道长 3540 米,宽 213 米,最浅水深 18.3 米。长滩港基础设施建设非常扎实,早在 2005 年便投资 2.02 亿美元建造新的集装箱码头;投资 3360 万美元疏浚航道;投资 5000 万美元扩建集装箱码头设施和通道;投资 6500 万美元建造新的集装箱堆场。长滩港一直对港口发展进行长期投资,2015 年后,港口将启动投资 45 亿美元、为期 10 年的升级计划,以期维持和发展长滩港的持续繁荣。

长滩港处理超大型货柜船的能力和工作效率较高,它通过采用场地胶轮吊作业方式,以提高码头堆垛集装箱层次和堆存总量;通过采用延长码头工作时间、提高码头集装箱装卸速度和进一步细化码头管理系统等办法,力图提高港口的集装箱吞吐量,减缓集装箱码头的拥堵现象。

第二节 世界集装箱港管理模式

港口管理体制的形成、发展受到国家历史、经济、政治、传统文化等影响。从世界范围来看,港口管理的具体形式具有很大差异性,具体表现在不同国家、同一国家不同港口、同一港口在不同时期,其港口管理体制各不相同。按照不同角度,对港口管理模式可以进行以下分类。

(一) 按港口管理者性质不同划分

1. 英国模式

英国模式即完全由私人管理、经营的港口模式,包括土地在内由私人持有。这种模式主要以英国为代表,由港口经营企业投资建设港口的水下设施和水上设施,巨大的资金压力全部由企业自行承担,国家和地方政府不给补助。这种政策的优点是港口企业十分重视经济效益,大部分港口经营都能盈利;其不利之处是因国家和地方政府对港口无补助,港口的收费较高。而且,由于"资本逐利"的固有属性,投资更多偏重于能够获取利润的区域,甚至重复投资,但是对于需要港口投资建设却资金回收周期较长、利润率较低的区域不予关注,忽视了港口作为"社会公器"的服务本质。同时,如果企业财政负担过重,也会制约港口的发展。

2. 日本模式

日本模式即以政府为主导的管理模式,港口多数为公共港口,代表国家有日本、德国、法国和新加坡等。这些国家过多关注港口的公共服务属性,认为港口是国民经济发展中不可缺少的公共基础设施,对国家经济和地区经济起到不可忽视的带动和促进作用,因此政府对港口给予较大力度的财政支持。这种模式能利用港口的多种功能带动整个国家经济迅速发展,缺点是港口的经济效益比较差,政府需给予巨额补助和投资。

3. 美国模式

美国模式即国家和企业共同参与模式。这种模式的代表国家是美国。美国模式重视港口的公共性,把港口作为社会基础设施的一部分,承担防波堤以外的内河航道、远洋航道以及五大湖的建设和维护费用,当政府认为港口面临失业危机时,也给予经济补助;同

时,美国模式也重视港口的企业属性,不少州市通过政策倾斜或者资金补助对港口企业进行扶持。

(二)按融资方式不同划分

1. 地主港模式

这种模式也被称为上下分离模式。在此模式下,政府委托特许经营机构代表国家拥有港区及后方一定范围的土地、岸线及基础设施的产权,对该范围内的土地、岸线、航道等进行统一开发,并以租赁方式把港口码头租给国内外港口经营企业或船公司经营,实行产权和经营权分离,特许经营机构收取一定租金,用于港口建设的滚动发展。

地主港模式中的港口管理当局实际上相当于一级政府机构,它统一对港口地区的码头设施、临港工业以及其他设施的用地进行管理,拥有很大的管理自主权和土地使用权。但不以营利为目的,不参与港口经营的市场竞争,而是通过规划和建设来实施政府对港口的管理职能。

港口管理当局主要负责港口的规划,制定法律法规,码头租赁管理,建造和维护港口基础设施,保障港内安全,监督船舶动态,监督装卸质量及环境保护等工作。企业在租用码头和相应的土地后,可以建设其他设施和配置必要的生产设备,如起重设备、仓库、办公房屋等。但租期到时,要以原样交还给港口管理当局或者将所租用土地上所有财产都交还给港口管理当局。目前,美国纽约—新泽西港、鹿特丹港、汉堡港等世界上最大的100个集装箱码头港口中大部分都采用地主港模式,地主港是当今世界港口发展的方向。

2. BOT模式

BOT即Build-Operate-Transfer的缩写,意为建设—经营—转让,是私营企业参与基础设施建设,向社会提供公共服务的一种方式,中国一般称之为"特许权",是指政府部门就某个基础设施项目与私人企业(项目公司)签订特许权协议,授予签约方的私人企业来承担该项目的投资、融资、建设和维护,在协议规定的特许期限内,私人企业向设施使用者收取适当的费用,由此来回收项目的投融资,建造和经营维护成本并获取合理回报。政府对这一基础设施有监督权、调控权,特许期满,签约方的私人企业将该基础设施无偿或有偿移交给政府部门。

这种方式的优点是政府不必筹集建设资金,将项目风险转嫁给了私人企业和财团,同时可以大量吸引外资,加快基础设施行业的发展。20世纪90年代起,这种投资方式被一些发展中国家用来进行包括港口在内的基础设施建设并取得了一定的成功,被誉为新型的投资方式,代表港口有釜山新港、光阳港、北九州港、香港港等。

(三)按民营化程度不同划分

1. 公设公营模式

在公设公营模式下,港湾的开发计划的制定、基础设施建设到码头经营、装卸机械的购买设置、货物装卸等都由政府机构为主体实施,土地归政府所有。这种模式的港口在总体上数量较少,部分社会主义国家的港口、日本的部分港口、中国计划经济时代的港口管理属于该模式,港口由国家拥有,港口的运作是围绕国家的计划任务进行。在此模式下,港口存在着投资浪费、服务质量不高、效率低下等问题。

种种弊端产生的原因在于:

(1) 港口基础设施服务不存在竞争,尤其是港口内部同一服务类型的各部门间无竞争可言。

(2) 提供服务的港口企业缺少自主的经营权和财产权。企业一方面被迫以低于成本的价格提供服务,另一方面造成了港口企业不能很好地对其工作负责。

(3) 港口设施的使用者可能因国家无偿投资,而要求拥有更多的设施,以至造成设施资源浪费。

由于以上弊端,原本大多数采用此模式的港口都在进行管理民营化的变革。

2. 公设民营模式

在公设民营的模式下,港湾的开发计划的制定、基础设施建设由政府机构实施,装卸机械的购买设置、码头经营、货物装卸等由民间企业为主体实施,土地归政府所有。港口民营化是港口管理的大趋势,诸多港口例如新加坡港、上海港、深圳港、高雄港等都是其代表。

新加坡港于1997年进行港口管理体制改革,开始实行港口民营化。在此之前,新加坡港由港务局统一规划、投资、管理、运营,民营化后,原港务局分为新加坡海运与港口局(Maritime and Port Authority of Singapore,MPA)和新加坡港务集团有限公司(PSAC)。MPA主要行使港口开发计划、安全管理、统计等行政职能;PSAC负责装卸机械的购买设置、货场铺修、仓库建设、埠头经营、货物装卸等经营活动。

民营化给新加坡港口带来的益处主要有三点:

(1) 提升了港口经营企业的积极性,优化了服务质量;

(2) 与政府合作,提高了港口企业的经营效率,降低了经营成本;

(3) 降低了港口企业的资金风险,使其更好地实现持续发展。

新加坡的民营化改革实质上是使从事港口经营性业务的企业实行股份制,进行市场化经营,以提高港口效率。新加坡港口的民营制度同其他管理制度,如政府投资制度、中央管理制度、自由港政策等相互配合,共同巩固了新加坡国际航运地位。

3. 民设民营模式

在民设民营的模式下,包括土地在内的港湾全体设施出售给民间企业,码头经营、货物装卸由民间企业为主体实施。世界上完全由私人经营管理的港口并不多,英国诸港是这种模式的代表。严格说起来,香港港不属于民设民营模式,因为港口规划由政府参与实施,土地归特区政府所有。但是可以说,香港港是公设民营模式中民营化程度发展的顶级阶段,已经无限接近于民设民营模式,因此在这里简单介绍香港港。

香港港所有的集装箱码头,都遵循自由港政策,港口设施由私人投资建设,私人经营管理。例如,葵涌码头的19个集装箱泊位,分别由和记黄埔、美国海陆、韩国现代和中远(与和记黄埔合营)四家公司所经营。香港港私营企业的业务经营极少受到行政干预,并且完全可以自由定价。但是在投资建设水面上和水面下的基础设施时,庞大的投资资金由企业自行承担,包括集装箱岸壁式装卸桥在内的所有装卸设备也由企业自己购买配置,香港政府不进行任何财政补贴。因为港口企业的财政负担十分繁重,致使香港港在基础设施建设上长期遵循"触发点理论"(trigger point mechanism)。所谓"触发点"是指市场的需求与基础设施的能力相等时，才触发建设新的基础设施。这种机制的优点是能够保护投资者的利益并确保物流服务的供应建立在现实的需求之上，缺点是缺乏前瞻性。20世纪90年代，这种政策使得香港港的基础设施设备，难以满足珠江三角洲爆发性的货物增长的需求，导致大量的货物从深圳港进出，从一个侧面促使了深圳港的飞速发展，使深圳港从原本定位的香港港的支线港，一跃成为世界性的集装箱大港。

第三节　世界集装箱港管理模式的启示

一、对中国港口管理体制改革的启示

通过对世界港口管理模式的分析研究，结合我国改革积累的经验，对我国港口管理体制改革总结以下几点启示。

（一）港口管理体制改革势在必行

当前世界各国港口竞争日趋激烈，我国周边港口不断改善其经营管理以提高竞争力，我国只有加强管理、改革港口管理中存在的弊端、提高港口效率、提高港口企业的经营管理水平，才能在竞争中占据优势。

（二）港口的公益性与市场化经营并不矛盾

（1）日本是一个非常重视港口社会效益的国家，港口在日本这个岛国具有举足轻重的地位，然而日本并没有控制港口经营权，而是放手由私人经营港口（实际上也是政企分开的一种方式），但其政府对港口权利的控制并未减弱。以港口的社会公益性为借口而拒绝实现港口经营市场化的观点是站不住脚的。

（2）政府或国有企业共同管理港口模式之所以普遍存在，以及港口的民营化趋势出现，其主要优势表现为，有利于有效克服港口公有公营的种种弊端；有利于减轻政府财政负担，提高港口管理效率；有利于有效筹集和利用资金。该模式能把政府参与管理、发挥港口的社会公益性与私人或股份制公司经营发挥其市场化经营的高效性相结合，有利于港口的公益性、经济性同时发挥，这对于我国的港口管理体制改革具有同样重要的意义。

（3）减少政府在港口经营管理中的直接参与，实行政企分开，经营性业务市场化，在改革方式的选择上可结合各国国情。新加坡的股份制对于减少政府在港口经营管理中的直接参与是又一种尝试，对我国的改革很有借鉴作用。

二、政府在集装箱港管理上起关键作用

在港口物流的发展中，政府扮演着重要角色。现代港口物流的发展需要政府与企业的互相配合与共同协作，这是与世界港口管理模式逐步向政府、国有企业和私人企业多方共同经营管理模式发展的趋势相吻合的，也是与以鹿特丹港为代表的世界各大港口的物流发展模式相一致的。企业是物流的实施主体，政府是行业的规划者、政策法规的制定者、港口基础设施的重要投资者和物流企业发展各项配套服务的提供者。纵观国外典型港口现代物流的发展，无一不是以政府的规划投资和各项有利发展政策与措施为基础的，即使像香港港这样的世界上极少数完全由私人企业经营管理的国际性港口，政府也设立

了港口发展局,负责港口的规划和发展。因此,政府在港口物流的发展过程中,必须充分发挥其总体规划者和调控者的作用。

在港口现代物流的发展过程中,政府的巨大作用主要体现在以下几个方面:

(1) 政府是港口整体发展的规划者。港区及腹地的用地规划、产业发展规划、具体行业的发展规划、具体区域的发展规划等都需要政府综合考虑和统一的实施。

(2) 政府是基础设施建设的投资者。由于港口的各项基础设施包括港口码头、交通信息网、信息通信设施以及各项生活配套设施等都需要巨额投资,而且这些投资周期长、见效慢、利润低,是单个私人企业无力投资也不愿投资的,因此需要政府财政的大力支持。

(3) 政府是政策法规的制定者。制定完善的物流和各项市场法律法规,规范企业、市场、行业运作,整顿和维护经营秩序;制定各项优惠政策扶持物流企业发展等。

(4) 政府是物流人才的培养者和引进者。港口物流专业技术的匮乏是制约港口物流发展的最主要因素,物流意识不足是制约港口物流发展的瓶颈,所以对物流专业人才的培养和引进是港口物流发展策略的重中之重,而这也主要依靠政府的政策和财政支持,需要政府来主导和实施。

(5) 政府是良好服务的提供者。政府各职能部门的高效运作,行业管理机构的健全管理,良好的招商引资、咨询服务,畅通快捷的海关通关服务等都会有力地促进现代物流的发展。

虽然港口、港口物流的发展都离不开政府的规划、协调和管理,但是值得注意的是,政府的规划管理也必须尊重市场规律,运用经济和法律手段而不是直接通过行政命令过多地干预市场,否则会事与愿违,阻碍港口和港口物流的发展。

三、构建国际物流中心

建立国际物流中心是现代港口物流发展的要求。建立国际物流中心有利于提高港口的国际竞争力,推动集装箱干线枢纽港的建设和发展,吸引大型班轮公司投资港口产业;有利于完善港口及港口城市的信息服务功能;有利于加强港口与腹地的联系,推动综合运输的发展,进而促进现代物流在更广的范围和更高的层次上发展,为国际物流经营者的投资创造良好条件;有利于带动港口及腹地相关产业的发展,从而促进区域经济乃至整个国民经济的发展。

港口拓展建立现代物流中心并不意味着港口自身发展成为涵盖现代物流一切领域的物流企业,而是要充分利用可能推动现代物流发展的优势,发挥筑巢引凤作用,如建设物流基地、物流园区或物流中心,吸引各类物流企业落户,由物流企业提供货物的增值服务,而港口只是为物流企业提供完善的基础设施和良好的发展软环境。第三代港口处理的主要货物是集装箱,服务的主要对象是班轮公司联盟,生产的特点是为货物流动、物流全程提供全方位高增值的服务,实现网络化的物流运输组织方式,通过 EDI 系统进行信息传递等,港口的范围进一步扩大,不仅包括港区、临港工业区,也包括物流中心区。国际物流中心是第三代港口的基本特征,也是港口物流功能拓展的方向。

复习思考题

1. 世界集装箱港管理模式对中国港口管理有何启示？请结合具体港口谈谈自己的感想。

2. 何为"触发点理论"？有何利弊？结合本章和第六章的知识分析香港港为何采取"触发点理论"指导港口基础设施建设？

3. 在港口现代物流的发展过程中，政府起到什么作用？

4. 随着经济全球化的深入，货主和海运企业对港口管理提出什么要求？港口管理民营化的原因是什么？

5. 结合第七章的内容，请分析新加坡港的发展优势是什么？周边国家和地区建设国际大型深水港口对新加坡港的未来有何影响？

6. 釜山港有哪些地理优势？依据釜山港的战略规划，该港口成为东北亚国际航运中心及物流中心对周边港口有哪些影响？周边港口应该采用哪些措施？

7. 请阐述构建国际物流中心的意义。

21世纪经济与管理规划教材
物流管理系列

第十章

港口保税物流及保税物流园区

知识要求

- 掌握保税区设立的背景和目的
- 掌握保税区的优势
- 掌握"境内关外"的内涵和意义
- 掌握区港联动的功能和积极作用
- 理解保税区和港口管理
- 理解中国四大自由贸易区的基本任务
- 了解保税区的运作方式
- 了解保税物流和保税区物流
- 了解自由贸易区的基本规定
- 了解保税货物通关的程序

第一节 保税区与保税物流

一、保税区基础知识

(一) 保税区概念

保税区是经国务院批准设立的、海关实施特殊监管的经济区域,是中国目前开放度和自由度最大的经济区域。

中国海关总署1997年8月1日发布的《保税区海关监管办法》规定,"保税区是海关监管的特殊区域。海关依照本办法对进出保税区的货物、运输工具、个人携带物品实施监管。保税区与中华人民共和国境内的其他地区(以下简称非保税区)之间,应当设置符合海关监管要求隔离设施"。

保税区是中国继经济特区、经济技术开发区、国家高新技术产业开发区之后,经国务院批准设立的新的经济性区域。由于保税区按照国际惯例运作,实行比其他开放地区更为灵活的优惠政策,它已成为中国与国际市场接轨的"桥头堡"。因此,保税区在发展建设伊始就成为国内外客商密切关注的焦点。

保税区具有进出口加工、国际贸易、保税仓储、商品展示等功能,享有"免证、免税、保税"政策,实行"境内关外"运作方式,是中国对外开放程度最高、运作机制最便捷、政策最优惠的经济区域之一。

1990年6月,经中央批准,在上海创办了中国第一个保税区——上海外高桥保税区。1992年以来,国务院又陆续批准设立了14个保税区和一个享有保税区优惠政策的经济开发区,即天津港、大连、张家港、深圳沙头角、深圳福田、福州、厦门、海口、厦门象屿、广州、青岛、宁波、汕头、深圳盐田港、珠海保税区以及海南洋浦经济开发区。

随着中国加入WTO,全国保税区逐步形成区域性格局,南有以广州、深圳为主的珠江三角洲区域,中有以上海、宁波为主的长江三角洲,北有以天津、大连、青岛为主的渤海湾区域,三个区域的保税区成为中国与世界进行交流的重要口岸,并形成独特的物流运作模式。

(二) 保税区的优势

中国保税区有两个突出的优势,政策优势和区位优势。

1. 保税区的政策优势

保税区最主要的政策优势是在保税区内实施"**免证、免税、保税**"政策。具体内容如下:

(1) 加工企业生产的产品,除国家另有规定的外,免领出口许可证,免征出口关税和出口增值税。

(2) 区内生产性的基础设施建设项目所需的机器、设备和其他基建物资,予以免税。

(3) 区内企业自用的生产、管理设备和自用合理数量的办公用品及其所需的维修零配件,生产用燃料,建设生产厂房、仓储设施所需的物资、设备,予以免税。保税区行政管理机构自用合理数量的管理设备和办公用品及其所需的维修配件,予以免税。

(4) 区内企业为加工出口产品所需的原材料、零部件、元器件、包装物件,予以免税。前款几项规定范围以外的货物或者物品从境外进入保税区,应当依法纳税,转口货物和在保税区内存储的货物按照保税货物管理。

(5) 区内企业从境外进口的原材料、零部件、元器件、包装物料,予以保税。从事保税性质加工其加工产品全部出口的,免征加工环节增值税。

(6) 保税区是中国大陆具有"境内关外"性质的开放度最大的特殊经济区域,除了具有"免征、免税、保税"政策之外,还具备一些独特的政策优势。

(7) 境内外企业、组织及个人均可在保税区内从事国际贸易及相关业务。

从境外进入保税区存储的货物不征收关税及进口环节增值税、消费税,不实行配额、许可证管理,仓储时间不受限制。

(8) 国外货物在保税区与境外自由流通。

(9) 保税区中外资企业均可开设外汇现汇账户,实现意愿结汇,从事保税区与境外之间贸易不办理收付汇核销手续。

(10) 区内货物可以在保税状态下进行分级、包装、挑选、分装、改装、刷贴商标或标志等商业性加工。

(11) 境外企业的货物可委托保税区企业在区内储存并由其进口销售等。

2. 保税区的区位优势

所谓区位优势,从经济角度讲,就是指设定的区域在走向国际市场,实现生产要素、产品、技术等在国际国内的自由流动的过程中,其地理位置显示出的独特的优越条件。利用区位优势设置的特殊经济区域,辅之以优惠政策和良好的基础设施来创造该地区的竞争优势,是一国政府强化对外来资金和技术吸引力、出口贸易扩散力、走向世界经济一体化能力的优势再造。

这种优越条件,主要有以下三种情况:

(1) 具有天然生成的相当便利的交通,使这一地区在国际交往、资金、人员、商品等经济上的交流十分方便。具有这种优越地理位置条件的地区一般都靠近沿海,那里有良好的港口条件。沿海地区海上交通不仅便利、畅通,而且海运成本低于任何一种陆上运输成本,能够很方便地实现与全球各国各地区的经济上的交往。

(2) 与经济上比较发达的国家或地区相邻而产生的经济联动效应。两地毗邻,发达地区或国家在经济上会对落后地区产生较强的示范和带动效应,而且也容易使落后地区的经济运行方式与邻近发达地区相对接,形成一定空间内的超政治制度的经济联动或一体化圈带。

(3) 具有丰富而廉价的自然资源。以丰裕的自然资源为条件,可以大量引进外来资金、先进技术,可以加强海内外经济交往。

中国 15 个保税区均分布在沿海发达地区,交通与区位优势突出,并具有广泛的辐射效应。具体来说,

(1) 中国保税区从地理位置上来说,都位于港口城市,或在港口附近,或在港内。

(2) 海、陆、空、铁交通网络发达。像天津港保税区,位居亚欧大陆桥起点,京津塘、津塘等高速公路将其与天津港、天津滨海国际机场直接连通。区内铁路与京山线等国家级

铁路网相连。

(3) 腹地广阔。作为城市经济的最前沿,保税区均拥有广阔的腹地资源。天津港保税区的经济腹地就涵盖天津、北京、河北、山西等11个省份。

(三) 保税区的运作方式

基于海关和外汇的特殊管理机制,保税区形成了基本的运作方式。

1. 保税仓储等保税物流运作形式

保税区内实行"境内关外"的政策,这样一来在保税区内形成相当宽松优惠的保税政策,即货物从海外进入保税区不视同进口,只有从保税区再进入国内其他区域时才视同进口,货物从国内到保税区视同出口,这样就形成了以保税仓储为核心内容的保税物流运作形式。

外资加工贸易企业可以利用保税区的物流功能,从保税区进口原材料,将半成品或成品出口保税区,完成加工贸易的核销工作,将各种转厂手续变成进出口手续,从而大大提高物流效率,节省物流成本。

在中国采购的国际企业可以将采购出口货物的配送中心设在保税区,直接对国外市场进行货物配送,从而解决销售地的高成本配送问题。

销售中国市场的进口货物可以先保税仓储在保税区内,再根据实际的销售数量和形式进行货物清关工作,这样一方面可以减少供应链维系的资金积压成本(海关税金占用流动资金);另一方面可以适应中国企业的不同销售形式(免税销售和完税销售)。

2. 出口加工等加工运作形式

保税区内的加工贸易企业不实行银行保证金台账、不实行外汇核销制度,非常有利于企业开展出口加工工作。

保税区内加工贸易企业使用的进口设备全部实行免税,不受项目内容控制和投资总额的限制。

3. 国际贸易等贸易运作形式

中国国内目前还不允许外资成立单纯贸易性企业,但在保税区可以成立,并可以取得一般纳税人的权利,拥有人民币账户、可开增值税发票,实际上已经拥有在国内从事纯贸易活动的权利,这是保税区的国内贸易功能。

目前国内的贸易性公司无法从事转口贸易,但保税区内的企业有外币的现汇账号,可以从事外币结算货物的贸易活动,实际上是拥有了国际转口贸易的功能。

保税区内的贸易性企业同时拥有国内贸易和转口贸易双重身份的权利,这就使得保税区的贸易功能多样化。

4. 商品保税展示等展示运作形式

由于保税区实行的是国际自由贸易区的模式,因此国际商品的保税展示成为一项重要的保税区功能运作形式。

从国外运往中国的货物可以在保税区内进行商品展示,可以设立相应的展览场馆,安装模拟使用国际的各种产品,这样非常有利于国际产品销售到中国,这样一方面大大降低了展览成本,简化了展览产品的通关手续;另一方面缩短了考察的时间,相应降低了国内企业的采购成本。

目前在保税区内主要展示的商品为保税汽车和大型工程机械成套设备,由于这些产品国内展示成本非常高,保税区展示优势非常突出。

二、保税物流

(一) 保税物流与保税区物流

目前,对保税物流还没有正式的、统一的定义。保税是滞后纳税或滞后核销,是海关对特定区域、特定范围的应税进口货物暂缓征税,当货物离开特定区域、特定范围时,根据货物的真实流向决定征税与否。对货物的保税可减少经营者的流动资金占用,加速资金周转。

根据《中华人民共和国海关法》,保税是对货物而言,一般说保税货物,它是指经海关批准未办理纳税手续进境,在境内存储、加工、装配后复运出境的货物。从这个意义上来看,保税物流是指保税货物的流动过程,它是伴随保税区的各项功能活动的展开而产生的物流活动。保税物流形式是由保税区功能活动所决定的,保税物流发生在保税区之内。

保税区物流是发生在保税区内的物流活动。"保税"是保税区政策功能的基本特征,却不是唯一特征,保税区除了"保税"特征之外还包括"免税"特征。所以发生在保税区的物流活动不仅仅是保税物流,还包括免税物流(国际中转物流、较大型保税区的区内自用免税物流)和已税物流。

从以上的分析来看,保税区物流的范畴比保税物流更广些。联系保税区的四种基本运作形式,可以看出这些运作形式中所涉及的货物都是保税货物,所以我们这里主要介绍保税物流。

(二) 保税物流的发展

保税物流的发展是随着保税区的改革和发展而发展的,目前中国保税区的发展主要经历了以下两个阶段。

(1) 从1990年上海外高桥保税区设立开始到2003年国务院正式批复同意"上海外高桥保税区区港联动试点"为止,这是传统的保税区阶段。

(2) 从2003年至今,保税区进入了新的发展阶段,即区港联动阶段。

相应地,保税物流也经历了两个阶段,即传统保税物流阶段和区港联动后的保税物流阶段。

1. 传统保税物流阶段(1990—2003)

传统的保税区,是在当时中国国情与外向型经济战略的特殊背景下,作为自由贸易区的替代模式提出的。

主要表现在:

(1) 保税区既在一个相对封闭的区域里实现了无关税的自由贸易,又能避免对国内经济的过分冲击。因此,保税区本身就是一种符合中国改革开放思路的平衡机制。

(2) 20世纪90年代初,世界经济正处于一个低谷期,中国的政治经济环境也相当严峻,客观上并不具备建立完全意义上的自由贸易区的条件,政治上也不允许有这样超前的提法。而在保税区的概念下,可以加入更多的中国特色,渐进式地推进全方位开放,维护国家利益。

保税区从 1990 年设立到 2003 年,从其发展历程来看,按其功能开发又可以细分为三个阶段,相应的保税物流在这个时期也可以分为三个阶段。

(1) 从 1990 年上海外高桥保税区设立到 1994 年。1990 年 4 月,国务院正式批准设立上海外高桥保税区。按照 1990 年《上海市外高桥保税区管理办法》,"保税区主要发展对外贸易和转口贸易、港口、仓储、出口加工以及金融服务等"。但在实际发展中,各保税区的主要功能还只是局限在保税仓储和国际贸易。所以这个时候的保税物流形式主要是以国际贸易、保税仓储为主要贸易方式的贸易、仓储类物流。这类货物一般在保税区进行仓储后经保税区进/出境,货物本身不发生性质、形态、用途等的变化。

(2) 1994 年"天津会议"至 1998 年。1994 年 6 月,在天津召开了全国保税区工作座谈会(简称"天津会议"),提出了中国建设和发展保税区的根本目标:改善中国的投资、建设软环境,特别是利用海关保税的独特条件,最大限度地利用国外资金、技术,发展外向型经济,使保税区真正成为新的经济增长点,带动区域经济的发展。在此基础上,还明确提出了保税区的三大功能,即出口加工、国际贸易、保税仓库和商品展示,要求各个保税区围绕这三大功能来开发,并提出保税区要首先发挥其出口加工功能,以推动外向型经济发展的发展思路。

这一时期,保税区功能的开发,各地区各有侧重,但以出口加工和商品展示为主流,保税物流主要是以加工贸易为主要贸易方式的加工贸易类物流,这类货物(主要指原材料和制成品)一般是由保税区内的生产加工企业输出/入;以保税区内政府机关、企业引进用于展示或为办公生产所需,从国内/外采购的机器设备、办公物资展示、采购类物流,这类货物进入保税区后,暂时不再流动。

(3) 1998 年至 2003 年。这个阶段,物流分拨成为保税区的主要功能,并且取得了长足的发展。自 20 世纪后期以来,国际直接投资真正成为世界经济的推动者,跨国公司根据其全球化经营的需要,在世界范围内整合资源进行国际化生产和销售。而中国保税区特殊的保税免税功能为跨国公司提供了介入中国市场的最佳平台,伴随着跨国公司的抢滩,国际物流公司、跨国公司内部的分拨物流部分以及专业物流公司纷纷入驻保税区,成了这几年保税区新的增长点。

2. 区港联动后的保税物流阶段(2003 至今)

保税区是在 20 世纪 90 年代这样一个特定的背景下诞生的,这使保税区在政策设计、法规建设和管理措施上,总体而言还是比较保守的,并且具有许多不合理的因素,严重制约了保税区的发展。特别是在中国加入世界贸易组织以后,实现保税区的进一步改革和发展是中国经济发展的必然要求。

针对这种形式,2003 年 7 月 17 日海关总署论证通过了《上海外高桥保税区区港联动试点方案》,当年 12 月 8 日国务院正式批复同意试点,2004 年 4 月物流园区通过国家验收,区港联动试点,即保税物流园区正式设立出现。区港联动的主要功能有国际配送、国际采购、国际转口贸易和国际中转。

利用保税物流园区作为物流分拨基地,其物流运作的特点:一是进口环节大批量、小批次,而进入国内市场则采用"多批次、小批量";二是物流运作的主体比较多元化,既可由跨国公司和专业化国际企业在保税物流园区设立的分支机构,也可以由其中国的代理商负责,或委托保税物流园区内物流企业进行物流运作。利用保税物流园区作为物流分拨基地,可以从整体上降低进口商品销售成本,提高服务质量。

第二节 保税区和港口

一、保税区和港口的关系

保税区和港口的关系主要体现在地理位置和功能优势两个方面。

(一) 地理位置的毗邻

保税区和港口在地理位置上具有天然的联系,在一般情况下,保税区总是与港口连在一起或者与港口毗邻。中国已有的15个保税区,除深圳福田保税区以外,其他14个保税区都是与港口相邻或以港口为依托的临港保税区。

保税区和港口在地理位置上的毗邻,是由保税区自身的性质所决定的。保税区是中国为了实施外向型战略,由国务院批准设立的、海关实施特殊监管的经济区域,具有很大的开放度和自由度的经济区域,是中国与国际市场接轨的"桥头堡"。为了更好地发挥保税区的各项功能,保税区就必须设在临近口岸的地方,特别是港口附近。

(二) 功能优势的互补

要加快和促进保税区和港口的发展,必须建立在港、区功能互补的基础上。这主要表现在以下两个方面:

(1) 保税区的转口贸易、出口加工、保税区仓储、国际贸易等功能的发挥需要以港口功能为依托。

保税区的转口贸易、出口加工、保税区仓储、国际贸易等功能的发挥,必须建立在相当的货物、资金和信息的聚集和扩散能力上,而这些恰恰是港口的基础功能,港口与保税区毗邻而设,为保税区功能的发挥提供了必要的条件。

港口功能的升级必须以保税区的优惠政策和功能的强大为基础。20世纪80年代以来,集装箱运输、多式联运的发展,推动了国际港口注重商业、物流功能的拓展,竞争和争取盈利推动港口努力成为国际贸易的综合运输中心和后勤基地,以适应跨国公司的经营需要。

联合国贸易与发展会议秘书处认为,港口的功能升级换代体现在三个方面:一是传统装卸业务;二是工业服务,如增值服务等;三是商务、信息和分运功能。

这三个方面除传统装卸业务外,都直接要求在港区内或毗邻港区建立相应的专门服务区域,从而高效率地整合来自全球运输链的各个环节,使各环节的无缝衔接成为可能。而这样的专门服务区域不可能离开相应的关税等方面的特殊安排,而实现其功能,即通过港口和保税区的结合,通过自由贸易的活动,使港口多功能性质获得充分显示,港口能够由单纯的水路运输枢纽转变成为腹地经济服务的基础和龙头,发挥港口的扩散、辐射作用和综合运作功能。

(2) 保税区功能的强大必定产生大量货物流通，这又会促进港口经济的发展，促进港口功能的发展和升级。

保税区和港口在地理上毗邻，在功能上优势互补，如果离开了管理上的一体化，港口和保税区的发展就不能互相支持、互相促进。世界上发展较好的自由贸易区，大多与港口连在一起，实施港区一体化管理，以港口为载体，增强保税货物、资金和信息的聚集、扩散能力，使保税区的各功能得到充分发挥，也使港口充分享受了保税区的政策优势。

从中国目前的状况来看，港、区虽然地理上毗邻，但是管理上的分离是保税区和港口无法进一步发展的主要障碍。

二、区港联动提出的背景

（一）保税区自身的问题

目前，中国保税区除了由于区港分离所形成的问题以外，在政策方面也存在着很大的问题，而政策方面的问题又会导致保税区功能方面产生相应的问题。

1. 境内关外的法律地位认知问题

中国保税区与国外自由贸易区的最大差异在于两者是否享受海关治外法权，也就是保税区"境内关外"法律地位的认可问题。国际自由贸易区海关管理指导思想源于1973年《京都公约》："在这部分领土内运入任何货物，就进口税和其他各税而言，被认为在关境之外并免于惯常实施的海关监管。"这样的法律地位使得海关只能监管出口，而无权干预区内的贸易往来。而中国保税区的法律地位正好持相反看法。"天津会议"指出："保税区是海关监管的特殊区域。"1997年制定的《保税区海关监管办法》第七条规定："海关对进出保税区的货物、物品、运输工具、人员及区内有关场所，有权依照《海关法》的规定进行检查、查验"，海关不但监管货物流出保税区，也监管货物流入保税区及在区内的存储。

2. 政策法规方面的问题

国外自由贸易区的设立是先立法后设区，因此各项经济政策有章可循。而中国的保税区至今尚无全国统一的保税区管理条例。目前可以唯一依据的法规是《保税区海关监管办法》，它界定了海关与保税区两者的权利与义务，但对其他职能部门的行为没有法律约束力。

从实际操作看，涉及中国保税区的政策法规分为三个层次：

(1) 国家各有关部门出台的政策法规；

(2) 地方人大和政府出台的政策法规；

(3) 各保税区管委会和所在地海关及相关部门出台的政策措施。

从优惠政策上看，由于实行属地原则，全国保税区的优惠政策不统一，位于特区和浦东新区的保税区，在所得税优惠上要优于其他保税区；而从现有的政策法规体系建设看，由于全国保税区缺乏以国家名义的立法（即国家各部门和地方出台保税区政策法规的参照母法），致使国家各部门出台的政策法规存在相互矛盾、缺乏衔接、难以操作等问题。特别是遇到国家政策调整时，保税区往往成为一个政策冲撞的"不稳定区"。

举例来说，国家海关总署对保税区的认识是"海关监管的特殊经济区域"，实际上是当作放大了的保税仓库区来监管的。

财政部、税务总局、国家工商总局等则认为保税区是"境内关内",对区内和国内企业采取的是同等的对待,对区内企业采购国内货物不能视作出口,货物只有离境后才能退税,即所谓的"一线退税"。而外经贸部认为保税区是"境内关外",区内企业当然不存在进出口经营权、出口配额、许可证等问题,所以保税区内的企业都不具备进出口权,当然也无法作为退税的主体,只能由代理出口的外贸企业退税。再按照海关的规定,享受出口退税必须使货物的出口(出境)单证和原入区单证(两次报关)在数量和品名上匹配,但由于采购分拨型物流业务性质使然,往往一批货物入区后不可能整批复出境。这造成企业无法实现退税。

总的来说,中国保税区在实际运作中依据的主要是各部门自行制定的政策,政策调整频繁,缺乏系统性与稳定性,也在一定程度上损害了保税区的政策优惠,降低了保税区的吸引力。

3. 多头管理的行政管辖

国外自由贸易区的设立,中央政府均设立专门的机构对其进行宏观管理,因而具有较高的权威性。这种权威体现在:有权对所设区域内的一切机构与事务进行监管;有权自行制定法规与条例;有权独立行政而不受其他职能部门干预等。如美国的对外贸易区委员会、欧盟的欧盟理事会、墨西哥的部际委员会、巴拿马的自由贸易区管理委员会等最具有典型意义。而反观中国中央政府对保税区的行政管辖,没有明确的宏观管辖机构。1997年前,全国保税区统一归原国务院特区办,但没有赋予其相应的权限,形同于一个协调机构。特区办撤销以后,管理职能转移给海关总署,相对于特区办,海关总署的权力范围更加狭窄,不能防止其他职能部门插手保税区内部事务。当前,保税区的宏观管理主体有海关、工商、税务、外汇、经贸、商检、边检等多个部门,政出多门,矛盾百出,严重削弱了保税区高效便捷的贸易优势。

4. 功能方面的问题

保税区存在一系列的政策问题,限制了保税区功能的发展,在各项功能运作时出现了许多问题。

(1) 制约国际贸易发展。区内企业不具备进出口权,一线退税和两次报关这些政策上的问题,使区内企业在出口国内物资时,只能与国外或国内有进出口权的企业进行贸易,以及出口退税的难以操作,都增加了贸易的环节和贸易成本,这很大程度上限制了保税区贸易功能的发展。

(2) 制约出口加工业务发展。同样这些问题发生在出口加工业务上,保税区内企业不具备进出口权,就不能自行采购国产料件加工出口,只能委托进出口公司代为采购,这增加了运作环节和成本。而实现不了出口退税便直接制约了保税区内加工企业大量采购国产料件进行加工。

(3) 制约双向采购。对于大多数进口分拨型的物流业务,在进口商品的同时都需要采购部分国内商品来满足其分拨客户个性化的需求(见图10-1)。

根据海关的规定,国内其他口岸完税的货物不得进入保税区,分拨企业由此只能在保税区外另设仓库,以弥补国内商品的分拨需求,其结果是效率低、成本高。跨国采购业务中的双向采购和双向分拨(见图10-2)同样也面临这一问题。

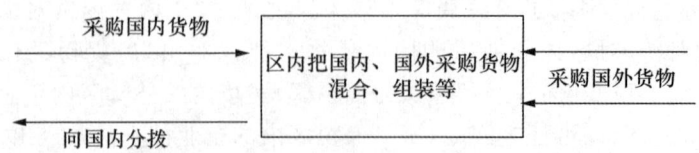

图 10-1　进口分拨型物流一般业务流程

资料来源：程言清,《港口物流管理》。

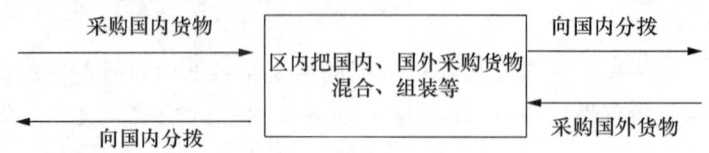

图 10-2　双向采购双向分拨图示

资料来源：程言清、李秋正,《港口物流管理》,电子工业出版社,2007。

(4) 制约物流服务发展。保税区的保税（滞后征税）的效应有利于贸易企业在此进行国际与国内两个市场间的货物流通，但是按照现行的海关管理模式，货物从海港或空港进入保税区的通关时间长，转运成本较高，在相当程度上抵消了保税（滞后征税）所带来的效益优势，加上海关实施卡口与仓库两次监管的办法，使得保税区内货物的移库和使用不方便，因此大大地限制了保税区的物流功能。

(二) 保税区原有优势的弱化

中国保税区最突出的优势是"免证、免税、保税"的政策优势。然而，中国加入世界贸易组织后，必须遵循世界贸易规则，在享受成员国的权利时，也需要在市场准入等诸方面做出承诺，这将对中国保税区的发展造成一定的影响，在一定程度上弱化了保税区的政策优势，具体反映在下述几个方面：

(1) 随着外贸经营权的放开，保税区的政策优势弱化。保税区从设立起，就作为中国开放服务贸易市场的超前试验基地，允许进入保税区的外国企业和国内企业获得进出口权，可以直接开展进出口贸易。由于中国到目前为止在保税区内仍然对企业进出口经营权实行审批制，故保税区在服务贸易领域对各类投资者的率先开放是颇有吸引力的。

但是加入世贸组织以后，中国必须向成员国实施国民待遇，这意味着外贸经营权的全面放开，那么保税区在服务贸易率先开放就不再有特别的意义，其现有的优惠政策吸引力大大弱化。

(2) 随着关税的逐步下调，保税区的"保税"优势弱化。保税区最大的优势就是可以"暂不缴纳关税"，即享有"保税待遇"，从而使经营者可以通过减少流动资金的占用来提高经济效益。中国加入世贸组织削弱了保税区存在和发展的原动力，因为在关税税率越高的国家或地区，"保税"的效应就越明显。加入世贸组织以后，关税减让是必然的趋势，这将削弱保税区的"保税效应"，而中国政府还承诺逐步取消对国外商品进口的许可证、配额等非关税壁垒的义务，这使中国保税区现有的贸易自由度优势也被削弱。

(3) 出口加工区发展很快，保税区的出口加工优势弱化。随着出口加工区的快速发展，出口加工区的加工功能和政策优势吸引了出口货物在出口加工区进行运营，这使保税区的出口加工优势弱化了。

三、保税物流园区

(一) 区港联动的内涵

所谓区港联动,即在毗邻保税区的港区规划出专门供发展仓储物流产业的区域(不含码头泊位),实行保税区的政策,通过连接保税区和港区的保税物流园区,充分发挥保税区的政策优势和港区的区位优势,进一步简化手续,加快货物流通,促进港航产业、仓储产业和物流产业发展,带动港航产业联动发展。

区港联动的内涵可以用"政策叠加、优势互补、资源整合、功能集成"16个字概括,体现保税区与港区在资产、信息、业务等方面的联动发展。国内货物进入园区视同出口,需办理报关手续,实行退税;区内货物内销按进口规定办理报关手续,以实际状态征税;区内货物自由流通,不征收增值税和消费税。园区以发展物流产业为主,实行封闭管理的海关监管模式。港口和保税区"无缝对接",多种运输方式有效组合,货物快进快出。

区港联动是将保税区的特殊政策覆盖到港区,参照国际贸易区运作惯例,在总结保税区现有发展经验和存在不足的基础上,在区域定位、功能政策、管理体制等方面进行调整和完善,尤其是在海关监管模式、区内企业进出口经营权、国内货物进区退税等方面实现突破,是对现有保税区的发展和完善,并为保税区向自由贸易区过渡做准备。

区港联动是港、区一体化发展的理念,承载这个理念的实体则是保税物流园区。保税物流园区是指在保税区与港区之间划分出专门的区域,并赋予特殊的功能政策,专门发展仓储和物流产业,达到吸引外资、推动区域经济发展、增强国际竞争力和扩大外贸出口的目的,它是目前中国法律框架下的自由贸易区雏形。

"区港联动"区域除享受保税区免征关税和进口环节税、海关监管等方面的政策外,还叠加了出口加工区的政策,即实现国内货物入区视同出口,办理报关手续,实行退税。从而改变了保税区现行的"货物实行离境方可退税"的方式,大大降低了企业的运营成本。区内享受"境内关外"的待遇,货物在区内可以自由流通,不征增值税和消费税。区港联动区域实行封闭管理,参照出口加工区的标准建设隔离设施,专门发展仓储和物流产业,区内不得开展加工贸易业务。

1. "区港联动"区域的四大国际功能

(1) 国际中转。即对国际、国内货物在园区内进行分拆、集拼后,转运至境内外其他目的港。国际中转是世界各大自由港的主体功能产业,也是航运中心实力的体现。

(2) 国际配送。即对进口货物进行分拣、分配或进行简单的临港增值加工后,向国内外配送。国际配送为保税物流园区发展增值服务创造了一个重要平台。

(3) 国际采购。即对采购的国际货物和进口货物进行综合处理和简单的临港增值加工后,向国内外销售。

(4) 国际转口贸易。进口货物在园区内存储后不经加工即采取转口贸易方式直接出口到其他国家和地区。

2. "区港联动"区域的快速通关模式

"区港联动"区域是享有国家特殊政策的经济区域,实行"封关运作、监管合一、高效透

明"的管理模式。为提高通关效率,满足区内企业快速通关的要求,监管模式实现了四大突破:

(1)"三个一次"的通关模式。一次申报、一次查验、一次放行。大大地简化物流园区货物进出境手续,园区和港区之间开辟海运直通式。设立自动判别体系、自动生成管理数据、自动实货放行,实施"分批出区、集中报关"的快速通关模式。

(2)"三位一体"的监管模式。园区管理、卡口管理、港区管理融为一体,实行航、港、区联动综合管理,达到规范运作和防范风险的目的,促进区内企业健康发展。

(3)"三个统一"的运作模式。信息流与货物流相统一,通关管理与园区仓储联网相统一,关区代码与贸易方式相统一。

(4)"三无合一"的信息共享模式。通过网络技术在园区构建海关、港区、物流园区、贸易企业信息集成平台,实现 EDI 无纸报关、无人自动卡口放行、无 EDI 事后交单。

区港联动政策开始于 2003 年 2 月,同年 7 月,由上海海关起草的试点建设方案获海关总署通过。2004 年 4 月 15 日,全国区港联动的试点——上海外高桥保税物流园区经海关总署联合小组验收通过。当年 8 月 16 日,国务院办公厅批准青岛、宁波、大连、张家港、厦门象屿、深圳盐田港、天津保税区与其临近港区开展联动试点,建设保税物流园区。

(二)保税物流园区的优势

1. 政策优势

保税物流园区内除继续执行现有的保税区政策外,还享受以下三条配套政策。

(1)进区退税。比照出口加工区,对从区外进入保税物流园区内的国内货物实行进区退税。若进入保税物流园区的国内货物重新回到区外,应严格按照货物的实际状态办理货物进口手续,改变了保税区先行的离境退税方式,降低了企业运营成本。

(2)给予区内企业在税费政策和市场准入方面的国民待遇。区内企业无论什么性质,都享受统一的税费政策和市场准入待遇,取消现行对国内企业征收监管手续费的政策,取消对区内企业在货代、船代和外贸经营权等多个领域方面的限制。

(3)适度放宽外汇管理。货物在保税物流园区与境外之间流动,区内企业无须办理出口收汇和进口付汇核销手续。货物在保税物流园区与境内之间的流动,由区外企业按照规定办理出口收汇和进口付汇核销手续。区内企业办理进出口收付汇核销后,与区外企业(无进出口经营权)的结算以人民币计算。

2. 功能提升

根据"一线放开、二线管住、区内宽松"的区域管理理念,中转集装箱在保税物流园区可以进行拆、拼箱,这改变了中转集装箱在港区内只能整箱进出的现状,集装箱在保税物流园区堆存无时间限制,也改变了集装箱在港区只有 14 天保管期限的现状。

3. 通关便捷

通过实施"区域管理封闭化、海关管理智能化、园区管理信息化、海关通关便捷化"等措施,一次申报、一次查验、一次放行,园区和港区之间开辟海运直通式通关通道,设自动辨别体系,自动存储管理数据,实现 EDI 无纸报关,直通式卡口实货放行。

（三）保税物流园区的特点

1. 区域开放性

长期以来，保税区的定性不明确，有的管理部门定性为"境内关内"，有的定性为"境内关外"，这导致政策不统一、不配套、不平衡，保税区政策表面上十分优惠，实际操作困难。区港联动试点主要针对上述不足，明确区港联动试点区为"境内关外"特殊区域，海关、检验检疫、税务、外汇管理等部门都按这一定位制定政策，进行管理。

2. 政策特殊性

区港联动试点区为保税区的功能延伸区，实行鼓励进出口的税收导向政策。除享有保税区"免税、免证、保税"等政策外，国内货物进区视同出口，可以办理出口退税，区内交易免征增值税，基本实现物流无税或保税运作。

3. 功能单一性

区港结合、物流主导是区港联动试点的主要原则之一。试点区域大多选择在港口条件较好、物流发展具有一定基础的区域进行。试点区域即为保税物流园区，物流主导十分明确。将其功能细分，主要有国际转口、国际中转、国际采购、国际配送四大功能。区港联动试点的目的，主要是通过物流发展针对性政策设定、监管方式改革等举措，进一步降低口岸交易成本，提高口岸物流流转效率。

4. 监管便利性

试点保税物流园区为海关监管的特殊区域，海关监管效率直接决定其运行效率。由于试点区域"境内关外"定性明确，便于海关对其实行"一线放开、二线管住、区内宽松"的监管模式，并采用先进的技术手段，建设科学合理的区域信息化系统操作平台，园内与境外之间及区内企业之间实行无人监管电子核放系统，一线按国家进出口管理规定进行监管，并实行无纸化报关，使监管方式适应物流发展需要。

（四）保税物流园区的作用

区港联动保税物流园区可以充分发挥上述功能政策优势，构建专业化、社会化物流服务平台，强化对周边区域的服务、辐射及带动作用。

1. 强化港口竞争力

保税物流园区克服了中国大陆港口"整进整出"的监管模式，允许国内货物报关进区和境外到港货物在区内自由分拆、二次集拼和转运，拓展了海运集拼功能，有利于吸纳国际集装箱中转运输，强化与周边国家港口竞争能力。

2. 强化制造业竞争力

保税物流园区可以解决国内加工贸易料件深加工流转问题，促进周边加工贸易聚集和发展，可以建立原材料配送和产成品出口快速通道，为制造业提供完整的物流服务链。

3. 带动周边产品出口

保税物流园区依托优越的区位条件、完善的物流设施、"进区退税"的特殊政策和"境内关外"便利的监管环境，有利于吸引国际国内知名采购中心入区，建设国际采购、分拨中心。

4. 促进保税区向自由贸易区转型

区港联动试点具有明显的过渡性,发展目标就是向自由贸易区转型,这为保税区功能政策完善和功能升级提供了极好的契机。

第三节 自由贸易区

一、自由港和自由贸易区

(一)自由港

自由港(free port)是指全部或绝大多数外国商品可以免税进出的港口,通常是不属于任何一国海关管辖的港口或港口地区,但须遵守所在国的有关政策和法令。这种港口划在一国关境之外,有时也称自由口岸、自由贸易港、对外贸易区,外国商品进出港口时除免交关税外,还可在港内自由改装、加工、长期储存或销售。

自由港绝大部分位于沿海港口,也可位于内陆地区(如内陆国瑞士全国有20个自由港)。绝大部分凭借其优越的地理位置、良好的港口和先进的运输、装卸设备,以豁免货物进出口关税和海关监督的优惠,以及开展货物储存、分级挑选、改装等业务便利,通过吸引外国货船、扩大转口贸易,发挥商品集散中心作用,以达赚取外汇收入的目的而发展起来。

自由港与保税区相似,其不同在于贸易优惠措施空间范围上的不同。

按其限制程度,分为完全自由港和有限自由港:

(1)完全自由港对外国商品一律免征关税,现在已为数不多;

(2)有限自由港仅对少数指定出口商品征收关税或实施不同程度的贸易限制,其他商品可享受免税待遇,世界绝大部分自由港均属此类,如直布罗陀、汉堡、香港、新加坡、槟榔屿、吉布提等;

按其范围大小分为自由港市和自由港区:

(1)自由港市包括港口及所在城市全部地区都是非关税地区,外商可自由居留及从事有关业务,所有居民和旅客均享受关税优惠,如新加坡和香港;

(2)自由港区仅包括港口或其所在城市的一部分,不允许外商自由居留,如汉堡、哥本哈根等。

另外,有些国家设立的"特殊地区"也是另一种自由港,例如欧美等国在港口、机场、车站、货场附近建有几十个"自由区",主要起转运站作用,暂时储存进口货物,待价出售。同时也允许外商在区内加工、装配、标签、分选等。近年来,世界上又形成了许多"经济特区",例如中国的深圳、珠海、汕头、厦门、朝鲜的罗先、新加坡的裕廊、马来西亚的普顿等。

自由港对一个地区甚至一个国家外向型经济的发展起到重要的作用,从一般意义上讲,主要具有以下作用:

(1)提高港口对船东、货主的吸引力,扩大港口吞吐量,大大提高港口的中转功能。

(2)自由港的发展会促进港口向综合性、多功能方向发展,使港口成为外向型经济中心。同时,促进港口所在地区外向型经济的发展。

(3)最大限度地适应国际贸易灵活性的要求,提高贸易中各方的经济效益。

(4) 促进自由港及毗邻地区的就业和第三产业的繁荣等。

(二) 自由贸易区概述

自由贸易区是根据本国(地区)法律法规在本国(地区)境内设立的区域性经济特区。这种方式属一国(或地区)境内关外的贸易行为,即某一国(或地区)在其辖区内划出一片地区作为市场从事对外贸易,对该地区的买卖活动不过多地插手干预且对外运入的货物不收或优惠关税。

自由贸易区是自由港发展而来的,通常设在港口的港区或邻近港口的地区,尤以经济发达国家居多。自由贸易区是国际物流中多功能的综合物流结点。在自由贸易区内,可以提供仓储、再加工、展示及各种服务,未售出的各种商品可以前来储存,或针对市场需要对商品进行分类、分级和改装,或进行商品展销,以便选择有利时机就地销售或改运临近市场销售。许多自由贸易区都直接经营转口贸易,因其具有优越的地理位置和各种方便及优惠的条件,所以,大量货物是在流经自由贸易区后投放世界市场的。最重要的是,各国的自由贸易区普遍豁免关税和减免其他税收,还在土地使用、仓库、厂房租金、水电供应、劳动工资等方面采取低收费的优惠政策。这都是大量商品、物品聚集于此的重要原因。

各国在设立自由贸易区时因目的不同,其功能也有所差别。欧洲以自由港为主,发展中国家早期则以出口加工区为主。随着世界经济全球化、区域化、集团化的发展,在一国之内创办自由贸易区的趋势逐步扩大。自由贸易区各种功能的发挥,促进了国际贸易的发展。自由贸易区的便于商品进出、储存,以及降低产品成本并增加市场竞争能力的优惠措施等,吸引了广大的投资者,极大地促进了国际贸易和国际物流的发展。

(三) 自由贸易区的分布

目前,全世界有1 200多个自由贸易区(含分区),其中2/3在经济发达的国家和地区。

(1) 欧洲的自由贸易区。欧洲已有20多个国家和地区设立了自由贸易区,其中以南欧、中欧、西欧最为集中,东北欧的密度较低。南欧的西班牙、意大利、希腊、直布罗陀4个国家和地区共设立了32个自由贸易区,其中西班牙最多,为18个;中欧的瑞士有28个自由贸易区;西欧的英国、法国、德国、爱尔兰和荷兰共设有自由贸易区24个。

(2) 美洲的自由贸易区。北美洲以美国最多,美国是世界上建立自由贸易区最多的国家,有700多个自由贸易区和分区。拉丁美洲的自由贸易区基本上呈从南到北的线状分布。其中较为成功的主要有巴西的马瑙斯自由贸易区、墨西哥的加利福尼亚自由边境区、巴拿马的科隆自由贸易区和海地的太子港自由贸易区等。墨西哥在拉美国家中设立的自由贸易区最多。

(3) 亚洲的自由贸易区。世界上的自由贸易区集中在亚太地区,其中东盟地区(如菲律宾、马来西亚、新加坡、印度尼西亚和泰国等)的自由贸易区密度也很高,在世界自由经济区中占有重要地位。

(4) 非洲的自由贸易区。自20世纪70年代以来,非洲已在20多个国家设立了130多个自由经济区,主要集中在毛里求斯、突尼斯和埃及3个国家。

(5)大洋洲的自由贸易区。1986年6月澳大利亚政府在达尔文市创办了大洋洲第一个自由贸易区;1988年,斐济宣布设立自由贸易区。自由贸易区在大洋洲正处在日益发展之中。

中国改革开放以来相继建立了经济特区、经济技术开发区等,但这些区域在运作和形式上与国际上通行的自由贸易区还有很大差别。1990年,中国开始设立严格意义上的保税区,2013年9月中国(上海)自由贸易区挂牌成立,2015年年初中国(广东)自由贸易试验区、中国(天津)自由贸易试验区、中国(福建)自由贸易试验区设立。

(四)自由贸易区的一般规定

许多国家对自由港或自由贸易区的规定大同小异,归纳起来,主要是三个规定。

1. 关税方面的规定

对于允许自由进出自由港或自由贸易区的外国商品,不必办理报关手续,免征关税。少数已征收进口税的商品如烟、酒等的再出口,可退还进口税。但是,如果港内或区内的外国商品转运入所在国的国内市场销售,则必须办理报关手续,缴纳进口税。这些报关的商品,既可以是原来货物的全部,也可以是一部分;既可以是原样,也可以是改样;既可以是未加工的,也可以是加工的。有些国家对在港内或区内进行加工的外国商品往往有特定的征税规定。

2. 业务活动的规定

对于允许进入自由港或自由贸易区的外国商品,可以储存、展览、拆散、分类、分级、修理、改装、重新包装、重新贴标签、清洗、整理、加工和制造、销毁、与外国的原材料或所在国的原材料混合、再出口或向所在国国内出售。由于各国情况不同,有些规定也有所不同。例如在加工制造方面,瑞士规定储存在区内的外国商品不得进行加工和制造,如要从事这项业务,必须取得设立在伯尔尼的瑞士联邦海关厅的特别许可,方可进行。

3. 禁止和特别限制的规定

许多国家通常对武器、弹药、爆炸品、毒品和其他危险品以及国家专卖品如烟草、酒、盐等禁止输入或持有特种进口许可证才能输入;有些国家对少数消费品的进口要征收高关税;有些国家对某些生产资料在港内或区内的进口使用也要缴纳关税,例如,意大利规定在的里雅斯特自由贸易区内使用的外国建筑器材、生产资料等也包括在应征关税的商品之内。此外,有些国家如西班牙等,还禁止在区内零售。

二、中国自由贸易区

(一)四大自贸区的实施范围

上海自贸区于2013年8月经国务院正式批准设立,于9月29日正式挂牌,确定名称为中国(上海)自由贸易区。2015年3月24日政治局召开会议,审议通过广东、天津、福建设立自由贸易试验区的总体方案,2015年4月,自贸区挂牌,正式定名为中国(天津)自由贸易试验区、中国(广东)自由贸易试验区、中国(福建)自由贸易试验区。

1. 中国(上海)自由贸易区

上海自贸区范围涵盖上海市外高桥保税区、外高桥保税物流园区、洋山保税港区、上海浦东机场综合保税区、金桥出口加工区、张江高科技园区和陆家嘴金融贸易区七个区域,面积为120.72平方千米,是四个自贸区中面积最大的一个。截至2014年11月底,上海自贸区一年投资企业累计2.2万多家、新设企业近1.4万家、境外投资办结160个项目,中方对外投资额38亿美元,进口通关速度快41.3%,企业盈利水平增20%,设自由贸易账户6 925个、存款余额48.9亿元人民币。

2. 中国(天津)自由贸易试验区

天津自贸试验区总面积119.9平方千米,涵盖三个片区:

(1) 天津港东疆片区30平方千米(含东疆保税港区10平方千米),是北方国际航运中心和国际物流中心的核心功能区,重点发展航运物流、国际贸易、融资租赁等现代服务业。区内拥有国际船舶登记制度、国际航运税收政策、航运金融、租赁业务等四大类22项创新试点政策。

(2) 天津机场片区43.1平方千米(含天津港保税区空港部分1平方千米和滨海新区综合保税区1.96平方千米),是天津先进制造业企业和科技研发转化机构的重要集聚区,重点发展航空航天、装备制造、新一代信息技术等高端制造业和研发设计、航空物流等生产性服务业,形成了民用航空、装备制造、电子信息、生物医药、快速消费品和现代服务业等优势产业集群。

(3) 滨海新区中心商务片区46.8平方千米(含天津港保税区海港部分和保税物流园区4平方千米),是天津金融改革创新集聚区,也是滨海新区城市核心区,重点发展以金融创新为主的现代服务业。

3. 中国(广东)自由贸易试验区

广东自贸试验区的实施范围为116.2平方千米,涵盖三个片区:广州南沙新区片区60平方千米(含广州南沙保税港区7.06平方千米),深圳前海蛇口片区28.2平方千米(含深圳前海湾保税港区3.71平方千米)和珠海横琴新区片区28平方千米。

广州南沙新区片区重点发展航运物流、特色金融、国际商贸、高端制造等产业,建设以生产性服务业为主导的现代产业新高地和具有世界先进水平的综合服务枢纽;深圳前海蛇口片区重点发展金融、现代物流、信息服务、科技服务等战略性新兴服务业,构建金融业对外开放试验示范窗口、世界服务贸易重要基地和国际性枢纽港;珠海横琴新区片区重点发展旅游休闲健康、商务金融服务、文化科教和高新技术等产业,建设文化教育开放先导区和国际商务服务休闲旅游基地,打造促进澳门经济适度多元发展新载体。

4. 中国(福建)自由贸易试验区

福建自贸试验区的实施范围是118.04平方千米,涵盖了平潭片区43平方千米、厦门片区43.78平方千米和福州片区31.26平方千米。平潭片区重点建设两岸共同家园和国际旅游岛,在投资贸易、资金人员往来方面实施更加自由便利的措施;厦门片区是重点建设两岸新兴产业和现代服务业合作示范区、东南国际航运中心、两岸区域性金融服务中心和两岸贸易中心;福州片区重点是建设先进制造业基地,还有21世纪海上丝绸之路沿线国家和地区交流合作的重要平台,是两岸服务贸易与金融创新合作示范区。

港口新动态

福州自贸片区跨境电商乘上"一带一路"快车

近日,位于福建自贸试验区福州片区内的福州出口加工区福州跨境电商监管中心迎来了一批经由"一带一路"通道进境的货物。这是原产自德国的罐装奶粉,共 13 284 罐,货值 123 万元,由德国科隆起运,经波兰—成都铁路货运,再经陆路转关运输到达监管中心。它们是首票自内陆关转运进入福州海关特殊监管区的跨境电商保税货物。

据了解,一年来,在政府、口岸单位、企业的共同努力下,福州的跨境电商业务从无到有,从弱到强。福州跨境电商监管中心 2015 年 11 月揭牌,业务量稳步发展、后来居上,目前已占全省同类业务量的 80% 以上。政府积极为企业搭建平台、牵线搭桥、排忧解难,千方百计探讨减小成本、快捷通关之路。以此次陆运转关的物流线路为例,比原先空运进境方式减少了 70% 的运输费用,大幅度节约了企业成本。

福州出口加工区管理局叶明辉局长表示,这是"开创新领域,突破新区域,创造新模式,闯出新空间"之举。该货物的通关意味着福州跨境电商借力"一带一路"开辟了新的物流通道,拓展了福州地区传统的跨境物流业务领域,为欧陆货源开启了全新供应链及通关模式,同时大大降低了通关和物流成本,为福州电商企业和消费者提供了更广阔的市场空间。

资料来源:中国(福建)自由贸易试验区福州片区管理委员会,2016 年 10 月 17 日。

(二)四大自贸区的战略定位

在整体规划上,自贸区的战略布局已经呈现两个直辖市(上海、天津)、两个早期的经济特区实验省份(广东、福建),覆盖中国三大的经济区域,即长江经济带、珠三角经济区及目前正逐步形成的京津冀一体区。四大自贸区的发展重点也越来越清晰。上海自贸区立足长江经济带,将更多地定位于金融业的发展;天津自贸试验区配合"京津冀"一体化战略,侧重制造业的发展及对外开放,力图辐射整个北方地区;广东自贸试验区则立足珠三角,辐射香港和澳门地区,力图促进服务业的发展和开放;福建自贸试验区侧重发挥对台优势,同时配合"一带一路",力图在贸易等层面有所突破。

具体来说,上海自贸区主要任务是在推进投资贸易便利化、货币自由化、监管高效便捷以及法治环境规范等方面担当"领头羊"。

天津自贸试验区更强调京津冀的系统发展,通过天津口岸带动内陆地区的发展,推动京津冀实现海关区域通关一体化,促进京津冀地区的优化现代服务业、先进制造业和战略性新兴产业的布局,支持周边省市在天津自贸区设立专属物流园区,构筑服务区内的科技创新和人才高地。通过天津自贸区试验,力图对整个北方经济发挥辐射作用,对于传统的东北经济区发挥引领作用。

广东自贸试验区强调粤港澳合作,特别是服务业方面,为港澳企业在自贸区投资带来更大便利,促进贸易便利化,主要任务在于建立自贸区与粤港澳海空港联动机制和推动人民币作为自贸区与港澳地区以及国外跨境大额贸易和投资计价、结算的主要货币。

福建自贸试验区主要任务是立足对台战略,独特的历史和对台区位是设自贸区的主要原因。福建与台湾隔海相对,被视为对台的窗口,要建设成为制度创新的试验田,深化两岸经济合作的示范区和建设 21 世纪海上丝绸之路的核心区。

第四节　进出口货物通关的程序

一、一般进出口货物通关的基本程序

(一) 一般进出口货物

一般进出口货物是指在进出境环节缴纳了应征的进出口税费并办结了所有必要的海关手续,海关放行后不再进行监管的进出口货物。一般进出口货物通关基本程序适用的具体货物是:

(1) 一般贸易方式进出口货物(不包括享受特定减免税和准予保税进口的货物)。

(2) 易货贸易、补偿贸易、寄售代销贸易方式进出口货物(准予保税进口的寄售代销货物除外)。

(3) 承包工程项目进出口货物。

(4) 边境小额贸易进出口货物。

(5) 外国驻华商业机构进出口陈列用的样品。

(6) 外国旅游者小批量订货出口的商品。

(7) 租赁进出口货物。

(8) 随展览进出境的非卖品。

(9) 进出口货样广告品(不包括暂时进出口的货样广告品)。

(10) 免费提供的进口货物,包括:外商在经贸活动中赠送的进口货物;外商在经贸活动中免费提供的试车材料、消耗性物品;中国在境外的企业、机构向国内单位赠送的进口货物。

(二) 进出口申报

1. 申报地点

进口货物由收货人或其代理人在货物的进境地海关申报;出口货物由发货人或其代理人在货物的出境地海关申报。

经收发货人申请、海关同意,进口货物的收货人或其代理人可以在设有海关的货物指运地申报;出口货物的发货人或其代理人可以在设有海关的货物起运地申报。

2. 申报期限

进口货物的申报期限为自装载货物的运输工具申报进境之日起 14 日内,申报期限的最后一天遇法定假日顺延;出口货物的申报期限为货物运抵海关监管区、装货的 24 小时前。经海关批准集中申报的进口货物,自装载货物的运输工具申报进境之日起一个月内办理申报手续。

进口货物的收货人未按规定期限向海关申报的,由海关按《海关法》的规定征收滞纳金;进口货物自装载货物的运输工具申报进境之日起三个月仍未申报的,海关可以提取变

卖处理;对于不宜长期保存的货物,海关可以根据实际情况提前处理。

3. 申报单证

申报单证可以分为主要单证和随附单证两大类。主要单证就是指报关单、随附单证(包括基本单证、特殊单证和预备单证)。

基本单证是指进出口货物的货运单据和商业单据,主要有进口提货单据、出口装货单据、商业发票、装箱单等。

特殊单证主要是指进出口许可证件、加工贸易登记手册(包括电子的和纸质的)、特定减免税证明、外汇收付汇核销单证、原产地证明书、担保文件等。

预备单证主要是指贸易合同、进出口企业的有关证明文件等。

4. 申报前看货取样

进口货物的收货人向海关申报前,因确定货物的品名、规格、型号、归类等原因,可以向海关提出查看货物或者提取货样的书面申请,海关审核同意的,派员到场监管。

5. 申报方式

一般情况下,进出口货物收发货人或其代理人按先后顺序,先以电子数据报关单形式向海关申报,后提交纸质报关单;在向未使用海关信息化管理系统的海关申报时,则只提供纸质报关单;在实行无纸通关的海关,则可以只电子报关。

6. 电子申报

报关单电子数据申报方式如下:

(1) 终端申报方式。进出口货物收发货人或其代理人在海关规定的报关地点委托,经海关登记注册的预录入企业使用连接海关计算机系统的电脑终端录入报关单电子数据。

(2) EDI 申报方式。

(3) 网上申报方式。通过登陆"中国电子口岸"网站自行录入报关单电子数据。

通过上述方式中的一种将报关单内容录入海关计算机系统,生成电子数据报关单,一旦接收到海关发送的"接受申报"报文后,即表示电子申报成功。

7. 提交报关单及随附单证

海关审结电子数据报关单后,进出口货物收发货人或其代理人应当自接到海关"现场交单"或"放行交单"通知之日起 10 日内,持纸质报关单及所有规定的随附单证并签名盖章,到货物所在地海关提交书面单证并办理相关手续。

8. 修改申报内容或撤销申报

海关接受申报后,除在下列情况以外,申报内容不得修改,报关单证不得撤销:

(1) 由于计算机、网络系统等方面的原因导致电子数据申报错误的;

(2) 海关在办理出口货物的放行手续后,由于配载、装运等原因造成原申报货物部分或全部退关需要修改或撤销报关单证及其内容的;

(3) 报关员由于操作或书写失误造成申报差错,但未对国家贸易管制政策的实施、税费征收及统计指标造成危害的;

(4) 海关审价、归类审核或专业认定后需对原申报数据进行修改的;

(5) 根据贸易惯例先行采用暂时价格成交、实际结算时按商检品质认定或国际市场实际价格付款方式需要修改的。

海关已经布控、查验的进出口货物,不得修改报关单内容或撤销报关单证。

(三)配合查验

1. 海关查验

海关根据《海关法》确定进出境货物的性质、价格、数量、原产地、货物状况等是否与报关单上已申报的内容相符,对货物进行实际检查,并且在查验时,货物的收发货人或其代理人应当到场。

2. 查验地点

一般在海关监管区内进行,对进出口大宗散货、危险品、鲜活商品、落驳运输的货物,经收发货人或其代理人申请,海关也可同意在装卸作业的现场进行查验。

3. 查验时间

海关决定查验时,即将以书面通知的形式通知收发货人或其代理人,约定查验的时间,一般约定在海关正常工作时间内。

4. 复验和径行开验

海关认为必要时,可以依法对已经完成查验的货物进行复验,并且收发货人或其代理人仍然应当到场;径行开验是指海关认为必要时,在收发货人或其代理人不在场的情况下,自行开拆货物进行查验。

5. 配合查验

配合查验应当做的工作如下:

(1)搬移货物,开拆和重封货物的包装。

(2)了解和熟悉所申报货物的情况,回答查验海关关员的询问,提供海关查验货物时所需要的单证或其他资料。

(3)协助海关提取需要做进一步检验、化验或鉴定的货样,收取海关出具的《取样清单》。

(4)查验结束后,认真阅读关员填写的《海关进出境货物查验记录单》,注意以下情况的记录是否符合实际并签字确认:一是开箱的具体情况;二是货物残损情况及造成残损的原因;三是提取货样的情况;四是查验结论。

6. 货物损坏赔偿

在查验过程中或证实海关在径行开验过程中,因为海关关员的责任造成被查验货物损坏的,收发货人或其代理人可以要求海关赔偿,赔偿范围仅限于在实施查验过程中由于海关关员的责任造成被查验货物损坏的直接经济损失,损失金额根据被损坏货物及其部件的受损程度或根据修理费确定。

下列情况不属于海关赔偿范围:

(1)收发货人或其代理人搬移、开拆、重封包装或保管不善造成的损失;

(2)易腐、易失效货物在海关正常工作程序所需时间内(含扣留或代管期间)所发生的变质或失效;

(3)海关正常查验时产生的不可避免的磨损;

(4)在海关查验之前已发生的损坏和海关查验之后发生的损坏;

(5) 由于不可抗拒的原因造成货物的损坏、损失。

收发货人或其代理人在海关查验时对货物是否损坏未提出异议,事后发现货物有损坏的,海关不负赔偿责任。

(四) 缴纳税费

收发货人或其代理人根据海关开具的税款缴款书和收费票据,在规定时间内向指定银行办理税费交付手续;在实行"中国电子口岸"网上缴税和付费的海关,可以通过网络系统接收海关发出的税款缴款书和收费票据,在网上向签有协议的银行进行电子支付税费,收到银行缴款成功的信息后即可报请海关办理货物放行手续。

(五) 海关放行和货物结关

1. 海关放行

海关在进口货物提货凭证或者出口货物装货凭证上签盖"海关放行章";实行"无纸通关"的海关通过计算机将"海关放行"报文发送给收发货人或其代理人和海关监管货物保管人,相关人员自行打印海关通知放行的凭证,凭以办理手续。

2. 提取货物或装运货物

收发货人或其代理人凭有海关放行通知的证明、提货单、运单、场站收据等单证到货物进出境地的港区、机场、车站、邮局等地办理进出境的手续。

3. 申请签发报关单证明联

(1) 进出口收付汇证明。对需要在银行或国家外汇管理部门办理收付汇核销的进出口货物,报关员应当向海关申请签发进、出口货物报关单(收、付汇证明联),海关审核后,签名加盖"海关验讫章"。同时,通过电子口岸系统向银行和国家外汇管理部门发送证明联电子数据。

(2) 出口收汇核销单。

(3) 出口退税证明。对需要办理出口退税的出口货物,报关员向海关申请签发出口货物报关单(出口退税证明联),海关审核后,予以签发并签名加盖"海关验讫章",同时将证明联电子数据发送给国家税务机构。

(4) 进口货物证明书。对进口汽车、摩托车等,报关员应当向海关申请签发进口货物证明书,收发货人凭以向国家交通管理部门办理汽车、摩托车的牌照申领手续,同时海关将电子数据发送给国家交通管理部门。

二、保税货物通关的基本程序

保税货物是指经海关批准未办理纳税手续进境,在境内储存、加工、装配后复运出境的货物,具有三大特性,即"经海关批准""是监管货物""应复运出境"。按照海关监管的形式可以分为三大类,即加工贸易保税货物、仓储保税货物、区域保税货物。其报关程序如下:

(一) 备案申请保税

(1) 经国家批准的保税区域,包括保税区、出口加工区从境外运入区内储存、加工、装配后复运出境的货物,已经整体批准保税,备案阶段与报关阶段合并。

(2) 经海关批准的保税仓库,在货物进境入库之前,海关根据核定的保税仓库存放货物范围和商品种类对报关入库货物的品种、数量、金额进行审核,并对入库货物进行核注登记。

(3) 加工贸易进口料件之前,包括来料加工、进料加工、外商投资企业履行产品出口合同、保税工厂、保税集团进口料件之前,都必须进入备案申请保税阶段。其具体环节是:企业申请备案、海关审核准予保税、设立或不设立银行台账、海关建立电子《登记手册》或核发纸质《登记手册》。

(二) 报关

所有经海关批准保税的货物,包括区域保税货物、仓储保税货物和加工贸易经海关批准准予保税的货物,在进出境时都必须和其他货物一样进入报关阶段,但是保税货物暂缓纳税,不进入纳税环节。

(三) 报核申请结案

其具体环节是,企业报核、海关受理、实施核销、结关销案。

所有经海关批准保税的货物,包括区域保税货物、仓储保税货物和加工贸易经海关批准准予保税的货物,都必须按规定由保税货物的经营人向主管海关报核,海关受理报核后进行核销,核销后视下列不同情况,分别予以结关销案:

(1) 区域保税货物因为没有规定具体的保税期限,所以最终的结案应当以货物最终全部出境或出区办结海关手续为结案的标志。本期核销该批保税货物没有全部出境或出区办结海关手续的,则不能结案,结转到下期继续监管,直到能够结案。

(2) 仓储保税货物应当以该货物在规定的保税期限内全部出境或出库办结海关手续为结案的标志,每月报核一次。本期核销该批保税货物没有全部出境或出库办结海关手续的,则不能结案,结转到下期继续监管,直到能够结案或者到期变卖处理。

(3) 加工贸易经海关批准准予保税的货物应当以该加工贸易项下产品在规定期限内全部出口或者部分出口,不出口部分全部得到合法处理为结案的标志。海关受理报核后,在规定的核销期限内实施核销,对不设立台账的,予以结案;对设立台账的,应当到银行撤销台账,然后结案。

三、特定减免税货物通关的基本程序

特定减免税货物是海关根据国家的政策规定准予减免税进境使用于特定区域、特定企业、特定用途的货物。

(一) 减免税申请

1. 特定地区减免税货物进口申请

(1) 备案登记:

保税区。保税区企业向保税区海关办理减免税备案登记时,应提交企业批准证书、营业执照、企业合同、章程等,并将有关企业情况输入海关计算机系统。海关审核后准予备案的,即签发企业征免税登记手册,企业凭以办理货物减免税申请手续。

出口加工区。出口加工区企业应提交出口加工区管委会的批准文件、营业执照等,海

关审核后批准建立企业设备电子账册,凭以办理减免税申请手续。

(2)进口申请:

保税区。企业向保税区海关提交企业征免税登记手册、发票、装箱单等,海关核准后签发《进出口货物征免税证明》。

出口加工区。企业向出口加工区海关提交发票、装箱单等,海关核准后在企业设备电子账册中进行登记。

2. 特定企业减免税货物进口申请

(1)备案登记。特定企业主要是指外商投资企业。外商投资企业需要提交外经贸主管部门的批准文件、营业执照、企业合同、章程等,海关审核后准予备案的,即签发《外商投资企业征免税登记手册》,企业凭以办理货物减免税手续。

(2)进口申请。外商投资企业向主管海关提交《外商投资企业征免税登记手册》、发票、装箱单等,经海关核准后签发《进出口货物征免税证明》。

3. 特定用途减免税申请

(1)国内投资项目和利用外资项目减免税申请。投资项目经批准后,货物进口企业持国务院有关部门或省、市人民政府签发的《国内鼓励发展的内外资项目确认书》、发票、装箱单等向项目主管直属海关提出减免税申请,海关审核后签发《进出口货物征免税证明》。

(2)科教用品减免税申请。科教单位办理科研和教学用品减免税进口申请时,应持有关主管部门的批准文件,向单位所在地主管海关申请办理资格认定手续,经海关审核批准的,签发《科教用品免税登记手册》,凭以办理减免税手续。

(3)残疾人专用品减免税申请。民政部门或中国残疾人联合会所属单位在进口特定减免税用品、专用仪器、专用生产设备时,应提交民政部门或残联的批准文件,主管海关经核准后签发《进出口货物征免税证明》。

(二)进出口报关

特定减免税货物进口报关程序与一般进出口货物的报关程序基本相同,只在下列方面有所不同:

(1)特定减免税货物进口报关时,收发货人或其代理人除了向海关提交报关单及随附的基本单证外,还应提交《进出口货物征免税证明》。

(2)特定减免税货物一般应提交进出口许可证件,但对外商投资和某些许可证件种类,国家规定有特殊优惠政策的,可以豁免进口许可证件。

(3)填制特定减免税货物进口报关单时,在"备案号"栏内填写《进出口货物征免税证明》上的12位编号。

(三)申请解除监管

1. 监管期满申请解除监管

特定减免税货物监管期满,原减免税申请人应当向主管海关申请解除对减免税进口货物的监管,主管海关经审核批准,签发《减免税进口货物解除监管证明》,至此办结了全部海关手续。

2. 监管期内申请解除监管

特定减免税货物在海关监管期内要求解除监管的主要目的是在国内销售、转让、放弃或退运出境。

（1）因特殊原因在海关监管期内销售的，企业应向原审批进口的外经贸主管部门申请，凭批准文件向海关办理缴纳进口税费的手续，海关按照使用时间折旧估价征税后，签发解除监管证明书，凭以办理结关手续。

（2）企业如将货物转让给同样享受进口减免税优惠的企业，接受货物的企业应当先向主管海关申领《进出口货物征免税证明》，凭以办理货物的结转手续。

（3）企业要求将特定减免税货物退运出境的，应向原审批进口的外经贸主管部门申请，凭批准文件向出境地海关办理货物出口退运申报手续，企业凭出境地海关签发的《出口货物报关单》及其他单证向主管海关申领解除监管证明。

（4）企业要求放弃特定减免税货物的，应向主管海关提交放弃货物的书面申请，经海关核准后，按照海关处理放弃货物的有关规定办理手续。

四、暂准进出口货物通关的基本程序

暂准进出境货物是指为了特定的目的暂时进境或暂时出境，有条件暂时免缴进出口关税并豁免进出口许可证件，在特定的期限内除因使用中正常的损耗外按原状复运出境或复运进境的货物。

按照中国海关对暂准进出境货物的监管方式，可分为适用《ATA 单证册》报关的暂准进出境货物、不适用《ATA 单证册》的展览品、集装箱箱体、暂时进出口货物共四类。

（一）适用《ATA 单证册》报关的暂准进出境货物

中国于 1993 年加入《关于货物暂准进口的 ATA 单证册海关公约》及其相关附约，在中国，使用《ATA 单证册》的范围仅限于展览会、交易会、会议及类似活动项下的货物。一份《ATA 单证册》由八页 ATA 单证组成：一页绿色封面单证、一页黄色出口单证、一页白色进口单证、一页白色复出口单证、两页蓝色过境单证、一页黄色复进口单证、一页绿色封底。

（1）进境申报。收发货人或其代理人持《ATA 单证册》向海关申报进境展览品时，先在海关核准的出证协会中国国际商会以及其他商会，将《ATA 单证册》上的内容预录入海关和商会联网的《ATA 单证册》电子核销系统，然后向展览会主管海关提交纸质《ATA 单证册》、提货单等单证。海关在白色进口单证上签注，并留存白色进口单证正联，存根联随《ATA 单证册》其他各联退给收发货人或其代理人。

（2）出境申报。收发货人或其代理人持《ATA 单证册》向海关申报出境展览品时，向出境地海关提交国家主管部门的批准文件、纸质《ATA 单证册》、装货单等单证。海关在绿色封面单证和黄色出口单证上签注，并留存黄色出口单证正联，存根联随《ATA 单证册》其他各联退给收发货人或其代理人。

（3）过境申报。展览品所有人或其代理人持《ATA 单证册》向海关申报将货物通过中国转运至第三国参加展览会的，不必填制过境货物报关单，海关在两份蓝色过境单证上分别签注后，留存蓝色过境单证正联，存根联随《ATA 单证册》其他各联退给展览品所有

人或其代理人。

(4) 担保和许可证件。持《ATA单证册》向海关申报进出境展览品的,无须向海关提交进出口许可证,也不需要提供担保。但如果进出境展览品及相关货物受公共道德、公共安全、公共卫生、动植物检疫、濒危野生动植物保护、知识产权保护等限制的,展览品所有人或其代理人应向海关提交进出口许可证件。

(5)《ATA单证册》申报文字。中国海关接受中文或英文填写的《ATA单证册》的申报,英文填写的海关可要求提供中文译本,用其他文字填写的则必须随附中文或英文译本。

(6) 核销结关。持证人在规定期限内将展览品复运进出境,海关在白色复出口单证和黄色复进口单证上分别签注,留存单证正联,存根联随《ATA单证册》其他各联退持证人,正式核销结关。

(二) 不适用《ATA单证册》的展览品

1. 进出境展览品的范围

(1) 进境展览品。进境展览品包含在展览会中展示或示范用的货物、物品、为示范展出的机器或器具所需用的物品、展览者设置临时展台的建筑材料及装饰材料、供展览品做示范宣传用的电影片、幻灯片、录像带、说明书、广告等。

(2) 出境展览品。出境展览品包含国内单位赴境外举办展览会或参加境外博览会、展览会而运出的展览品,以及与展览活动有关的宣传品、布置品、招待品及其他公用物品。

2. 展览品的暂准进出境期限

进境展览品自展览品进境之日起六个月内复运出境,如需延长期限,应向主管海关提出申请,经批准后最多延长六个月;出境展览品的暂准出境期限也为六个月。

3. 展览品的进出境申报

(1) 进境申报。展览品进境之前,展览会主办单位应将举办展览会的批准文件连同展览品清单一起送展出地海关,办理登记备案手续;展览品进境申报手续可以在展出地海关办理,从非展出地海关进口的,可以申请在进境地海关办理转关运输手续,在海关监管下将货物运至展览会举办地主管海关办理申报手续;展览会主办单位或其代理人向海关提供担保。

(2) 出境申报。展览品出境申报手续应当在出境地海关办理;在境外举办展览会或参加境外展览会的企业应当向海关提交国家主管部门的批准文件、报关单、展览品清单一式两份等单证;随展览品出境的小卖品、展卖品,应当按一般出口申报;海关对展览品开箱查验核对,核准后海关留存一份清单,另一份封入关封交还给收发货人或其代理人,凭以办理复运进境申报手续。

4. 进出境展览品的核销结关

(1) 复运进出境。在规定期限内复运进出境的,海关分别签发报关单证明联;未能在规定期限内复运进出境的,展览会主办单位应向主管海关申请延期,在延长期内办理复运进出境手续。

(2) 转为正式进出口。进境展览品在展览期间被人购买的,由展览会主办单位向海关办理进口申报、纳税手续;出境展览品在境外展览会后被销售的,由海关核对展览品清单后要求企业补办有关正式出口手续。

(3) 展览品放弃或赠送。进口展览品的所有人将展览品放弃给海关的,由海关变卖后将款项上缴国库;有单位接受放弃展览品的,应向海关办理进口申报、纳税手续;展览品所有人将展览品赠送的,受赠人应向海关办理进口手续。

(4) 展览品毁坏、丢失、被窃。展览品因毁坏、丢失、被窃而不能复运出境的,展览会主办单位或其代理人向海关报告,对于毁坏的展览品,海关根据毁坏程度估价征税;对于丢失或被窃的展览品,海关按照进口同类货物征收进口税;因不可抗力遭受损毁或丢失的,海关根据受损情况,减征或免征进口税。

(三) 不适用《ATA 单证册》的集装箱箱体

集装箱是作为运输设备暂时进出境的,报关有以下两种情况:

(1) 境内生产的集装箱及中国营运人购买进口的集装箱在投入国际运输前,营运人向其所在地海关办理登记手续。海关准予登记并符合规定的集装箱箱体,无论是否装载货物,海关准予暂时进境或异地出境,营运人或其代理人无须对箱体单向海关办理报关手续,进出境也不受规定的期限限制。

(2) 境外集装箱箱体暂准进境,无论是否装载货物,营运人或其代理人应当对箱体单独向海关申报,并于入境之日起六个月内复运出境;如因特殊情况不能按期复运出境的,营运人应当向暂准进境地海关提出延期申请,但延长期不超过三个月,逾期办理进口及纳税手续。

(四) 不适用《ATA 单证册》的暂时进出口货物

1. 暂时进出口货物的适用范围

(1) 在展览会、交易会、会议及类似活动中展示或者使用的货物;

(2) 文化、体育交流活动中使用的表演、比赛用品;

(3) 进行新闻报道或者摄制电影、电视节目使用的仪器、设备及用品;

(4) 开展科研、教学、医疗活动使用的仪器、设备及用品;

(5) 上述四项所列活动中使用的交通工具及特种车辆;

(6) 暂时进出的货样;

(7) 供安装、调试、检测设备时使用的仪器、工具;

(8) 盛装货物的容器;

(9) 其他暂时进出境用于非商业目的的货物。

以上货物除《ATA 单证册》项下货物、展览品、集装箱箱体外,均适用"暂时进出口货物"的监管方式。

2. 暂时进出口货物的期限

暂时进出货物应当在从进境或出境之日起六个月内复运出境或者复运进境,如因特殊情况需延长期限的,延期不超过六个月。

3. 进出境申报

(1) 进境申报。暂时进口货物进境时,收货人或其代理人向海关提交主管部门允许货物为特定目的而暂时进境的批准文件、进口货物报关单、商业及货运单据等,办理暂时

进境申报手续;除特殊规定的货物外,无须提供许可证件;进境时免缴进口税,但收货人或其代理人必须向海关提供担保。

(2) 出境申报。暂时进口货物出境时,发货人或其代理人向海关提交主管部门允许货物为特定目的而暂时出境的批准文件、出口货物报关单、商业及货运单据等,办理暂时出境申报手续;除特殊规定的货物外,无须提供许可证件。

4. 核销结关

(1) 复运进出境。进出口货物的收发货人或其代理人留存由海关签章的复运进出境的报关单以备报核。

(2) 转为正式进口。因特殊情况转为正式进口的货物由收货人或其代理人提出申请,提交有关许可证件,办理进口申报和纳税手续。

(3) 放弃。暂时进口货物在境内因货物所有人将货物放弃的,须向海关声明,由海关按相关规定处理货物。

(4) 核销结关。暂时进出口货物复运进出境、转为正式进口或者放弃以后,收发货人或其代理人持海关签注的进出口报关单、有关处理放弃货物的收据及其他相关单证,向海关报核,申请结关。海关经审核,退还保证金,或办理其他担保销案手续,予以结关。

▶ 课后阅读

外资纷纷"落下来" 中资不断"走出去"

准入前国民待遇加负面清单管理模式及服务业扩大开放 54 条措施——力度空前的制度创新让上海自贸区在第一个试验期内,投资领域更加开放透明,投资活动更加频繁活跃。而在外资"落下来"和中资"走出去"的过程中,新区商务委发挥了"润滑剂"的作用。

1. 助力服务业开放落地

上海自贸区成立后,一批专业服务企业如雨后春笋般在浦东涌现,位于临港滴水湖畔的铭尔传就是其中一例。该公司是国内首家引入"米其林"教育元素的厨师培训机构。

记者了解到,近年来,国内消费者对于西餐的需求标准日益提高,然而因为外商只能以中外办学合作形式从事教育培训的限制,西餐从业人员只有通过出国进修才能接受最纯正的培训。这一情况在 2015 年得到改变,当年出台的自贸区 2015 版负面清单把"非学制类职业技能培训"列在了负面清单之外。同年 12 月,市场准入负面清单制度在天津、上海、福建、广东四个自贸区所在的省份先行试点。

铭尔传即看中此次机遇,联手法国著名的 Alain Du Casse Education 学院,旨在将致力于海外顶尖的餐饮文化教育引进中国。然而,落地的过程并非一帆风顺。铭尔传集团主席兼行政总裁蔡萧玉慧告诉记者,来到上海开办教育培训机构,仅注册一事她就花了一年时间摸索。后来她找到商务委寻求帮助,才让事情有了更快的进展。"我们的每个问题,都会得到很快的解决。"蔡萧玉慧说,许多政府部门也是第一次接触铭尔传这样的案例,虽说有纲领性文件,但各项复杂多样的审批具体操作细节全无经验借鉴,"对于每项细琐环节,他们会特意开会研究,花了很多时间讨论,就是为了使我们的程序能简单再简单"。

2. 引导浦东服务业向高端发展

像铭尔传这样，得益于自贸区扩大开放政策而落地的企业，实际上有很多。根据统计数据，截至2016年8月底，上海自贸区共办结备案项目15 568个，其中新设6 419个，变更事项9 149个，合同外资665亿美元。尤其在扩区以来，共办结备案10 043个，其中新设3 961个，变更事项6 082个，合同外资580.6亿美元。54项扩大开放措施中已有29项落地，落地企业1 687个。

浦东商务委副主任孙永强表示，目前，上海自贸区服务业在开放创新领域不断实现新突破，已落户项目也稳步实现新发展，并体现出三大特征：一是服务业的扩大开放突破由点及面，部分行业已经形成集聚效应。比如医疗服务领域，多家外资综合医院、专科医院落户筹建。二是与投资管理、贸易监督、金融创新等自贸区核心制度创新举措高度融合。自贸区服务业扩大开放让部分投资管理、贸易监管、金融创新、政府管理创新的功能实现。三是推动经济形态演变，催生了新产业新模式。

"浦东现在的高端、专业服务业占比只有33%，还有很大的发展潜力。"孙永强表示，随着自贸区建设的进一步深化，服务业扩大开放将持续推进，不断填补空白，促进浦东服务业集聚发展。

3. 创新境外投资管理方式

在帮助外资扎根落地的同时，新区商务委在中资利用自贸区"走出去"的过程中也积极发挥作用。在市商务委的支持下，企业境外投资备案权限被下放至浦东新区，新区商务委在市民中心专门设立了办事窗口。企业从提出申请到出证仅需三个工作日，取得证书后，企业即可至开户行办理外汇登记并完成购付汇手续。数据显示，2015年，上海自贸区境外投资项目691个，中方出资额240亿美元，占全市60%。2016年1—5月，市民中心备案境外投资企业218家，中方出资额24.74亿美元，同比增长22%；浦东新区总计备案境外投资企业459家，中方出资额135.29亿美元，同比增长35%。这些数字与过去20年相比都有了大幅提高。

此外，在完善境外投资服务体系上，新区商务委还推动成立了自贸试验区、浦东新区对外投资服务产业联盟。自2015年9月成立后，该联盟依托"中国（上海）自由贸易试验区境外投资服务平台"，可为企业"走出去"提供咨询、项目推荐、融资保险等全流程专业服务。

资料来源：王延，"外资纷纷'落下来' 中资不断'走出去'"，《浦东时报》，2016年10月18日。

复习思考题

1. 保税区设置的背景是什么？我国保税区在外向型经济模式中发挥了怎样的作用？在近20年的发展历程中保税区出现了什么问题？

2. 请举出具体案例说明"境内关外"的运作方式。为什么说港口和保税区虽然地理上毗邻，但是管理上的分离是保税区和港口无法进一步发展的主要障碍？

3. 什么是"香港一日游"？出口企业采取"香港一日游"主要为了回避哪些政策限制？

4. 何谓区港联动？为什么说区港联动是发展自由贸易区的国际通行模式？请选择一个自己熟悉的港口分析区港联动理念下，保税物流园区的具体功能。

5. 自由港和自由贸易区的区别。在"一带一路"战略下福建自贸区如何构建21世纪海上丝绸之路核心区？

6. 请分析一般进出口货物通关的基本程序和保税货物通关的基本程序有何根本不同？

第十一章

港城关系及临港工业

知识要求

- 掌握港口与城市关系的演变规律
- 掌握港口产业集群的理论基础
- 掌握港口城市产业转移
- 理解港口对城市发展的影响
- 理解城市对港口发展的影响
- 理解港口产业集群的演变
- 了解港口产业集群的形成
- 了解国外临港工业的基本情况和特征

第一节　港口与城市

一、港口与城市发展间的关系

（一）港城关系演变的生命周期

港口的发展与城市发展密切相关，这也是目前世界范围内的港口大多以所在城市命名的最主要原因之一。港口的发展取决于城市经济尤其是外向型经济发展所产生的需求，是城市发展带动了港口发展。而港口作为城市重要的基础设施，对城市和区域经济发展也具有强大的推动作用。但在港城发展的过程中，港城关系也在不断演变，其演变规律集中体现在港口发展对城市发展的作用上，对于绝大多数港口城市来说，港城关系的演变呈现出生命周期，即可以划分为初始期、成长期、成熟期、后成熟期等几个发展阶段（见图11-1）：

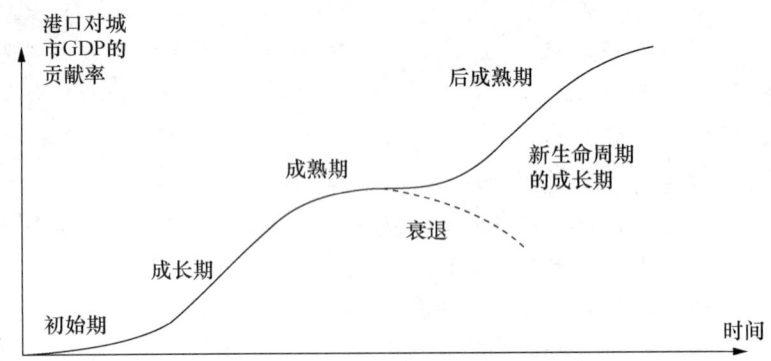

图 11-1　港口与城市的生命周期

资料来源：王爱虎，《国际物流管理》，清华大学出版社，2009。

（1）初始期。港口功能简单，港城互为一体的发展阶段。港口的区位优势起决定性作用。因为受技术条件、地理条件的限制，人们只会选择那些地理位置优越、经济较为发达的沿海地区建立贸易港口，港口带动其相关产业发展，推动城市的形成和发展，港口与城市互为一体。这一阶段，城市对港口的依赖性很强，一旦港口发展由于某种原因而终止，那么城市作为"港口城市"的发展过程就会中断。

（2）成长期。港口飞速发展，通过带动海运代理、金融、保险等关联产业的发展，进一步增强对城市的影响。港口直接产业和关联产业产生巨大的产业带动力，奠定了港口城市的产业结构。城市的发展也为港口的发展奠定了良好的基础，工业与商业的迅速发展，铁路、轮船等的技术进步以及日益增长的国际贸易带来的港口规模的日益膨胀，要求港口功能从城市中心分离出去。这是因为港口的发展超出了城市的容纳空间，港口设施的急剧膨胀影响了城市土地的利用方式，城市迫切需要开辟自己的工业、商业和住宅区，重新规划港口和城市之间的协调发展。港口的新建港区应建立在城市中心以外的地区。

（3）成熟期。激烈的竞争使得港口进入缓慢的发展阶段，港口功能出现多样化，逐步从装卸发展到集装卸、客运、旅游、物流等于一身。由于港口的产业带动作用，港口城市的产业体系进一步完善,并朝多元化方向发展,城市形成了港口经济以外的新的经济增长点,但城市的发展仍然以港口为中心。港口的辐射能力超出城市,对城市周边区域的影响增强。

(4) 后成熟期。港口的吞吐量增长缓慢甚至停滞,港口城市依靠已建立起来的产业结构进入自增长时期。城市规模的扩大、产业结构的完备,使得港口对城市的贡献率下降。这时的港口面临两种关键选择:① 进入衰退阶段,即港口渐渐失去往日的辉煌,逐渐被城市内其他产业或附近港口所替代;② 进入新的成长阶段,即港口寻求到新的发展途径,开始新的生命周期,这种新的周期不是原始生命周期的简单重复,而是原来成熟期基础上的进一步发展。

对于港口的新生,可采用平稳型和创造型两种不同的方式:平稳型的港口新生主要是指港口对传统功能的进一步发掘,充分发挥自身的装卸功能,例如加深码头水位、兴建新码头等;而创造型的港口新生,是使港口通过创造性的港口功能转型或及时进入其他产业,寻求港口企业发展的新增长点。

(二) 港城关系发展的阶段

与港口与城市之间关系的演变相联系,港口城市的发展一般可以概括为四个阶段:

(1) 港城初始联系。港城初始联系的发生源于港口的运输中转功能,这是港口最基本的功能。由这一基本功能诱发产生的港务部门和集散部门,称为港口直接产业。它是港城联系的最初媒介,也是港口城市兴起的根本原因。但仅是这两个部门,在空间上可以游离于城市区域。在此阶段,城市对港口有很强的依赖性,一旦由于某种原因使港口衰亡,那么在没有其他特殊力量参与的情况下,城市作为"港口城市"的发展过程就会中断。

(2) 港城相互关联。在全球承运人和综合物流时代,港口功能日益多元化,与港口中转运输相关的海运代理、金融、保险等港口关联产业成为港口经济必不可少的组成部分。当港口发展到能集聚国内外生产要素和联结国内外市场时,港口"背后地"便成为利用港口输入原材料、输出产品的临港大工业和出口加工业(合称为临港工业或港口依存产业)的优势区位。临港工业在港口"背后地"的集聚是港口城市发展的最强劲动力,也是港城关系的最重要媒体。港口工业的发展绝不仅是本身经济总量的增长,广泛的产业关联产生强大带动力,更重要的是促进城市规模的扩大和功能的多元化。如果临港工业能与城市以及区域的相关产业形成一种密切的传递、接收机制,则必将成为城市和区域经济增长的巨大推动力。

在港口关联产业和港口依存产业发展成为港口城市主要经济部门的同时,港口与城市在空间形态上也相互连接融合,港口与城市开始走向一体化。在这个阶段,港口工业的形成标志着港口城市完成了从简单地服务于港口到积极地利用港口的转变,港口城市不再是被动地受港口驱动而发展,而是通过港城互动实现共同发展。

(3) 港城集聚效应。港口直接产业与港口关联产业的发展构成的良好城市基础设施条件产生的空间集聚引力,吸引与港口无直接关系的产业在港口城市的集聚。临港大工业的发展产生协作引力,也不断吸引前、后相关联产业在港口城市集聚。随着产业集聚带来的就业和消费的扩大,通过乘数效应促进了城市非经济基础部门的发展。在这一过程中,大力发展第三产业,建设商贸中心是发挥集聚效应的重要保证。同时,港口城市也是

建设商贸中心的优势区位。这是因为，商贸中心应是物流、信息流的集结地，港口城市完全可以提供这种服务。随着不同产业在港口城市的集聚，港口城市产业体系渐趋完善，进入多元化型经济发展阶段。

(4) 城市自增长效应。城市自增长效应是指城市发展到一定水平以后，其自身的规模通过循环和累积，就能促使城市继续发展。港口城市在进入多元化型经济发展阶段以后，其发展在很大程度上就取决于这种自增长效应，但这种效应并不能成为港口城市继续发展的强劲动力，还必须求助于新的动力才能实现在原有水平上的飞跃。世界海运业中船舶大型化趋势的日益增强和港口城市成长后港口附近土地的紧张，迫使港口向外迁移，港口城市也随之向外拓展，城市由此进入新的发展轮回。

二、港口对城市发展的影响

港口因素对港口城市的形成有重要的影响。除政治因素外，城市的产生和起源多是由于地理区位突出，逐渐从无到有，从小到大发展起来。其中，海港作为地理位置的重要类型之一，对诸多城市的形成和发展具有重大的甚至是决定性的影响。

(一) 港口对城市经济发展的影响

港口的形成和对外贸易的发展是港口城市形成的先行条件。港口具有创建和发展大都市的得天独厚的优越条件，能通过海陆交通网络，在世界范围内吸纳和集聚各种生产要素，直接参与国际分工和国际贸易。与非港口地区相比，优越的交通区位以及大范围、大规模的集散功能拓展了市场，促进了运输规模经济和聚集效益的实现，引起企业、产业以及人口纷纷向港口聚集，城市用地规模快速扩展，城市经济总量快速扩大。

许多港口城市的发展历史，都验证了港口区位优势在城市创建中的决定性作用：即先形成了港口，发展了海运，对外贸易随之兴起，在此基础上城市经济日趋发达，城市用地规模快速扩展，城市规模日益扩大；同时，港口及相关临港工业的发展，引起城市经济一系列的连锁反应，增加了城市基本和非基本部门的就业机会，吸引人口向城市聚集，城市人口的迅速增加和城市基础设施的快速扩展使城市规模达到更高水平。

举例来说，2013年，上海港每万吨货物的吞吐量与上海市GDP的相关系数为0.98735，超过了国内的平均水平，是上海市的GDP总值的重要组成部分。上海港每万吨货物的吞吐量可以为上海市解决26个就业岗位，年均直接就业人口达80万人以上，占城市总就业人口的8%。上海港的集装箱贸易为上海市的GDP拉动贡献值是原油的四倍、煤炭的两倍，上海口岸进出口货物总值约占全国对外贸易总值的1/5。

(二) 港口对城市形态扩展的影响

城市形态的演变受政治、经济、文化等多种因素共同作用，其中，经济条件始终是根本决定因素。经济发展引起了城市人口的增加和城市基础设施的扩展，必定促使城市用地向外扩张。城市由内向外扩展，一般都是沿交通干线延伸。作为港口城市主要的交通方式，港口与城市外部形态的变迁形影不离，对城市内部空间组合起着主导作用；港口条件决定了港口城市的空间结构及其外部轮廓形态。由于较高的经济性，河道水系沿岸交通便捷的地方最先成为市区，港口城市沿轴的发展获得最佳的建设效益。社会经济的发展使得原来的港口位置、规模等条件越来越不适应城市的发展。

城市的扩展、城市形态的演化必须通过港口位置迁移、规模扩展来实现。最初，河口港城市一般在交通方便的河口上段形成。随着经济的发展，港口规模扩大，城市用地向外扩展，城市形态发展为单一集中型。运输技术的发展和船舶大型化，以及老港区发展限制因素的增多，迫使港口向河流下游推移，再从入海口沿海岸推移或向海岛推移，形成河口港、海岸港或海岛港。相应地，城市用地也随着港口的推移向入海口、海岸或海岛方向发展，形成与港口功能相适应的群组城市形态。

(三) 港口对城市基础设施建设的影响

城市基础设施是为企业生产和居民生活提供基本条件、保障城市生存和发展的各种工程及其服务的总称，包括工程性基础设施和社会性基础设施两大类。工程性基础设施是指能源系统、给排水系统、交通系统、通信系统、环境系统、防灾系统等工程设施；社会性基础设施则指行政管理、文化教育、医疗卫生、商业服务、金融保险、社会福利等设施。港口本身属于港口城市最重要的交通基础设施之一，在港口城市对外交往中起着关键作用。

加强城市基础设施，为城市企业和居民提供理想的生产环境和生活环境是城市政府的职责之一。城市基础设施建设需要大量资金，而对于以港口为发展中心的港口城市来说，港口是城市基础设施建设的资金来源，因为港口不断地与其外部环境进行产品和劳务的交换。产品和劳务的流通使港口城市收入增加，收入的一部分成为城市政府的财政收入；收入的另一部分则用于港口规模的扩大和临港工业的发展，继续为城市获取更多的收入。港口在此过程中的作用是为城市基础设施的不断改善提供资金，使城市功能日趋丰富和完善。同时，城市基础设施的建设又要着眼于港口及港航产业的需求。

各种交通方式与港口相互衔接，形成集中与疏散港口吞吐货物服务的集疏运系统。集疏运系统由铁路、公路、城市道路及相应的交接站场组成，为旅客和货物完成全程运输提供重要基础设施和衔接场所，是港口与广大腹地相互联系的通道，是港口赖以存在与发展的主要外部条件。任何现代化港口只有具有完善与畅通的集疏运系统，才能成为综合交通运输网中真正意义上的水陆交通枢纽，从而促进港口发挥最大的潜力。集疏运体系的建设有赖于城市以及区域基础设施的建设和完善。

(四) 港口对城市社会发展的影响

港口及相关产业的发展是城市社会发展的催化剂，推动了港口城市社会发展。

(1) 港口及相关产业的发展，为城市公共事业和城市财政收入提供了资金来源。港口及相关产业创造的税收，为城市交通、环境、水电等基础设施的建设提供了资金。

(2) 城市公共文化设施和市政公共设施也逐步健全，如学校、图书馆等得到发展，使城市更加适宜创业和居住。

(3) 港口及相关产业的发展，为城市创造了大量就业机会，利于城市社会安定。作为重要的基础设施，港口能集聚生产要素，给城市带来新的投资、新的产业和新的贸易，从而为城市创造了大量就业机会。

(4) 港口开发提升了城市投资环境，促生了城市特色社会文化。港口是港口城市对外开放的门户和对外交通的主要通道，是城市正常运作的重要物质前提和必要条件，对城

市环境和城市形象有着积极的影响。内外联系的便捷经济性,增强了港口城市对外资的吸引力,加快了外向型经济发展的步伐。

港口的长期发展,塑造了与其港口的区位密不可分的独特的城市人文环境。港口文化具有通达性和开放性的特征,港口城市的人们普遍重商务实。频繁的对外贸易历史,使港口城市易于形成浓郁的传统经商意识,以商为业、以商为荣成为人们普遍的价值取向。

三、城市对港口发展的影响

城市是港口正常运转和蓬勃发展的物质基础。城市的管理服务功能、政策机制和良好的文化氛围,为港口发展提供了必需的环境保障,同时,城市的发展又促进了港口功能的提升。

（一）城市对港口发展的要素支持

港口的成长与腹地经济状况密切相关。腹地经济越发达,对外经济联系越频繁,对港口的运输需求也越大,由此推动港口规模扩大和结构演进。腹地城市经济规模的扩大,为港口生产带来源源不断的新动力。作为对外开放主要门户的沿海港口,腹地经济的发展对其发展具备较强的促进作用。港口城市是港口的最直接经济腹地,港口城市的经济发展状况在港口货物输出中得到显著体现,它是港口转运货物的重要来源。城市工业经济的发展和城市工业品竞争力的提高,使港口的货物吞吐量不断增加,货物种类不断发生变化。随着运输货物种类和数量不断增多,港口运输货物由一般散杂货物向集装箱专业化方向发展,运输效率大幅提高,港口经济效益得到提升。

（二）城市对港口发展提供经济、政策支持

在港口促进城市经济发展的同时,城市的发展又为港口发展提供支持。港口的发展离不开人力资源、土地、集疏运等硬件设施,也不能缺少金融和贸易等软件环境。这些港口发展必需的软硬件环境,必须依托于港口城市。港口城市拥有港口运作发展所必需的各种人力资源,并为港口及港航产业的发展提供土地,同时集疏运交通体系的建设也是港口城市为港口提供的一项重要服务。港口城市现代服务业的发展为港口转运和贸易营造良好的外部环境,对提高港口的竞争力具有重要作用。

例如,香港是亚太地区的国际经济中心,具备良好的金融贸易环境和健全的管理体制,经过多年发展,香港货柜班轮航线密集。与内地港口相比,在港口服务、金融结算、通关服务等方面具有明显优势,这是形成香港港口核心竞争力的重要因素。

（三）城市发展对港区功能的提升

城市规模随着经济发展日益扩大,同时,港口的发展导致港口规模扩张。然而,很多城市的中心建在港区附近,港中有城,城中有港。社会经济的发展,造成老港区与城市发展的矛盾日益突出。一方面,随着经济的发展,港口用地大量增加,城市土地更为珍贵,城市土地价格节节攀升,而滨海沿河岸线被老化的港口设施占用完毕,成为城市中心更新的障碍。另一方面,港在城中,导致港区狭窄零散,交通不便,发展空间狭小;港口货物的运输也给城市交通带来很大压力,码头和临港工业的发展又破坏了城市的生态环境,影响了城市形象。

将老码头移出城区或者进行改造,重新进行结构和功能调整就成为两者协调发展的关键。老港区的移出或改造,增加了用于发展高效率第三产业的土地资源,提高了城市土地利用效率。同时,又提高了港口运作效率,老港区功能得到调整、改造、开发和功能置换,港口整体素质全面提升,促进了港口及整个港航产业的可持续发展。老港区的功能转换也为新港区的建设筹措了资金,节省了投资,港口布局同时得到优化。

城市经济的发展也对港口的功能战略、服务范围、生产特点和地位作用产生重要影响。以港口城市为依托,港口逐渐由人流、物流的单一运输功能,拓展为集运输功能、发展物流业、临港工业和现代服务业等港口配套服务业为一体的复合功能,从而逐步形成面向海洋、以信息化、生态化为主的综合流通枢纽和海洋经济基地。许多现代港口已从一般基础产业发展到多元功能产业,并且向社会经济各系统进行全方位辐射,有效地提高了地区产业整体的竞争实力。

第二节　港口产业集群

一、产业集群的理论基础

(一) 经济活动的空间集中

空间是人类经济活动的载体,离开了空间的经济活动不能想象。经济活动的这种集中倾向,在空间上导致经济活动综合体的形成,这种经济活动综合体又带动人口的集聚,最终将在空间形成经济活动和人口集聚综合体。经济活动在空间上的集中归功于下列有利条件:

(1) 低廉的运输成本,在经济集群内的种种交易活动因距离短而不需要花费很大的运输成本。

(2) 有一支共享的劳动储备力量,由于可以吸引大量流动的劳动力,可为专业教育和培训提供一个平台。

(3) 经济集群内一批专业化的供应商提供高质量的产业或服务,在交易过程中面对面的商谈尤其重要。

(4) 经济集群本身有需求产生,集群成员企业在集群内得到的市场信息要比外部更多。

空间经济结构包含一系列产业经济集群,比如美国好莱坞娱乐集群、荷兰埃因霍温技术群、英国剑桥生物技术集群等。基于上述理论,本质上来说,产业集群就是一系列经济分工明确,但相互联系密切的商业单位、协会、公共事业部门或私人组织在地域上的集合体。

(1) 产业集群被定义为企业的集合。这意味着集群含有独立组织,所以,集群的内部差异性必须予以考虑。集群体还意味着集群会变化,也就是说企业可以自由进入或离开该区。

(2) 产业集群是企业群的地理集合点。即使这些地理上的因素已经在各种集群理论中得到了充分的关注,但是界定相关产业集群仍是件很困难的事。不管地理界限如何划分，集群内的企业与集群外的企业有着极其紧密的联系。

(3) 集群体包含不同的商业组织、企业、协会和官方(或民间)机构。

(4) 群体内有数家或数十家单位有着紧密关系的经济利益体，还包含着一系列相关的服务单位。由于集群中联结非常重要，集群是一个优势互补的整体。

(5) 产业集群的建立集中在各项专业性较强的业务方面。这些服务项目成了集群的核心，例如，造船集群、制鞋集群等。有关"核心"的称呼在界定集群边界时非常有用。原则上，一些集群的经济联结是无止境的。除非集群核心另有定义，否则要使供应链核心边缘化也是不可能的。

集群体内存在着相互之间紧密联系的企业群。每当不同经济活动相关联时，从事这些活动的所有企业被包含在集群之内。经济活动间的联系可以是纵向的(位于不同企业之间的相同价值链上下游之间)，或是横向的(活跃于跨行业的不同价值链之间)。

具有战略意义的联结要比单独孤立经营要强。例如，向船厂提供专用机械的企业属于造船产业集群的一部分，但为企业提供一般管理服务的企业则不能包含在造船产业集群中。其原因是，前者的战略相关性比后者要高得多。

投入-产出关系显示了关联度的强弱，如同一价值链、信息交换、企业的专业化倾向、合作投资等机制的存在。在多数情况下，投入产出数据的使用是有限的，因为涉及具体地理和功能方面的数据是欠缺的。基于交流、合伙、所有制结构以及专业化的经济活动，价值链定性分析是在不具备投入产出数据的条件下最好的分析关联度的方法。

集群协会的出现为了解有关集群内各成员间联结的本质和强度提供信息。区域性协会将不同的且具有互补特性的企业召集在一起，并当作产业集群存在的特征之一。所以，作为分析集群的第一步，区域内相关协会组织首先应得到分析和研究。与集群核心密切接触和交流的商业单位和行政机构也同样归属于该集群，向集群内的企业提供绝大部分服务的行政机构被认为是集群行政机构。

(二) 产业集群理论分析港口产业的依据

港口的发展需要企业来带动，但也不能仅仅靠港口里企业的数量决定港口是否形成了产业规模，这是因为不同企业间的业务范围不同，面对的市场不同，带来的经济效益不同。是否在一定范围内形成产业集群，需要从以下几方面来分析。

1. 港口具有经济的专门性

港口产业集群形成的首要条件是港口业务是否具有经济专门性。港口的最原始功能是物流运输链中的一个节点，港口产业的专门化及港口企业间的分工与合作促进港口货物装卸活动效率提高。港口货物装卸活动主要包括码头生产作业、引航、拖带、靠泊、码头物资供应和港口工程等。因此港口经济专门性取决于货物装卸效率和地理、航海条件。如果货物装卸速度快，导致规模经济在港口聚集，产生经济专门性，同时货物装卸活动必须具有良好的机动性，这就要求港口企业给船舶的入港、出港提供引水服务，给货物的转运提供物流服务，给货源的存放提供仓储服务，给货物的装卸提供设备服务，给货主提供全方位的专门服务。因此，除了码头生产作业、引航、船舶入港、货物装卸、运输、储存外，还包括船舶代理、房地产业务、机械修造业务等产业，所有港口产业集群内产业的发展和提升都围绕港口生产服务，因此它的业务核心具有明显的专门性特征。

2. 港口具有地理位置的绝对性

源于对企业生产成本的降低和提高并加快向港口腹地辐射的运转速度,很多企业在选择货物装卸的港口时都看所选的港口是否具备良好的泊位条件、适航条件、足够的水深和经济腹地的交通是否便利等。因为船舶在港口停靠,源于港口优越的地理位置及方便的腹地和内陆交通通达性。例如,鹿特丹港具有的世界领先的港口装卸效率和装卸技能,位于欧洲航运的中心区域,拥有良好的交通条件和方便的内陆通达性,同时与世界主航线紧密相连是其形成港口产业集群的重要因素。

3. 港口具有明显的聚集效应

与港口生产或运输有关的大量产业因为港口产业集群的产业优势聚集在港口港区,或与港口生产或运输有关的大量产业因为港口产业集群的产业优势聚集在港口港区或港口城市中[①]。提供港口相关服务的企业聚集在港区周围,它们之间具有相互合作性、交流性和关联性,构成一个为业主提供服务的完整港口产业群体。

二、港口产业集群的形成

(一) 选择集群核心

港口的核心活动是货物装卸。因为港口最本质的功能就是充当运输链中的节点。货物装卸活动包括码头作业、引航、拖带、靠泊,码头物资供应和港口工程等。货物装卸活动必须满足两项条件:

(1) 货物装卸活动在地理上趋于集中,规模经济效益导致货物装卸业在少数港口聚集。实际上,欧盟15个国家60%以上货物装卸量是由最大的20个港口实施的。中国的统计数据也表明了货物装卸活动的集中特征。

(2) 港口的选择取决于地理和航海的条件,例如,是否有通往大海的河流可供使用、深水泊位和海床结构等。

(二) 确定与货物装卸活动紧密相关的经济活动

地区性投入-产出数据对于分析货物装卸关联度来说使用价值十分有限,因为具体数据细节的缺乏,地区性投入-产出模型很难导出对于分析货物装卸与其他经济活动之间关联度有用的成分。所以,"价值链分析"显示了同一价值链不同经济活动之间的联系。

由于货物装卸系统是运输链的一部分,货物装卸活动与运输活动紧密相关。港口在运输服务的生产中起着非常重要的作用。在此价值链上,诸如设备维修、设备计划和管理等活动也包含在内。港口是价值链上的重要节点,不仅货物装卸,而且其他主要活动都是运输服务价值链的组成部分。在港口内,货物堆存、船舶修理和船舶运营和管理、货物装卸活动同样与物流活动关系紧密。物流服务,如堆存、重新包装和安装等经常落户于港口。

货物装卸活动也与一些特定的制造活动密切相关。一些生产活动既需要专用货物装卸设备,又依赖特定的货物储存设施。与港口息息相关的生产产业有钢铁冶炼、谷物加工

---

① http://www.easipass.com

处理、化学品制造等。这种关系的主要标志是，制造业往往拥有码头的所有权，以及租赁码头前沿场地。港口的制造活动始终与港口集群所实施的货物息息相关。

货物装卸又与特定的贸易活动相关联。传统上，贸易和储存（在港口）活动紧密相关。虽然贸易与储存的关联度已经趋于变弱，对于一些商品来说，贸易活动必然离不开货物储存和装卸服务的支撑，例如水果、石油和谷物粮食等经常在港口产业集群内交易和流转的商品。

代表货物装卸、货运代理运输等公司的区域性商业协会经常出现在港口。除了那些行业协会外，港口市场营销和推销协会也会成立。公共和私人组织与产业集群的核心活动紧密相关。此外，在整个集群内还有创新中心和劳动储备中心。集群体内的公共组织包括交通控制中心、海关、教育中心、引航服务站和港务局等。

分析港口集群包含的商业活动时，着手分析不同货物供应链是一个良好的开端。在一些供应链中，如石化产品的供应链，许多增值加工服务就在港口内展开。在另一方面，大部分集装箱供应链只有一小部分增值服务在港口实施，许多场合，只有货物装卸一项服务。表 11-2 显示了一些商品可以在港口实施其增值服务的大致情况，表 11-3 显示了这些港口产业集群的活动情况。

表 11-2　针对不同商品供应链的港口活动

商品	运输	物流	生产	贸易
干散货	储存、运输管理	混合	钢铁生产	商品贸易
液体散货	储存、运输管理	混合	炼油和化学品生产	商品贸易
水果	储存、运输管理	分拣和重新包装	轻型制造业	水果拍卖
集装箱	储存、运输管理	组装	轻型制造业	进口产品贸易
工程项目货物	储存、运输	零部件组装	零部件制造	无

表 11-3　港口产业集群活动

货物装卸活动	贸易活动
码头运营商、特定装卸供应商、铁路终端；拖带、引航和靠泊、港口工程	商品贸易、港口相关贸易代理商、商品拍卖
运输活动	协会
航运公司、运输公司、船舶经纪人、货运代理；海事服务提供者、运输服务提供者、船舶修理；船舶融资和保险公司	港口集群企业间协调组织；码头运营商、检验行、内陆航运公司、集装箱修理公司、货物代理和集装箱航运公司商业协会；市场营销和购置的联合机构、出口促进协会
物流活动	公共/私人组织
物流服务提供者、仓库运营商、物流咨询机构和信息通信企业	知识普及组织、倡导可持续性生产和运输的组织、劳动力储备中心
生产活动	公司组织
把商品当作资源的生产企业；生产活动的专业供应商	教育组织、引航站、土地出租方、港务局、交通控制署、海关

知识卡片　　"十三五"中国临港产业如何突破发展瓶颈？

临港产业是临港经济区发展的主要依托，根据我国临港产业的发展历程可以归纳为三种模式，即腹地支撑模式、工业基地模式和港口城市带动模式。目前，这三种模式的发展都遭遇瓶颈。

1. 腹地支撑模式

所谓腹地支撑模式是以港口资源的开发、利用和管理为核心，以综合运输体系为动脉，以广阔的资源腹地为支撑，形成物流运输为主、其他产业为辅的临港经济发展模式。我国东北地区、西南地区幅员辽阔，资源丰富，由此发展的营口港、旅顺港、锦州港、防城港等都符合这种模式。

对腹地资源过度依赖是腹地支撑模式发展的瓶颈。具体来看：

（1）一个腹地地区往往对应多个港口城市，而由于缺乏全国或区域层面的统一规划和布局，不同地区之间为了追求经济增长，彼此间同质化无序竞争现象较为严重，使临港产业收益下降、设施建设重复、整体对外竞争力弱等；

（2）依托这种模式的临港经济区发展大多较为缓慢，临港产业大多以港口为核心的海洋运输业为主，产业结构单一，规模较小，重视货运能力的简单提升，忽视配套服务。

要突破腹地支撑模式发展的瓶颈，建立健全的产业体系是关键。主要内容包括：

（1）是科学规划，优化临港地区布局和建设。在布局上，应按功能划分临港地区的土地利用，保障临港地区空间布局的有序与集聚性；在建设上，应根据临港地区的产业选择和发展阶段，制定相配套的建设计划，确保临港地区的基础设施建设与产业发展联动发展，或者适度超前。

（2）依托本地优势，推动临港产业升级。临港地区的产业发展和转型升级需要前瞻性的产业选择和发展策略。临港产业的选择要坚持区位优势和比较优势两个原则。发展独具优势的临港产业，形成本地特色临港产业结构，打造与其他临港地区具有互补性和协同性的产业集群；在产业集群内部培育形成学习创新和积极创业的氛围，设立科研技术交易市场、科技金融服务平台等设施，引导金融资本、风投基金推动科研成果有效转化。

2. 工业基地模式

所谓工业基地模式，是以港口码头为依托，以临港区域为载体，以港航运输优势为支撑，发展两头在外、大进大出的临港重化工业的临港经济发展模式。这类模式多适用于新兴沿海地区的发展初期，像东南沿海的曹妃甸地区、江苏北部沿海地区、福建新港区、粤东粤西沿海地区、广西北部湾地区等，基本上都以临港重化工业为发展重点。

这种模式的发展瓶颈在于趋同竞争。其主要表现为：

（1）导致港城岸线资源过度开发。临港工业对基础设施要求较高，导致建设投资巨大，建设周期长。随着临港重工业的快速发展，临港地区容易出现工业超标排放、石油过度开采、港口建设密度过大等问题。

（2）引发临港产业严重同质化。临港重化工业大多以大型钢铁、石化、能源、造纸和装备制造为主要产业。这些产业能够创造大量劳动职位，对城市 GDP 及税收的拉动可观，于是各港口城市纷纷发展临港重化工业，引发同质化竞争。

突破工业基地模式发展瓶颈的关键是工业体系的合理分工。其包括内容有：

(1) 优化岸线开发，加强生态环境保护力度。推动临港重化工业技术改造和优化升级，向海洋精细化工业等高端、高效、高附加值方向转变。优化近岸海域空间布局，合理调整海域开发规模和时序，控制岸线开发强度，控制填海造陆总量，控制重化工业建设规模。

(2) 加强体制创新，探索跨区域合作机制。建立区域间高层领导、对口部门、行业协会之间的交流运行机制，逐步形成不同层次、不同范围的区域联动机制。完善战略合作临港地区间的往来机制，打造合作信息共享平台，形成合作联动格局。

3. 港口城市带动模式

所谓港口城市带动模式，是以实力雄厚的城市群经济腹地为依托，以强大的港口城市经济为支撑，以优化资源配置为核心功能，临港产业从临港工业逐步转型升级到临港高端服务业，如高新技术产业、高端服务业、金融、贸易、旅游等，并反过来带动港口城市及城市群发展的临港经济发展模式。我国目前还未出现依托港口城市带动模式而发展成熟的临港经济区。

应该说，城市化滞后于工业化限制港口城市带动模式的发展。因此，其未来发展需要加快推进城市功能建设。具体来说，(1) 运用金融创新，加速港区建设步伐；(2) 健全城市功能，推进港城融合。

资料来源：洪巧民，"'十三五'中国临港产业如何突破发展瓶颈？"，《中国经济导报》，2016年9月7日。

三、港口产业集聚的经济效益

产业集聚是创新因素的集聚和竞争动力的放大。港口相关产业在地理上的集聚，能够对产业的竞争优势产生广泛而积极的影响。从世界各大港口的竞争来看，那些具有较强国际竞争优势的港口，其区域内的相关企业往往是群居在一起，而不是分居的。港口产业集聚区能够提高生产率，能够为公司提供持续不断的改革动力，促进创新，能够促发新企业的诞生。

(一) 港口产业集聚对提高生产率的影响

港口相关产业的企业在地理上的集中，能够使其更有效率地得到相关服务，能够物色招聘到符合自己意图的员工，能够及时得到本行业竞争所需要的信息，能够比较容易地获得配套的产品和服务。这些都使集聚区内的港口相关企业能以更高的生产率来提供服务，利于其获得竞争优势。

(1) 供应商。许多港口相关行业的企业集聚一起，为各种投入品的供应商提供了稳定的市场，集聚区内大量的专业化的供应商存在，为一个产业所需要的各种投入品的供应带来了便利。此外，从本地取得投入品的交易成本会更低。相互毗邻，服务与产品定价过高或违约的风险也会相应降低。地域上的接近还能促进彼此交流，并使得供应商能够提供附件以及安装、排除故障等服务。

(2) 招聘员工。随着企业分工的深化和技术上的专门化，企业招聘到适用的员工的成本也在上升。集聚意味着更多的机会和较低的流动风险,带来人才的集聚。企业为此所付出的搜寻成本和交易成本都大为降低。大量港口企业聚集在一起,降低了人员招聘的成本,并且能很好地促进人才的流动与信息的交流。

（3）专业化的市场。产业集聚区域不仅集聚了供应商,而且集聚了客商。如港口产业区域内就会存在大量的货运代理企业,因为对于他们在集聚区能更好地寻找到自己想要的服务或产品。

（4）专业信息。由于同一产业的企业在地域上的集中,有关市场的以及其他与竞争有关的各种信息在区域内大量积累和迅速传递,这对于企业的竞争来说是十分重要的。大量的航运企业将总部或地区总部放在上海,一个很重要的因素就是在上海能够得到本行业最新的与竞争有关的各种信息。

（5）配套产品和产业。港口相关企业的集中,使得获得配套产业的支持以及配套产品更为便利。

（6）公共物品和基础设施。港口相关企业的地理集中,能够获得政府及其他公共机构的投资,可以在基础设施等公共物品上降低成本。除了政府投资之外,与集聚区同时产生的一些中介服务性的机构、行会组织、教育培训机构、检验认证机构,也对企业的生产率带来积极的作用。

（二）港口产业集聚对区域创新的影响

港口产业集群区内新企业设立层出不穷,集群的存在降低了新企业设立的成本和风险。在产业集聚的地方工作,创业者能更容易地发现产品或服务的缺口,受到启发建立新的企业。再加上产业集聚区的进入障碍低于其他地区,所需要的设备、技术、投入品以及员工都能在区内解决,因而开办新的企业要比其他地区容易得多。企业所需要的客户、市场信息,创业者可能在新企业成立之前就已经具备了。

港口产业集聚对行业创新的贡献还在于同行业之间的非正式交流。这种非正式的交流不是通过契约的形式来实现的,而是通过不同公司员工之间面对面的接触、工作之余时间的聊天等传递信息,交流思想。

（三）港口产业集聚对竞争的影响

竞争是企业获得竞争优势的重要来源。集聚带来了竞争,加剧了同行业企业间的竞争。竞争不仅仅表现在对市场的争夺,还表现在其他方面。同居一地的同行业相互比较有了业绩评价的标尺,也为企业带来了竞争的压力。绩效好的企业能够从中获得成功的荣誉,而绩效差的或平庸的企业会因此感受到压力,不断的比较产生了不断的激励。

港口相关企业聚集在一起,带来了激烈的竞争,但竞争对手的存在是具有积极的意义。

（1）竞争对手的存在,迫使相关企业不断降低成本、改进产品或服务。竞争对手就在眼前,企业永远也不能自满自足,必须在竞争中获取竞争优势。这种激励作用,怎么估计都不会过高。

（2）竞争对手能够使得企业在竞争中获得更好的地位。具体表现在：

① 竞争对手可以吸收周期性的需求波动,从而使企业能够更充分地利用其生产

能力；

② 竞争对手作为比较的标准，能够提高企业自身的能力；

③ 竞争对手服务于某些细分市场，卸掉了企业在这些市场上的包袱。

(3) 竞争对手可以在新产品或新兴产业中协助开发市场。具体表现在：

① 竞争对手实际上在与企业一起分担市场开发成本；

② 竞争对手的存在降低了买方风险；

③ 竞争对手还有助于推进行业标准化。

港航相关企业的集聚增强了竞争，竞争同时也提升了集聚区的竞争能力，使得企业之间的竞争在更高的层次上展开。竞争的结果不是一种零和博弈而是一种正和博弈，港航相关企业为了不断地从对手那里得到信息和激励，不断地改进管理，以更加有效的方式组织生产和服务，不断地发现新的市场机会。竞争的结果是，港口产业集群区的企业比起那些散落在各个地方的企业，更具有竞争优势。

四、港口产业集群的演变

产业集群在空间演变上存在着。集聚和扩散是两种对立统一的趋势。集聚是指产业集群中相关要素不断向集群中心聚集，扩散则是指产业集群形成后对外部的扩散效应。港口产业集群也是同样具有集聚和扩散的两方面趋势。形成港口产业集群过程中大量的港航相关企业自发的或半自发的趋势趋向于集中在港口周围，寻求集聚的竞争优势，提升自己的竞争实力和市场适应能力。港口产业集群在集聚过程中也存在扩散效应。港口作为集群的核心，通过各种途径影响周围产业的变化与发展。

集聚过程和扩散过程，或者说集聚吸附力和扩散力之间的此消彼长、相互作用过程维持并推动着港口产业群的发展及其空间演化过程。极化机制和扩散机制是港口产业集群地域空间发展演化机制的最基本表现形式。而且，由于两个过程存在着明显的时空差异，它们在经济发展的不同阶段具有不同的作业强度和表现方式。港口产业集群的演化经历四个阶段（见表11-4）。

（一）萌芽期

产业集群是从产业集聚开始的，产业集聚是产业集群的初级阶段。通过对国内产业集群形成过程的分析发现，产业集聚在某一地域不是偶然的，它是由一系列因素促成的，如持续的区域优势、一定的市场需求、适合企业生存的环境等。在这一阶段，产业集群的最初形态表现为在一定地域范围内开始相对集中地创办或引进少数生产同种类型产品的企业。这些企业由于具有较强的市场竞争能力和较强的盈利能力，成为吸引企业集聚的磁石，企业所在区域就成为磁场。但这一阶段，企业的集聚还只是空间上的集中布局，企业之间基本上没有建立起太强的产业关联和分工协作关系，处于一种地理空间上的集中、产业关联上的离散状态，企业集聚效应还没有真正充分发挥出来。从严格意义上来说并没有形成产业集群，也不具备集群所具有的各种优势与特征，所以这个磁场的吸引力并不强，集聚作用也并不是很明显。

表 11-4　港口产业集群演化阶段

形成阶段	特征	空间演化过程
萌芽期	港口作业能力形成过程,吸引港口基础设施建设行业企业的集聚	空间上的集中布局,注重港口核心能力的培养,又称作"开创阶段"
成长期	港口作业能力带动下,大量相关企业开始集聚至港口或港口周围	集群内企业竞争的加剧,使同一地区产生知识扩散效应,从而带动整个地区产业的升级
形成期	港口作业能力有了很大的提高,各个产业链条已经成熟,形成了运转良好的网络体系	通过大规模的扩散形成港口产业集群带,产业集群的结构和体系基本形成
成熟期	集群内形成了一个完整的产业价值体系,相关企业的劳动分工更加细化	产业集群开始步入成熟阶段,拥有较强的集群竞争力。集群可能出现几个以主体企业为核心的,拥有大批下属企业的企业集团集群,开始加入全球价值链
衰退期或二次成长期	集群内特色产业衰退并向高端环节演进	集群必须开拓新的市场空间,否则发展会出现停滞,直至步入衰退期。如果能适时引导也可能会形成产业高端环节的两次成长

(二) 成长期

港口建设基本完成之后,就会产生巨大的集聚力,吸引港口作业企业集聚于港口区域。港口周围聚集的具有强劲联动效应的产业部分作为增长极的核心,港口运输的发展带动与之相关的前向、后向和横向部门的发展,形成很长的产业链。在这一阶段,企业集聚既包括生产同一产品企业的集聚,也包括纵向联系企业和相关支撑机构的集聚和丛生,这种丛生作用来自企业间越来越激烈的相互竞争。集群内企业竞争的加剧,使同一地区产生知识扩散效应,从而带动整个地区产业的升级。在这个阶段,产业集群还出现另外一个重要特征,就是随着竞争的深入开始出现劳动分工,相互联系、互相提供产品和服务的供应方或者服务方开始出现,产业链开始形成并逐步完善。

(三) 形成期

一方面港口作业能力有了很大的提高;另一方面各个产业链已经成熟,形成了运转良好的网络体系。为加速产业集聚和扩散提供了便利条件,港口周围的配套商业服务逐渐成形,各个相关行业都有大量企业存在,并且商业服务区逐渐融入港口城市,加强了与金融、保险、法律等行业的联系。具有完整的人才培养体系,大量的培训机构为产业集群培训港航人才,高校的科研能力与集群的生产能力紧密结合在一起,技术创新频频出现。这个阶段出现了围绕港口的产业区域体系,港口产业集群已明显显现出来,处于产业集群区的开发阶段。

(四) 成熟期

伴随着完整的、配套的产业链体系的形成,产业集群开始步入成熟阶段,产业集群已经拥有较强的集群竞争力。在这一阶段,集群区域内已经聚集了数目众多的相关企业,与产业配套的企业也已成为配套的企业群,企业集聚趋于稳定,个数不再增加或增加很少,集群内形成了一个完整的产业价值体系。在产业价值体系中,相关企业的劳动分工更加细化，各企业之间的联系更加密切，企业间既竞争又合作，形成了一个稳定、密切的本地网络关系，显著地增强了集群的竞争优势。在这一阶段，集群内可能出现几个以主体企业为核心的，拥有大批下属企业的企业集团，但这并不是必然的。同时，产业集群内企业开始实施全球战略，在更多的国家销售产品并获取质量更好、成本更低的原材料，集群开始加入全球价值链。

（五）衰退期或二次成长期

在产业集群的成熟期，如果集群内的企业能很好地融入全球价值链，并在全球竞争中取得一定的竞争优势，该集群会拥有更多的机会丰富本身的各种知识，进一步刺激创新的出现，使得集群维持一种稳步成长的发展状态。相反，如果在这一阶段，集群的发展没有融入全球价值链中去开拓新的市场空间，或者由于劳动力资源、市场需求、发展环境等状况的恶化致使集群内企业发生大规模的迁移，则集群的发展会出现停滞，直至步入衰退期。当然，如果能适时引导集群内企业向研发、市场营销等特色产业的高端环节发展，集群内也可能会形成产业高端环节的二次成长期。

第三节 港口城市的临港工业

一、港口经济与临港产业集群

（一）港口城市产业的转移

临港产业是庞大的产业群，构成了港口城市产业的主体。对于港口城市来讲，港口发展得好坏，受影响的不仅是港口服务业，还有范围更广的直接、间接相关产业。对于港口城市来讲，将港口作为城市的主导产业，可以充分发挥城市的区位优势，对城市中其他产业部门产生最强的推动力。事实上，只有港口成为城市的主导产业，这个城市才称得上是真正的港口城市。

与一般城市相比，港口城市的开放程度更高。可以说，在开放环境下产生的产业转移是港口城市得以迅速发展的关键动因。产业转移简单讲就是产业的生产进行跨区域的空间转移。对于港口城市的产业转移不仅包括产业向港口城市转移（产业移入），还包括港口城市的产业向其他地区转移（产业移出）。

产业移出的根本原因是地区间要素禀赋差异产生的比较优势，港口城市最大的比较优势就在于交通运输便利。区位优势变化导致的产业转移不仅带动了商品的国际流动，更重要的是促进了、人才、技术、信息的流动，进而促进了港口城市的全方位开放。商品、资本、人才、信息等的频繁交流，使港口城市成为一个与世界市场保持紧密联系的外向型市场，比一般城市市场具有更强、更直接的前向辐射效应。同时和国内腹地市场联结在一起，通过各种载体逐渐加强其后向辐射效应。处于前后向辐射中心的港口城市便成为联结国内外市场的纽带，因此，港口城市经济不仅能对国内外市场变化做出灵敏反应，在生产、交换、消费等各个环节适应国际市场的变化，而且能够以国际市场为导向，加速与腹地经济的分工和协作，形成不同层次的开放格局，推动港口城市的发展（见图 11-2）。

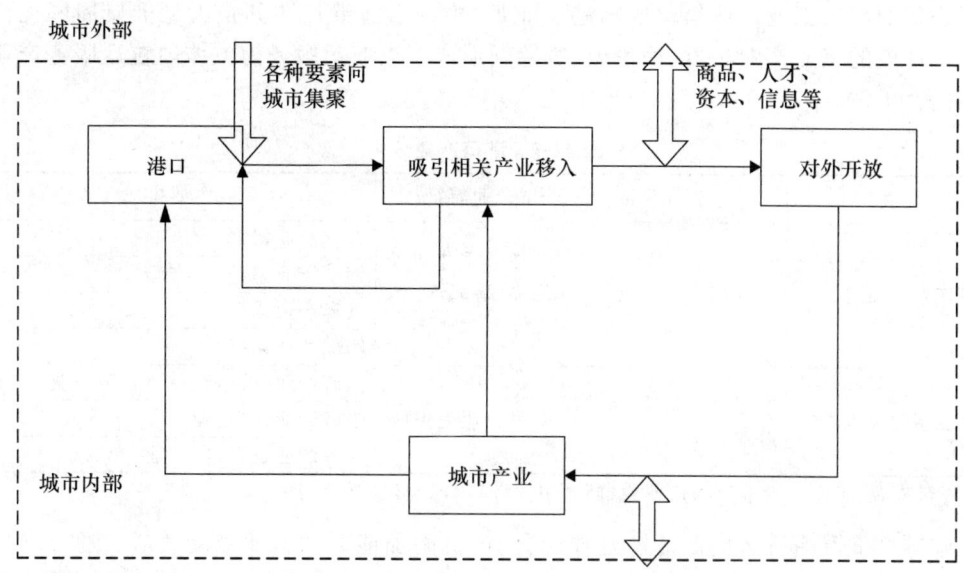

图 11-2　港口产业转移与对外开放

资料来源:惠凯,"论港口城市的发展",《中国港口》,2004 年第 11 期。

(二) 港口经济

关于港口经济,目前较为公认的定义是:"以港口为中心、港口城市为载体、综合运输体系为动脉、港口相关产业为支撑、海陆腹地为依托,并实现彼此间相关联系、密切协调、有机结合、共同发展,进而推动区域繁荣的开放型经济;或者是在一定的区域范围内由港航、临港工业、商贸、旅游等相关产业有机结合而成的一种区域经济。"港口经济在港口陆域的集聚是港口城市发展的最强劲动力,港口经济的发展绝不仅是本身经济总量的增长,更重要的是其广泛的产业关联产生的强大带动力,可以促进港口城市发展成为区域经济中心和国际航运中心。

从产业角度看,港口经济是以港航及相关产业为核心的产业经济,其载体就是由港口关联产业逐步发展形成的"产业集群"。港口产业的发展具有明显的阶段性,反映在港口产业链上会出现围绕核心港口呈现类似同心圆一样的"波浪"式扩展,从里到外依次为共生产业、依存产业和关联产业,具有明显分层特征。

随着港城关系的建立,首先发展起来的是共生产业,如港口装卸、运输业、仓储。随着港城联系进一步加强,产业链的进一步延伸,依靠优越的交通条件,以临港型工业为代表的依存产业逐渐发展起来,通常包括重化工业、制造业、加工业等。

当港城关系发展到港城一体化阶段,通过上游、下游和横向的产业联系,衍生出为港口提供各种服务的关联产业(金融、保险、信息服务、旅游业、商业、娱乐等),并逐渐成为新的经济增长引擎。根据迈克尔·波特产业集群理论,港口经济产业可以分为临港工业产业集群和航运服务产业集群。临港工业产业集群又可以分为石化产业集群、钢铁产业集群、汽车产业集群等,航运服务产业集群则由上中下游产业构成。国内外发展经验表明,港口产业的集群现象日趋明显,如荷兰鹿特丹、美国密西西比河、莱茵河沿岸地区早就形成了公认的港口工业产业集群或临港工业带；中国沿海港口尤其是大型港口周围也已形成一定规模的工业产业集群；而伦敦、香港则形成了以航运服务为主体的航运服务产业集群（见表11-5）。

表11-5 港口产业分类

分类	与港口关系	产业特征	主要构成
临港工业产业集群	依存产业	以临港重化工及装备制造业为主体	石化产业集群
			钢铁产业集群
			汽车产业集群
			船舶产业集群
航运服务产业集群	共生产业和关联产业	以服务业为主体	上游产业：航运交易及其服务业
			中游产业：海运业
			下游产业：港口服务业

资料来源：惠凯，"论港口与产业集群"，《中国港口》，2004年第11期。

临港产业具有强大的产业链延伸能力、产值附加能力和就业带动效应。通过港口经济链上不同层次的产业对港口城市产生累积乘数效应。以香港为例，包括港口及其配套业务在内的港口核心行业的经济收入虽然只占香港GDP的4%和总就业人口的3.4%，但是一般估计，包括贸易、金融、保险等服务在内，所有与港口有关的经济收入却占到香港GDP的20%和总就业人口的25%。

二、国外临港工业

（一）荷兰

人才、产业、技术、资金高度密集的荷兰鹿特丹港是临港工业发展的成功典范，作为欧洲第一大港，鹿特丹港是重要的水、陆、空交通枢纽和重要的商业、金融和货物集散中心。第二次世界大战后，通过大规模发展石化工业，鹿特丹迅速崛起成为世界三大炼油基地之一，吸引了壳牌、英国石油、埃索、利威特石油公司等世界著名石油公司的落户。

港区内有产业广泛的工业园区，主要包括炼油、造船、石油化工、钢铁、食品和机械制造等，其中最重要的是炼油和化工工业。临港工业已经成为鹿特丹港经济的重要组成部分，约有50%的附加值来自临港工业。

鹿特丹港有大规模的存储和集疏运设施，有实行自由贸易的保税区，并发展了个性化的配送园区。其发达的多元化的临港工业促进了强大物流链的形成，实现了由货运中心向国际物流中心的转变，由此产生的规模效应和物流优势使其临港工业具有强劲的竞争力和竞争优势。鹿特丹在发展临港工业时，非常注重临港工业的合理布局和协调发展，有明确的定位和目标；注重对临港工业的投资，并充分利用港口的辐射带动功能，大力发展与之相关联的大工业、商贸业和运输业，建成了一个安全、高效、高附加值、综合和环境友好型的临港工业综合区，并着力减少成本和更有效地利用土地，不断地提高临港工业对鹿特丹城市经济的贡献率。

（二）日本

日本是工业资源十分贫乏的国家，第二次世界大战后的日本以港口为依托，充分利用其海岸优势,以临港工业为起点,形成了环太平洋临港工业带,大力发展以面向出口的重化工工业为主的资源密集型产业,利用发达的海运业,节约了成本,带动了整个日本经济的发展。日本临港工业的发展是以重化工业和能源业为主。1945—1975年,日本统一进行产业布局,将一些资源消耗型企业配置在临海地带,使原料码头与产品码头成为工厂的一部分,从而减少了原料中转的费用。同时,将能源工业向临海集中布局,以利于石油进口。通过大力发展重化工业,日本在东京湾及其以南的"三湾一海"①地带兴建了钢铁、石油化工、机械制造、汽车、造船等工业基地,为日本最终超过美国成为世界上的重化工产品生产国和出口国奠定了基础。钢铁产量占钢铁总产量96%的企业、所有的石化企业都建在海岸上。

在东京湾、伊势湾、大阪湾和濑户内海新建的20多个工业中心用地都是填海造就。东京填筑人工港岛18个,千叶县填筑港口工业带37平方千米。神户的人工岛是20世纪70年代开始填造,用了15年,花费26亿美元,共造陆地436平方千米。如今神户港已建成193个泊位,每年入港船舶达10万余艘,充分利用了国内资源。同时,作为物流业和远洋运输业发达的国家,日本着力优先发展修造和远洋运输为主的海运物流业,与兴建大批临港工业相配套。临港工业和海运业在日本海港前沿的结合统一,形成了具有巨大生产力的全球化大生产的生产方式。与此同时,日本还大力发展现代港口信息网络,使现代枢纽港成为综合运输系统的神经中枢,确保与临港工业的准确对接,最大限度地简化物流环节,提高物流效率,促进临港工业的进一步发展。

(三)韩国

与日本相反,资源贫乏的韩国在第二次世界大战后依托港口走出口导向型的经济发展道路,大力发展临港产业,优先发展修造船业和海运物流业以促进经济发展。韩国主要的临港工业区有以韩国第一大港釜山港为中心的东南沿海工业区和以仁川为中心的京仁工业区,其工业产值占韩国的80%。韩国临港产业的基本特点是有效地利用国际资源和国内资源,以及利用国际市场和国内市场,形成东亚经济体中强有力的工业基地。

(四)新加坡

新加坡扼太平洋及印度洋之间的航运要道,是通往世界各大洲的国际航运中心。作为亚太地区最大的中转港,新加坡是利用地理优势成功发展临港产业的典型国家,政府的扶持也为临港产业创造了优越的发展环境。新加坡充分发挥港口的综合区位优势,利用海港的天然水深、便利的交通体系和比较丰富的土地资源优势,同时利用其作为物资集散中心各种生产要素非常集中的优越条件发展临港产业。通过引进并运用外国资金、技术和管理经验,使临港产业的生产力水平得到了迅速提高,走出了独特的、集约型的临港产业发展道路,建立了集约型的产业集群。

新加坡在裕廊码头周围建成了新加坡最大的工业区——裕廊工业区,通过综合开发,形成了一个轻、重工业合理布局的临港工业区,形成了以电子电器、炼油和船舶修造为三大支柱的工业产业,使新加坡成为世界重要的炼油和造船中心。

---

① 东京湾、伊势湾、大阪湾、濑户内海。

在产业规划上,新加坡着重发展资本密集型的高科技产业,努力实现由传统经济向知识经济转型。目前,新加坡是世界上电脑磁盘和集成电路的主要生产地,也是世界三大炼油中心之一。与此同时,为满足第三方物流发展的需要,新加坡港已在裕廊码头建立了物流中心,培育港口物流链,强化港口与加工业联合发展。通过港口园区建设与吸引外资相结合,将一些临港土地和泊位提供给跨国公司作为专用中转基地使用,鼓励大型跨国企业在港区建设物流中心、配送中心等,为临港产业提供高效的物流服务,提升加工工业水平,进而又提高了港口经营效益。

三、中国临港工业的选择

中国很多港口城市特别是沿海港口城市政府都提出了"工业立市、以港兴市、建设现代化新兴港口工业城市"的发展战略。利用港口的优势条件,在国际市场上实行大进大出的发展战略,建立临港工业体系,是中国许多港口城市发展的一条重要途径。

根据国内外的经验,在临港地区发展起来的产业通常有两类:一类是依靠港口深水条件并服务于航运业的产业,如造船、修船、拆船、集装箱制造和港机工业等;另一类是依靠海运低成本的需要大量运输的原材料和产成品的产业,如炼油、石化、粮油加工和汽车装配等。这些产业的建立对临港工业的发展具有十分重要的意义。结合中国经济发展的实际情况以及国内外产业转移的趋势,可以考虑把以下产业作为临港工业的主导产业。

(一) 重工业和化工业

中国石油企业布局分散、规模偏小,总体技术水平不高、创新能力差,国内石油资源短缺、产品不能满足市场需要等结构性问题的存在又严重地影响了中国石化工业国际竞争力的提高。从进一步发展的角度看,在沿海地区布局一批大型石化工业项目,通过与国际经济接轨,实现资源、资金、技术和市场的国际化配置,向规模经济过渡,无疑是解决石化工业结构性矛盾和提高石化工业国际竞争力的有效途径。无论从区位、市场还是港口等条件看,中国大多数港口城市临港工业园都具备大规模发展石化工业的基础。

从世界各国的趋势看,钢铁工业布局已经由资源导向转变为市场导向。临港布局不仅贴近市场而且拥有丰富的深水港资源,方便铁矿石大量进口,可以大幅度降低物流成本,提升产品竞争力。目前,世界上 500 万吨以上的钢铁厂有超过 60% 布局在沿海。

(二) 机械装备业、造纸业和船舶工业

在中国大多数城市,机械装备制造业的产值占工业总产值的比重通常可以达到 15%,是支撑城市经济的主要工业部门。当前,中国机械装备制造业的主要问题是产业结构不合理、不能适应市场需求结构的变化、过剩与短缺并存。在未来较长时期内,国家将继续推行扩大内需的经济政策,对基础设施的投资将会保持在一个较高的水平上,机械装备制造业的市场需求也将因此持续增长。中国机械设备产品进出口频繁,有的机械设备产品比较笨重,在临港工业区发展机械装备业可以减少转运,节约成本,方便产品进出口。

中国纸产量和消费量在 2009 年分别为 8 640 万吨和 8 566 万吨,双双超过美国,跃升为世界最大的纸与纸板生产国和消费国;到 2015 年,全国纸及纸板生产 10 710 万吨,消费量 10 352 万吨,成为纸制品行业的重要出口国,造纸业发展潜力巨大。但是,中国造纸工

业面临的主要问题是造纸纤维原料中木浆的比重较低,从而导致纸品质量难以提高,高档纸制品不能满足需要。利用港口优势进口国外废纸作为原料,2015年,中国进口废纸2928万吨,同比增长6.4%,因此无论是纸制品出口,还是原料进口,临港工业区具有发展造纸工业的优越条件。

临港工业的另一个重要产业是造船业,比如造船、修船等。由于港口是船舶经常进出的场所,在临港工业区发展临港工业具有很好的区位优势。近些年来,世界造船业逐渐向中国转移,而随着中国对外贸易量不断增大,来往中国港口的世界各国船舶越来越多,在临港工业区具有发展造船、修船业的优越条件。

（三）物流业

在中国物流产业仍然处在起步发展阶段,但在一些领域和地区已经表现出快速发展的趋势和潜力。顺应经济全球化的发展趋势和中国经济快速发展的需要,可以预期物流产业在21世纪必将成为中国经济发展中的重要产业。加快中国物流产业的发展,要以重要经济区域、中心城市及沿海枢纽港口城市为依托,建立起具有国际竞争力的现代物流基础设施,基本构筑起完整的物流网络系统。在临港工业园发展物流产业具有得天独厚的条件。一方面,临港工业的发展将为物流产业提供坚实的市场需求基础;另一方面,作为国际性、区域性大型物流中心的港口又可为物流产业的发展创造良好的硬件基础设施。

▶ 课后阅读

连江:临港工业风生水起

2016年年底,一个世界级的项目将在连江投产。"现在工地上一天的工人就达上万人,建设工期按计划推进。"昨日,在连江可门经济开发区的建设工地上,福建恒申集团董事长陈建龙说,建成投产后,申远项目将成为全球最大的己内酰胺、锦纶聚合一体化生产基地。

申远项目总投资400亿元,项目一期于3年前动建,目前正进行设备安装。2016年9月,一期项目可实现机械竣工,12月开车试生产。陈建龙介绍,一期40万吨聚酰胺投产后,二期60万吨规模的项目也将启动建设,申远将对增强国内纺织品在国际市场的竞争力产生深远影响。

项目的良好预期,吸引了世界500强企业法国液化空气集团前来配套,目前正在进行设备安装,将与申远项目同时投产,为其提供氢气、合成氨以及氮气等原料。同时,中国华电可门电厂也对供气设备进行改造,申远项目投产后,将为其提供蒸汽配套,形成热电联产,促进能源循环利用。

随着项目建设的有序推进,神华港储电一体化项目3个30万吨级的码头已完成了0米以下的施工,可望今年12月竣工。目前,88米高的锅炉、230多米高的烟囱正在加快施工。

神华项目采用了世界首创的节能减排新技术,投产后,排放指标将比燃烧天然气低一半。神华罗源湾港储发电公司总经理林秀华介绍,明年,项目将有2台超临界火力发电机

组投产。

随着临港产业发展风生水起,当前,连江已建成万吨级码头6个,还有10余个码头正在加快建设中。去年,连江竣工投产了马尾船政特种船舶、恒捷综合化纤一期等一批项目,初步形成了海工装备、纺织新材料、电力能源、装备制造等一批临港产业集群,疏港专用铁路可门港铁路支线也达到满负荷运行。

2015年,连江县共投入约60亿元用于推进水、电、路、填方造地等基础设施建设。连江县领导介绍,连江将坚持基础先行,着力提升产业平台的承载能力,促进产业发展迈向更高水平。

资料来源:朱毓松、陈敏灵,"连江:临港工业风生水起",《福州日报》,2016年5月23日。

复习思考题

1. 以你最熟悉的城市为例,陈述城市对港口的发展以及港口对城市发展的影响。
2. 2003年之后,各地政府提出"以城兴港,以港兴市,港城协同发展"的发展思路,请问这种思路体现了港城关系处于演变规律的第几个阶段?为什么?有何局限性?
3. 请根据实际案例分析产业集群的特点和发展优势。
4. 港口产业集群产生哪些经济效益?请以实际案例来说明。
5. 请阐述新中国成立以来中国工业带的分布情况,现阶段发展临港工业的背景和原因是什么?以特定区域为例,试分析哪些产业可以在临港布局?
6. 选择你熟悉的港口城市,具体阐述实现港城产联动发展的机制创新应该包括哪些方面?
7. 请以一个当地港口为例,试分析如果该港口要发展临港工业,应该以哪些产业为主?应该进行哪些准备和布局?

21世纪经济与管理规划教材

物流管理系列

第十二章

港口物流系统综合评价

知识要求

- 掌握指标体系的构建原则
- 掌握港口评价指标体系
- 掌握因子分析法的基本步骤
- 掌握灰色关联度分析的基本步骤

港口物流：理论与实务

第一节 港口物流系统综合评价的要素和指标

港口物流系统评价是港口物流系统工程的一个必不可缺的步骤和重要组成部分。基于当前港口之间竞争的日益激烈以及中国超前投资理念下对港口的投资规划，都要求对影响港口竞争力的主要因素进行分析和评价，要求对港口未来的发展有清晰客观的预测与评估，从而判定港口物流系统各方案是否达到了预定的各项性能指标，能否在满足各种内外约束条件的同时实现物流系统的预定目标，进而了解自身实力和相对水平，发现自身的薄弱环节，最终能针对性地进行改进，这对于港口物流的研究具有重要意义。

一、评价要素

（一）评价目的

必须明确评价港口物流的目的是什么，这是评价工作的根本指导方针。对港口物流进行综合评价，首先要明确为什么要进行评价，评价港口物流的哪一个方面，是竞争力评价，还是发展要素关联度评价，抑或是决策评价、港口绩效评价、发展预测评价等，甚至对评价的精确度要求如何，都需要在进行综合评价之前予以确定，以选择妥当的评价方法。

（二）评价者

评价目的的确定、评价指标的建立、权重系数的确定、评价模型的选择都与评价者有关。

（三）评价指标

评价指标是根据评价目的制定的，能够明确反映研究对象——港口物流某一方面情况的特征依据。每个评价指标都是从不同侧面刻画研究对象所具有的某种特征。所谓指标体系，是指由一系列互相联系的指标所构成的整体，它能够根据研究对象的不同，综合反映对象各个方面的情况。构建指标体系，不仅受到评价目的的制约，也受评价者研究背景、知识背景、价值观的影响。

（四）权重系数

对于不同的评价目的，评价指标之间的相对重要性是不同的，衡量评价指标之间相对重要性的大小，可以使用权重系数，简称权重，具体来说是各指标对总目标的贡献度。权重系数的合理与否，关系到综合评价结果的可信度。

（五）多指标评价模型

多指标评价模型是指通过一定的数学模型将多个评价指标"合成"为一个整体性的综合评价值，港口综合评价的方法很多，例如，因子分析法、层次分析法、模糊综合评价法、灰色综合评价法、多元线性回归法等，关键在于根据评价目的的不同选择相应的方法。

（六）评价结果分析

输出评价结果并进行分析是港口物流综合评价最根本的目的。需要注意的是，应该公正看待评价结果,进行客观分析并提出合理的决策建议。

二、指标体系的构建原则

(一)独立性原则

每个指标要内涵清晰,相对独立;同一层次的各指标间应尽量不互相重叠,彼此之间不存在因果关系。指标体系要层次分明,简明扼要。整个指标体系的构成必须紧紧围绕分析目的层层展开,使最后的评价结果如实反映评价目的。

(二)精炼性原则

指标并非多多益善,关键取决于评价指标在评价过程中所起的作用。指标体系应涵盖为达到评价目的所需要的基本内容,能反映研究对象的全部信息。评价指标体系的设计应尽量避免形成庞大的指标群或层次复杂的指标树。指标值要易于采集和确定,计算公式应科学合理,评价过程尽量简单,以利于掌握和操作。

(三)代表性原则

指标应该具有代表性,能很好地反映研究对象某方面的特征。各指标间也应具有明显的差异性,也就是可比性,所选指标的数据能够对各评价对象的发展进行横向与纵向的比较。指标体系要能系统、全面地反映所评价对象状况的各个方面,符合其目标内涵,使评价目标与指标有机联系,成为一层次分明的主体。

(四)可行性原则

指标应符合客观实际水平,有稳定的数据来源,易于操作。指标含义要明确,数据要规范,统计口径要一致,资料收集要简便易行。

三、指标体系的构建

港口是一种特殊的经济实体,港口内部资源与外部环境是决定港口发展潜力的先决条件,是支撑港口发展的重要因素。港口发展的差异主要表现为实体要素、管理能力要素、软环境要素三个方面。其中,实体要素差异主要源于资源投入差异,直接表现为各港口固有资源之间的差异,固有资源不同,港口发展所依赖的物质基础就存在差异;管理能力要素差异,表现为各港口利用固有资源,将资源转化为竞争力或绩效的能力差异,能力高低直接关系到能否以最优组合使得固有资源效益最大化;软环境要素差异,表现为各港口在做竞争决策时所处的文化、政策环境的差异。

(一)实体要素

港口实体要素是决定港口发展的重要条件,主要包括区位条件、自然条件、港口规模、腹地经济、集疏运体系五个子指标。

1. 区位条件

集装箱港口区位优势资源是其他港口无法复制、无法替代的重要资源,是港口竞争力及其未来发展潜力的战略要素。集装箱港口区位条件主要体现在港口地理位置方面。地理环境因素是港口集装箱物流顺利运作的基本前提,也是开展集装箱业务、提升港口竞争力、增强辐射能力的必要条件,是其参与同业竞争的重要基础。

2. 自然条件

港口自然条件包括气象、水文、泥沙淤积、工程地质等方面。优越的自然条件有利于建设优良港口,有利于开展集装箱业务及上下游关联物流活动;也利于港口、经济腹地一体性联系,有利于港口集疏运体系的完善。

3. 港口规模

港口规模主要体现在岸线长度、水深、泊位总数、航班密度、货物吞吐量五个方面。

4. 腹地经济

集装箱港口发展与腹地经济密切相关。腹地经济发达,可为港口提供充足货源,提高港口效益;港口壮大,促使航线密布,成为区域货物集散中心、信息中心,为腹地经济发展提供良好的对外交流途径,节约运输及贸易成本,提升腹地经济发展水平。

5. 集疏运体系

集疏运体系是决定集装箱港口辐射能力的重要因素,也是港口赖以生存和发展的重要条件。布局合理、结构优化的集疏运体系能够为港口吸引货源,促进货物顺畅流动。集疏运体系主要包含疏港集疏运系统、内陆集疏运系统两大指标。

(二)管理能力要素

港口管理能力要素主要由资金运营能力、环境适应能力、财务管理能力三个子指标构成。

1. 资金运营能力

良好的资金运营能力是促进港口完善基础设施建设、提升港口服务水平的先决条件。资金运营能力直接关乎港口投资规模,港口投资规模的大小反映了港口在未来能够利用的资源存量大小,是港口发展潜力的重要体现,决定了港口在未来满足客户服务需求的能力。因此,当港口基础设施无法满足增长的需求,改善资金运营方式、加大投资力度有助于提升港口服务水平,增强港口对货源的吸引力。

2. 环境适应能力

在港口的竞合关系中,合作为辅,竞争为主。港口要想在瞬息万变的外部环境和内部变化中立于不败之地,就要有一定的环境适应能力。港口应该构建竞争优势并加以评价,进而提升港口的生存能力。

3. 财务管理能力

港口财务管理能力主要体现在资产负债表中,反映了港口对历史资源的配置成果,奠定了港口后期发展的基石。管理港口企业的财务状况会直接影响社会公众、债权人对港口发展的信心,进而影响港口融资的结果。

(三)软环境要素

软环境要素包括政府政策导向、港口费率、码头效率、口岸通关环境、信息传输体系五个子指标。

1. 政府政策导向

政府作为地方经济宏观调控的施行者,也是对港口进行先导性投资的主体。政府主导港口投资在各个港口之间相关分配比例的政策、港口补贴政策、港口融资政策等。政府对港口费率体系的监管也直接影响着港口的经营效益。

2. 港口费率

港口费率是货主企业在进行港口选择时的重要参考因素,高费率会在一定程度上削弱港口对货源的吸引力,致使港口货运总量减少,导致单位物品的固定服务成本上升,阻碍港口规模经济的发挥。

3. 码头效率

码头效率是反映港口整体生产能力的重要因素,包括装卸机械数量、船时效率、单机效率等。

4. 口岸通关环境

口岸通关环境主要涉及海关通关效率等。高效通关既能减轻货主企业的资金负担,也能加速港口物流周转,提高港口设施设备利用率。通关效率包括本地货物通关效率和转关效率两个方面,它是评价一个国际枢纽港在海关服务效率和水平两方面的重要因素。世界先进的集装箱枢纽港在通关效率的竞争主要表现在自由港、中国的保税港区和保税港之间。

5. 信息传输体系

信息传输体系对港口而言尤为重要。一方面,便利的信息传输体系能够促进物流信息快速交换,压缩信息传输时间和货物在港时间,能够大幅度降低运输和仓储成本;另一方面,高效的信息传输体系能够扩大港口对市场的触及范围,增强其对腹地辐射能力。表12-1是一般性港口评价指标体系,实际运用时根据对象港口的不同评价目的,应以指标体系的构建原则为指导进行增删。

表 12-1 港口评价指标体系

目标	隶属方面	一级指标	二级指标	说明
构建港口能力评价指标体系	实体要素 u_1	区位优势 u_{11}	港口地理位置 u_{111}	定性
		港口规模 u_{12}	专用泊位数 u_{121}	定量
			岸线长度 u_{122}	定量
			主航道水深 u_{123}	定量
			航班密度 u_{124}	定量
			货物吞吐量 u_{125}	定量
			集装箱吞吐量 u_{126}	定量
		腹地经济 u_{13}	腹地 GDP u_{131}	定量
			贸易总额 u_{132}	定量
		集疏运体系 u_{14}	运输网络密度 u_{141}	定量

(续表)

目标	隶属方面	一级指标	二级指标	说明
构建港口能力评价指标体系	管理能力要素 u_2	资金运营能力 u_{21}	港口基础设施投资 u_{211}	定量
		环境适应能力 u_{22}	发展机遇把握能力 u_{221}	定性
		财务管理能力 u_{23}	港口集团净资产 u_{231}	定量
	软环境要素 u_3	政府政策导向 u_{31}	港口补贴政策 u_{311}	定性
			港口投资分配比例 u_{312}	定性
		港口费率 u_{32}	港口费率 u_{321}	定量
		码头效率 u_{33}	单机效率 u_{331}	定量
			船时效率 u_{332}	定量
			岸吊数 u_{333}	定量
		口岸通关环境 u_{34}	通关效率 u_{341}	定量
			转关效率 u_{342}	定量
			通关政策 u_{343}	定性
			转关政策 u_{344}	定性
		信息传输体系 u_{35}	信息中心性 u_{351}	定量

第二节 因子分析法

一、因子分析法的思想

研究港口的实际问题时往往需要综合考虑多方面的因素,即需要运用多个变量来全面分析问题。但不可避免的是,这些变量之间存在着一定的关联性,某些变量反映的信息是重复和多余的。为了减小计算过程的复杂性,需要从众多变量之中提取几个具有代表性的综合变量,通过综合变量就能反映原来全部变量的信息。因子分析法就是根据相关性大小把变量分组,使得同组内变量之间的相关性较高,不同组内变量之间的相关性较低,将众多指标转换成少数几个不相关的综合指标,然后再根据方差贡献率确定权重,进而计算出综合得分的一种方法。其优点在于各综合变量的权重不是主观赋值而是根据各自的方差贡献率来确定的,使得排行结果较为客观合理。因子分析法是一种科学、实用的综合排行方法,适合应用于港口物流竞争力的排行中。

二、因子分析法的数学模型

(1) 假设有 n 个样本,每个样本有 p 个变量,构成一个 $n \times p$ 阶数据矩阵:

$$X = \begin{bmatrix} x_{11} & x_{12} & \cdots & x_{1p} \\ x_{21} & x_{22} & \cdots & x_{2p} \\ \cdots & \cdots & \cdots & \cdots \\ x_{n1} & x_{n2} & \cdots & x_{np} \end{bmatrix}$$

当 p 较大时,在 p 维空间中考察问题比较复杂。这就需要进行降维处理,即用较少的几个综合指标代替原始指标,使这些综合指标既能尽量多地反映原始指标的信息,同时它们之间又是相互独立的。

(2) 假设 $X_1, X_2, \cdots, X_p$ 为原始变量，$F_1, F_2, \cdots, F_m$ 为新综合变量，l_{ij} 是原始变量在新综合变量上的载荷，则其线性组合为：

$$\begin{cases} F_1 = l_{11} X_1 + l_{12} X_2 + \cdots + l_{1p} X_p \\ F_2 = l_{21} X_1 + l_{22} X_2 + \cdots + l_{2p} X_p \\ \cdots \\ F_m = l_{m1} X_1 + l_{m2} X_2 + \cdots + l_{mp} X_p \end{cases}$$

则 X 为具有 m 个公共因子的因子模型：

$$\begin{cases} X_1 = \mu_1 + a_{11} F_1 + a_{12} F_2 + \cdots + a_{1m} F_m + \varepsilon_1 \\ X_2 = \mu_2 + a_{21} F_1 + a_{22} F_2 + \cdots + a_{2m} F_m + \varepsilon_2 \\ \cdots \\ X_p = \mu_p + a_{p1} F_1 + a_{p2} F_2 + \cdots + a_{pm} F_m + \varepsilon_p \end{cases}$$

用矩阵可表示为：

$$\begin{bmatrix} X_1 \\ X_2 \\ \cdots \\ X_p \end{bmatrix} = \begin{bmatrix} \mu_1 \\ \mu_2 \\ \cdots \\ \mu_p \end{bmatrix} + \begin{bmatrix} a_{11} & a_{12} & \cdots & a_{1m} \\ a_{21} & a_{22} & \cdots & a_{2m} \\ \cdots & \cdots & \cdots & \cdots \\ a_{p1} & a_{p2} & \cdots & a_{pm} \end{bmatrix} \begin{bmatrix} F_1 \\ F_2 \\ \cdots \\ F_m \end{bmatrix} + \begin{bmatrix} \varepsilon_1 \\ \varepsilon_2 \\ \cdots \\ \varepsilon_p \end{bmatrix}$$

可简记为：

$$X = \mu + AF + \varepsilon$$

通常假设：

① $E(F) = 0$，即 F_i 的均值为 0。
② $E(\varepsilon) = 0$，即 ε_i 的均值为 0。
③ $V(F) = \mathrm{diag}(1, 1, \cdots, 1)$，即 $F_1, F_2, \cdots, F_m$ 互不相关且方差均为 1。
④ $V(\varepsilon) = \mathrm{diag}(\delta_1, \delta_2, \cdots, \delta_p)$，即 $\varepsilon_1, \varepsilon_2, \cdots, \varepsilon_p$ 互不相关。
⑤ $\mathrm{cov}(F, \varepsilon) = 0$，即 F 与 ε 互不相关。

模型中：

① $F = (F_1, F_2, \cdots, F_m)^T$ 为新综合变量，叫作公共因子或主因子。它们是在原始变量的表达式中共同出现的因子，是相互独立的不可观测的变量。公共因子的含义，必须结合具体问题的实际意义而定。

② $\varepsilon = (\varepsilon_1, \varepsilon_2, \cdots, \varepsilon_p)^T$ 叫作特殊因子。各特殊因子之间以及特殊因子与所有公共因子之间都是相互独立的。

③ $\mu = (\mu_1, \mu_2, \cdots, \mu_p)^T$ 为总体 X 的均值。

④ $A = (a_{ij})$ 为因子载荷矩阵。因子载荷 a_{ij} 是 X_i 与 F_j 的协方差，若 X 已经标准化，则 a_{ij} 是 X_i 与 F_j 的相关系数，表示 X_i 依赖 F_j 的程度。a_{ij} 的绝对值越大，表明公共因子 F_j 对 X_i 的载荷量越大。

(3) 因子载荷矩阵 A 中有两个重要的统计量，利用这两个统计量有助于对因子分析的结果进行经济解释，它们分别是变量共同度和公共因子的方差贡献：

① A 的行元素平方和。

令 $h_i^2 = a_{i1}^2 + a_{i2}^2 + \cdots + a_{im}^2 = \sum_{j=1}^{m} a_{ij}^2, (i=1,\cdots,p)$，$h_i^2$ 反映了所有公共因子对 X_i 的影响，可看成是所有公共因子对 X_i 的方差贡献率，称为共性方差。

② A 的列元素平方和。

令 $g_j^2 = a_{1j}^2 + a_{2j}^2 + \cdots + a_{pj}^2 = \sum_{i=1}^{p} a_{ij}^2, (j=1,\cdots m)$，反映了某一公共因子 F_j 对所有原始变量的影响，可看成是公共因子 F_j 对所有原始变量的总方差贡献，是衡量公共因子 F_j 重要性的一个指标。

三、因子分析法的基本步骤

1. 对原始数据进行标准化处理

由于各个指标的经济含义和单位不同，为避免由于量纲问题对最终结果带来的偏差，需要对输入的原始数据进行标准化转换，一般采用标准差标准化方法，标准化后的数据均值为 0，方差为 1。

$$X_{ij} = \frac{X_{ij} - E(X_{ij})}{\sqrt{D(X_{ij})}}$$

2. 确定原始变量是否适合进行因子分析

因子分析是从众多的原始变量中重构少数几个具有代表意义的新综合变量的过程，它要求原始变量之间要具有较强的相关性。因此，需要进行原始变量的相关性分析，即计算原始变量之间的相关系数矩阵。若大部分相关系数均大于 0.3，且相关系数矩阵通过统计检验，则这些原始变量就适合进行因子分析。

$$r_{ij} = \frac{\sum_{k=1}^{n}(X_{ki} - \overline{X}_i)(X_{kj} - \overline{X}_j)}{\sqrt{\sum_{k=1}^{n}(X_{ki} - \overline{X}_i)^2 \sum_{k=1}^{n}(X_{kj} - \overline{X}_j)^2}}$$

$$R = \begin{bmatrix} r_{11} & r_{12} & \cdots & r_{1p} \\ r_{21} & r_{22} & \cdots & r_{2p} \\ \cdots & \cdots & \cdots & \cdots \\ r_{p1} & r_{p2} & \cdots & r_{pp} \end{bmatrix}$$

SPSS 软件提供了几种常用的统计检验方法，如巴特利特球形度检验和 KMO 检验，可以用来判定原始变量是否适合进行因子分析：

(1) 巴特利特球形度检验。设零假设 H0 为，相关系数矩阵 R 是一个单位阵，即原始变量两两之间互不相关。计算相关系数矩阵的行列式，若该值较大，且其对应的相伴概率值小于用户指定的显著性水平，那么就应拒绝零假设 H0，认为相关系数矩阵不可能是单位阵，即原始变量间存在相关性。

(2) KMO 检验。该检验的统计量用于比较原始变量之间的简单相关系数和偏相关系数。KMO 值介于 0 至 1 之间，越接近 1，表明原始变量之间的简单相关系数平方和远大于偏相关系数平方和，越适合因子分析。具体的检验标准为：KMO>0.9，非常适合；

0.8＜KMO＜0.9,适合;0.7＜KMO＜0.8,比较适合;0.6＜KMO＜0.7,一般;KMO＜0.5,不适合。

3. 构造因子变量

因子分析法中有多种确定因子变量的方法,如基于主成分模型的主成分分析和基于因子分析模型的主轴因子法、极大似然法、最小二乘法等。SPSS 软件默认应用主成分分析法。

主成分分析法通过坐标变换,将原始变量 X_i 作线性变换,转化为另外一组不相关的新变量 F_j(主成分)。求相关系数矩阵 R 的特征根 λ_i 和相应的标准正交的特征向量 l_i。根据公共因子 F_j 的方差贡献 $g_j^2 = a_{1j}^2 + a_{2j}^2 + \cdots + a_{pj}^2 = \sum_{i=1}^{p} a_{ij}^2$,$(j=1,\cdots,m)$,即相关系数矩阵 R 的特征根 λ_i,计算公共因子 F_j 的方差贡献率和累积方差贡献率。

$$\frac{\lambda_i}{\sum_{k=1}^{p} \lambda_k} \quad (i=1,\cdots,p)$$

$$\frac{\sum_{k=1}^{i} \lambda_k}{\sum_{k=1}^{p} \lambda_k} \quad (i=1,\cdots,p)$$

根据方差贡献率与累积方差贡献率,来判断选取公共因子的个数和公共因子所能代表的原始变量的信息。确定公共因子个数的准则:(1) 按特征值从大到小排序,一般选取特征值大于 1 的几个公共因子;(2) 按累积方差贡献率来确定,一般选取累积方差贡献率达 85%—95% 的特征值所对应的公共因子为主成分。

4. 因子变量的命名解释

经过主成分分析得到的公共因子是对原始变量的综合,要知道新综合变量的实际意义,需要计算因子载荷矩阵 A,得到因子变量和原始变量之间的关系,从而对新因子变量进行命名。

$$a_{ij} = \sqrt{\lambda_j} \times l_{ji} \quad (i=1,\cdots,p; j=1,\cdots,m)$$

有时因子载荷矩阵的解释性不太好,通常需要进行因子旋转,使因子变量更具有可解释性。因子旋转的目的就是使因子载荷两极分化,要么接近于 0,要么接近于 1,从而使因子变量更具有可解释性。

5. 计算因子变量得分

因子变量和因子载荷矩阵确定以后,对于每一个样本,我们希望得到它们在不同因子上的具体数据值,即因子得分。估计因子得分的常用方法为回归法。计算因子得分应将因子变量表示为原始变量的线性组合,即因子得分函数为:

$$\begin{cases} F_1 = l_{11} X_1 + l_{12} X_2 + \cdots + l_{1p} X_p \\ F_2 = l_{21} X_1 + l_{22} X_2 + \cdots + l_{2p} X_p \\ \cdots \\ F_m = l_{m1} X_1 + l_{m2} X_2 + \cdots + l_{mp} X_p \end{cases}$$

回归法即 Thomson 法，得分是由贝叶斯思想导出的，得到的因子得分是有偏的，但计算结果误差较小。Bartlett 法的因子得分是极大似然估计，也是加权最小二乘回归，得到的因子得分是无偏的，但计算结果误差较大。

6. 计算综合得分

要直接得到每个样本的得分结果，还要将描述样本的因子变量得分进行综合，即综合得分函数为：

$$F = \frac{\lambda_1 F_1 + \lambda_2 F_2 + \cdots + \lambda_m F_m}{\lambda_1 + \lambda_2 + \cdots + \lambda_m}$$

四、案例：闽台集装箱港口协同发展分析

1. 研究对象

研究对象是福建省重要集装箱港福州港、厦门港以及台湾地区代表集装箱港高雄港。两岸"大三通"以及 ECFA 的签订，削弱了福建集装箱港的对台优势，同时增强了长三角、珠三角港对福建港的对台货物分流。因此，案例选取长三角代表港上海港、宁波港、连云港港，珠三角代表港深圳港、广州港、湛江港作为比较对象。以上集装箱港均具有极强的竞争力和发展潜力，在中国集装箱港排名均位居前列，是福建港的有力竞争对手。

2. 港口物流因子

港口物流活动基本要素中流体的数量、载体的状况、流向的合理与否、港口物流各功能作用高低以及影响这些要素和各功能发挥的因素都会影响港口物流的水平。这些影响港口物流发展的因素统称为物流因子。在研究闽台集装箱港协同发展时，地理位置与基础设施条件、港口物流支撑体系水平、港口物流运营状况、港口服务水平是主要研究的物流因子。

表 12-2　港口物流因子评价原始数据

港口名	港口货物吞吐量(10⁸吨)	集装箱吞吐量(万 TEU)	港口万吨级以上泊位数(个)	库场面积($10^4 m^2$)	信息中心性	铁路密度 km/(100 km²)	直接公路密度 km/(100 km²)	中转箱比重(%)	平均进出口通关时间正向化
福州	0.71	147.05	61	108.31	0.52	1.70	54.43	1.20	0.08
厦门	1.39	582.43	52	45.76	0.63	1.72	163.20	0.54	0.09
高雄	1.12	858.13	30	312.49	0.71	12.43	113.60	51.34	0.27
上海	5.63	2 906.00	148	1 421	0.63	5.01	184.10	4.50	0.33
宁波	4.10	1 300.40	108	132.72	0.52	1.65	103.90	7.70	0.23
连云港	1.35	387.10	40	112.00	0.86	1.61	144.40	0.61	0.22
深圳	2.21	2 251.00	69	198.34	0.73	1.51	143.37	12.00	0.36
广州	4.10	1 267.30	61	225.61	0.66	1.39	112.60	0.54	0.59
湛江	1.36	32.02	30	134.45	0.48	1.30	172.00	0.54	0.06

3. 因子评价分析

由于所选取的指标在数量级和量纲方面都存在不同，为了排除数量级和量纲不同所

带来的影响,首先对原始数据进行标准化处理。本次分析对原始数据按前述步骤进行标准化处理。案例运用 SPSS17.0 进行统计分析,结果显示所有题项与变量的相关度均高于 0.4,正式量表 KMO 值为 0.710,表明可以采用因子分析方法评价;其次,通过 Bartlett 球形度检验($P>0.001$)可知各变量的独立性假设不成立,故因子分析的适用性检验通过;最后,采用主成分分析法来提取主因子。主因子提取原则是主成分对应的特征值大于 1 的前 m 个主成分。表 12-3 中 $m=3$,即提取 3 个主成分。计算得知,相关系数矩阵特征值、方差贡献率及累计贡献率,前 3 个因子累计贡献率为 90.846%,满足了累计贡献率超过 90% 的要求。

表 12-3 方差分解主成分提取分析表

成分	初始解对原变量刻画			公共因子对原变量刻画			旋转后对原变量刻画		
	特征值	方差贡献率(%)	累计贡献率(%)	特征值	方差贡献率(%)	累计贡献率(%)	特征值	方差贡献率(%)	累计贡献率(%)
1	6.017	60.168	60.168	6.017	60.168	60.168	3.932	39.319	39.319
2	2.829	31.437	69.931	2.829	31.437	69.931	2.811	31.232	66.136
3	1.423	14.227	90.846	1.423	14.227	90.846	1.667	16.666	90.846
4	0.463	4.663	95.479	—	—	—	—	—	—
5	0.187	1.282	97.344	—	—	—	—	—	—
6	0.128	1.282	98.626	—	—	—	—	—	—
7	0.039	0.389	99.423	—	—	—	—	—	—
8	0.014	0.144	99.956	—	—	—	—	—	—
9	0.004	0.044	100.000	—	—	—	—	—	—

变量共同度是表示各变量中所含原始信息被提取的公因子所表示的程度,由表 12-4 所示的变量共同度可知,除第四个变量的共同度为 0.7999,其他变量的共同度都在 80% 以上,说明提取出的这几个公因子对各变量的解释能力比较强。

表 12-4 变量共同度

	初始	提取
1	1.000	0.955
2	1.000	0.903
3	1.000	0.925
4	1.000	0.802
5	1.000	0.953
6	1.000	0.887
7	1.000	0.806
8	1.000	0.940
9	1.000	0.935

通过采用方差极大旋转法对因子载荷矩阵旋转后结果可知,第一主成分在港口吞吐量、港口集装箱吞吐量、万吨级以上泊位个数、库场面积指标上有较高载荷,说明第一主成

分能够体现这些指标的主要信息,称为物流总量及设施因子;第二主成分在直接铁路密度、中转箱比重、平均进出口通过正向化指标上有比较高的载荷,为物流软环境因子;而第三主成分在信息中心性、直接公路密度等指标上有较高载荷,说明第三主成分基本反映了这些指标提供的信息,称为物流集散条件因子。由因子变量的协方差阵可知,三个主成分因子互不相关,验证了Bartlett球度检验。

由SPSS17.0软件运用回归法计算出的因子得分函数的系数,得到以下因子函数得分:

$$F_1=0.333X_1+0.213X_2+0.309X_3+0.276X_4-0.130X_5+0.091X_6-0.036X_7-0.019X_8-0.043X_9$$

$$F_2=-0.194X_1+0.108X_2-0.038X_3+0.048X_4+0.120X_5+0.357X_6-0.120X_7+0.343X_8+0.325X_9$$

$$F_3=0.137X_1-0.066X_2+0.015X_3+0.538X_4-0.053X_5+0.061X_6+0.517X_7-0.008X_8+0.066X_9$$

依据主成分所对应的特征值占所提取主成分总特征值之和的比例作为权重计算主成分。

港口物流的因子综合计算公式为:

$$F=WF1\times FAC1+WF2\times FAC2+WF3\times FAC3$$

通过SPSS17.0软件计算可得各港口物流发展综合评价得分如表12-5所示。

表12-5 各港口物流发展综合评价得分

港口	FAC1-1	排名	FAC2-1	排名	FAC3-1	排名	F	排名
福州	-0.598	6	-0.276	6	-0.955	9	-0.532	8
厦门	-0.673	7	-0.655	9	1.135	3	-0.385	7
高雄	-0.571	5	3.648	1	1.734	1	1.449	2
上海	3.050	1	0.109	2	0.859	4	1.592	1
宁波	0.877	2	-0.240	5	-0.472	8	0.243	4
连云港	-0.977	9	-0.471	7	0.190	7	-0.363	6
深圳	0.129	4	-0.126	3	1.503	2	0.246	3
广州	0.341	3	-0.170	4	0.335	6	0.146	5
湛江	-0.869	8	-0.633	8	0.652	5	-0.543	9

4. 分析结果

由以上分析可得,上海港、高雄港物流发展领先于其他港口属于第一梯队;深圳港、宁波港、广州港属于第二梯队;连云港港、厦门港、福州港、湛江港则属于第三梯队。可以看出,以厦门港为首的福建港都排名靠后,由此说明福建集装箱港物流发展水平落后于其他省份,这与福建省优越的港口资源和海岸资源不甚相符。

从物流总量及硬件设施因子来看,福州港为-0.598,厦门港为-0.673,即港口货物吞吐量、港口集装箱吞吐量、万吨级以上泊位数量、库场面积4个指标在9个港口中排名第6、7位。

从物流软环境条件因子来看,福州港为 -0.276,在 9 个港口中排名第 6 位;厦门港为 -0.655,排名最后;而高雄港为 3.648,高居第 1 位。也就是说,厦门港在直接铁路密度、直接公路密度、中转箱比重上与高雄港和其他中国沿海集装箱港形成巨大的差距。

从物流集散条件因子来看,高雄港得分为 1.734,排名第 1,不愧为东亚枢纽港之一。厦门港为 1.135,排名第 3,也就是说,在信息中心性、平均进出口通过正向化指标两方面,厦门港跻身于第二梯队。但是,福州港为 -0.532,排名最后。

第三节 灰色关联度分析

灰色关联分析是指对一个系统发展变化态势的定量描述和比较的方法,其基本思想是通过确定参考数据列和若干个比较数据列的几何形状相似程度来判断其联系是否紧密,它反映了曲线间的关联程度。

灰色系统理论(Grey Theory)是由邓聚龙教授首创的一种系统科学理论,其中的灰色关联分析是根据各因素变化曲线几何形状的相似程度,来判断因素之间关联程度的方法。此方法通过对动态过程发展态势的量化分析,完成对系统内时间序列有关统计数据几何关系的比较,求出参考数列与各比较数列之间的灰色关联度。与参考数列关联度越大的比较数列,其发展方向和速率与参考数列越接近,与参考数列的关系越紧密。灰色关联分析方法要求的最低样本容量为 4 个,对数据无规律同样适用,不会出现量化结果与定性分析结果不符的情况。其基本思想是将评价指标原始观测数进行无量纲化处理,计算关联系数、关联度以及根据关联度的大小对待评指标进行排序。

一、基本步骤

1. 确定分析数列

确定反映系统行为特征的参考数列和影响系统行为的比较数列。反映系统行为特征的数据序列,称为参考数列;由影响系统行为的因素组成的数据序列,称为比较数列。

一般情况下,可以选择最满意的数据列作为参考数据列,常记为 Y,一般可表示为 $Y=\{Y(K), k=1,2,\cdots,n\}$;其他数据列则作为被比较数列,记为 x_i,一般表示为 $x_i = \{x_i(K), k=1,2,\cdots,n; i=1,2,\cdots,m\}$

2. 变量的无量纲化

由于系统中各因素列中的数据可能因量纲不同,不便于比较或在比较时难以得到正确的结论。因此在进行灰色关联度分析时,一般都要进行数据的无量纲化处理。

$$x_i(k) = \frac{x_i(k)}{x_i(i)}, k=1,2,\cdots,n; i=0,1,2,\cdots,m$$

3. 形成关联系数矩阵

计算各比较数列与参考数列在各指标下的关联系数,形成矩阵。

$$\xi_i(k) = \frac{\min_i \min_k |y(k)-x_i(k)| + \rho \min_i \min_k |y(k)-x_i(k)|}{|y(k)-x_i(k)| + \rho \min_i \min_k |y(k)-x_i(k)|}$$

则 $\Delta_i(k) = |Y(K) - x_{i(k)}|$

式中，$\rho \in (0, \infty)$ 为分辨系数，ρ 越小，分辨力越大，一般的取值区间为 $(0,1)$，具体数值可视情况而定。当 $\rho \leq 0.6463$ 时，分辨力最好。通常取 0.5。

4. 计算灰色关联度

因为关联系数是比较数列与参考数列在各个时刻（即曲线中的各点）的关联程度值，所以它的数不止一个，而信息过于分散不便于进行整体性比较。因此有必要将各个时刻的关联系数集中为一个值，即求其平均值，作为比较数列与参考数列间关联程度的数量表示。

$$r_i = \frac{1}{n} \sum_{k=1}^{n} \xi_i(k), k = 1, 2, \cdots, n$$

5. 关联度排序

关联度按大小排序，如果 $r_1 < r_2$，则参考数列 y 与比较数列 x_2 更相似。在算出 $x_i(k)$ 序列与 $Y(k)$ 序列的关联系数后，计算各类关联系数的平均值，平均值 r_1 就称为 $Y(k)$ 与 $x_i(k)$ 的关联度。

二、案例：福建集装箱港物流影响因素关联度分析

1. 分析指标建立

因为港口物流涉及区域经济发展、企业经营战略、政府机构运作等方面，在构建影响因素指标体系中，选取了港口货物吞吐量、集装箱吞吐量、万吨级以上泊位数、铁路密度、公路密度等物流和港口基础设施及经济指标来进行分析。

如表 12-6 所示，货物吞吐量与主要各指标间的数据分布没有呈现出典型的分布规律，而且数据样本较小，因此运用灰色关联分析法来研究影响福建集装箱港物流量的主要指标，并计算这些指标与港口物流量之间的关联度而后按高低排序，寻找出影响港口物流量的优先指标、次指标和最次指标。

表 12-6 福建港口集装箱货物量和相关影响因素表

指标	序列	年 份				
		2007	2008	2009	2010	2011
集装箱货物吞吐量（万 TEU）	Y_1	492	740	716	1 200	969
码头泊位数（个）	X_1	463	477	510	521	535
万吨以上码头泊位个数（个）	X_2	89	100	114	118	123
等级公路密度（km/100 km²）	X_3	52.12	54.75	55.61	56.74	58.03
铁路密度（km/100 km²）	X_4	1.33	1.33	1.74	1.82	1.89
铁路货运量（万吨）	X_5	4 304	3 642	3 574	4 206	4 192
公路货运量（万吨）	X_6	34 829	38 367	40 317	42 108	41 984
全社会固定资产投资额（亿元）	X_7	3 187.85	3 828.04	4 480.99	4 837.4	5 132.3

2. 数据评价分析

通过 DPS 平台，以 Y 为母序列，X_i 为子序列，对表 12-6 的数据进行均值化处理，消除量纲，增强各因素之间的可比性。处理结果为：

$$Y_1=823.4 \quad X_1=501.2 \quad X_2=108.8 \quad X_3=55.45$$
$$X_4=1.622 \quad X_5=3983.6 \quad X_6=39521 \quad X_7=4293.316$$

分别用以上均值去除各原始数列得出均值化数据(见表12-7)。

表12-7 均值化处理数据表

年份 序列	2007	2008	2009	2010	2011
Y_1	0.9469	1.1129	1.2265	1.3456	1.0652
X_1	0.9412	0.8704	1.1275	1.1002	1.0756
X_2	0.9821	1.1236	1.2675	1.1875	1.2769
X_3	0.9314	0.8606	1.2806	1.1124	1.1356
X_4	0.9306	0.8706	1.2306	0.9874	0.8984
X_5	1.019	1.1225	1.1796	1.1366	1.3143
X_6	1.0786	0.8842	0.9073	0.9521	0.9735
X_7	1.1056	1.1963	1.5133	1.1193	1.2876

数据转换之后,设定分辨系数 ξ 为0.5,分析参数 min 取值为0,计算出母序列与其他因子序列的绝对差值(见表12-8)、最大差值和最小差值。

表12-8 绝对差值计算表

年份 绝对差值	2007	2008	2009	2010	2011
$\Delta_{(1,1)}$	0.0526	0.0474	0.0378	0.0544	0.0529
$\Delta_{(1,2)}$	0.1155	0.1375	0.1995	0.1158	0.1143
$\Delta_{(1,3)}$	0.0432	0.0265	0.0430	0.0735	0.0842
$\Delta_{(1,4)}$	0.0857	0.0792	0.1213	0.0786	0.0441
$\Delta_{(1,5)}$	0.0712	0.0354	0.0469	0.0518	0.0513
$\Delta_{(1,6)}$	0.1306	0.1829	0.3392	0.2742	0.2297
$\Delta_{(1,7)}$	0.0598	0.1490	0.1568	0.1552	0.1702

$$M = \max_i \max_k \Delta_{i(k)} = 0.2297 \quad m = \max_i \max_k \Delta_{i(k)} = 0.0441$$

$$Y_{i(k)} = \frac{m+\xi M}{\Delta_{i(k)}+\xi M} = \frac{0.0441+0.5\times 0.2297}{\Delta_{i(k)}+0.5\times 0.2297} = \frac{0.1589}{\Delta_{i(k)}+0.1148}$$

$$\gamma_{0i} = \frac{1}{n}\sum_{i=1}^{n}\gamma_{0i(K)}$$

计算出各关联系数(见表12-9)。

表 12-9　各关联系数计算表

关联系数＼年份	2007	2008	2009	2010	2011
Y_{01}	0.6795	0.8285	0.5823	0.5744	0.4929
Y_{02}	0.8027	0.9273	0.6979	0.7365	0.6981
Y_{03}	0.8952	0.7795	0.6123	0.5494	0.6523
Y_{04}	0.7320	0.5257	0.4251	0.3581	0.3952
Y_{05}	0.0816	0.0431	0.0583	0.0442	0.0473
Y_{06}	0.1304	0.1915	0.3471	0.3948	0.2552
Y_{07}	0.0413	0.0295	0.0406	0.0332	0.0576

计算关联度为：

$$Y_1=0.3978 \quad Y_2=0.7842 \quad Y_3=0.7022 \quad Y_4=0.4877$$
$$Y_5=0.4212 \quad Y_6=0.6447 \quad Y_7=0.7769$$

得到关联度高低序列为：

$$Y_2>Y_7>Y_3>Y_6>Y_4>Y_5>Y_1$$

即影响福建港口集装箱货物流量的相关指标关联度排序为：

万吨以上码头泊位个数＞全社会固定资产投资额＞等级公路密度＞公路货运量＞铁路密度＞铁路货运量＞码头泊位数。

复习思考题

1. 哪些指标属于实体要素？哪些属于管理能力要素及软环境要素？根据所学到的知识，试分析还有哪些子指标可以归纳到上述三大类要素中？为什么？

2. 根据指标体系的构建原则，按照不同的分析目的，构建港口评价指标体系。

3. 根据文中的港口评价指标体系表，选择一个港口群，运用因子分析法评价港口群中各港口的物流发展程度。

4. 选择一个你熟悉的港口，运用灰色关联度法对影响该港口物流发展的因素进行排序，并提出改善建议。

参 考 文 献

1. 谭钧.港口物流.吉林:吉林大学出版社,2012.
2. 肖汉斌,徐章一.港口物流模式.湖北:武汉理工大学出版社,2011.
3. 武良成,郑宇劼.中国集装箱港口竞争力研究.北京:2009.
4. 庄佩君.海运物流与港口城市:区域发展.北京:科学出版社,2014.
5. 王学峰.现代港口物流管理.上海:同济大学出版社,2007.
6. 林正章.国际物流.北京:机械工业出版社,2006.
7. 陈航,栾维新.港口和城市互动的理论与实证研究.北京:经济科学出版社,2010.
8. 赵秋园,郑永生.港口装卸搬运机械.大连:大连海事大学出版社,2013.
9. 张丽君.现代港口物流.北京:中国经济出版社,2005.
10. 顾亚竹.港口物流园区战略管理.北京:中国物资出版社,2008.
11. 杨清,覃慧芳,吴砚峰.现代港口物流管理实务.北京:中国海洋大学出版社,2013.
12. 上海国际航运研究中心.上海国际航运中心的实践与探索.上海:上海财经大学出版社,2011.
13. 项俊松.港口装卸搬运机械.北京:人民交通出版社,2014.
14. 高洁.基于第四代港口模式的港口服务供应链集成研究.上海:上海交通大学出版社,2013.
15. 真虹,矛伯科,金嘉晨,周德全.国际航运中心的形成与发展.上海:上海交通大学出版社,2012.
16. 唐丽敏.彻底搞懂海运航线.北京:中国海关出版社,2009.
17. 宋炳良,德兰根.港口经济、政策与管理.上海:格致出版社;上海:上海人民出版社,2009.
18. 刘善平.港口装卸工艺.北京:人民交通出版社,2010.
19. 李勤昌.国际货物运输.大连:东北财经大学出版社,2008.
20. 陆琪.世界海运地理.上海:上海交通大学出版社,2011.
21. 张旖,尹传忠.港口物流.上海:上海交通大学出版社,2012.
22. 孙家庆,刘翠莲,唐丽敏.港口物流理论与实务.北京:中国物资出版社,2010.
23. 汪长江,成桂芳,谭卫平,赵丹,傅海威,罗贯三.港口物流学.浙江:浙江大学出版社,2010.
24. 王斌义,马周琴.港口物流.北京:机械工业出版社.2011.
25. 程言清,李秋正.港口物流管理.北京:电子工业出版社.2007.
26. 中国港口年鉴 2010—2016 年版.
27. 中国物流年鉴 2010—2016 年版.
28. 中国统计年鉴 2010—2016 年版.
29. 中国交通年鉴 2014—2016 年版.
30. 中国交通运输统计年鉴 2013 年版.
31. 中国物流发展报告 2011—2016 年.

教辅申请说明

北京大学出版社本着"教材优先、学术为本"的出版宗旨,竭诚为广大高等院校师生服务。为更有针对性地提供服务,请您按照以下步骤通过**微信**提交教辅申请,我们会在 1~2 个工作日内将配套教辅资料发送到您的邮箱。

◎扫描下方二维码,或直接微信搜索公众号"北京大学经管书苑",进行关注;

◎点击菜单栏"在线申请"—"教辅申请",出现如右下界面:

◎将表格上的信息填写准确、完整后,点击提交;

◎信息核对无误后,教辅资源会及时发送给您;
如果填写有问题,工作人员会同您联系。

温馨提示:如果您不使用微信,则可以通过以下联系方式(任选其一),将您的姓名、院校、邮箱及教材使用信息反馈给我们,工作人员会同您进一步联系。

联系方式:

北京大学出版社经济与管理图书事业部
通信地址:北京市海淀区成府路 205 号,100871
电子邮箱:em@pup.cn
电　　话:010-62767312 /62757146
微　　信:北京大学经管书苑(pupembook)
网　　址:www.pup.cn